BT REPORT

2030 미래유망 신직업

저자

Promising New Job

4차 산업혁명으로 '30년까지 기존 일자리 80만개 소멸, 92만개 생성

데이터 · AI · 네트워크 · IoT 등 4차산업혁명, 디지털 혁신 등으로 **부상**하고 있는 수요 신직업 추가

㈜ 비티타임즈

<제목 차례>

01

들어가기에 앞서

1. 들어가기에 앞서

국어사전에서 '직업'을 찾아보면 '생계를 유지하기 위하여 자신의 적성과 능력에 따라 일정한 기간 동안 계속하여 종사하는 일'이라고 직업의 정의가 내려져 있다. 사회가 발전함에 따라 개인의 행복을 추구하는 가치관이 형성되면서 직업을 단순히 돈벌이의 수단이 아닌 자아실현의 매개체로 여기는 기조도 늘어났지만 근본적으로 직업은 삶의 영위를 위한 재화를 마련하기 위해 이루어지는 활동이라고 볼 수 있다. 이는 직업이 발생한 이래 현재까지 변하지 않은 직업의 본질이다.

그러나 직업의 형태는 역사적 흐름에 따라 조금씩 변해왔다. 초기 원시사회에서 수렵과 사냥 등의 생업이 이루어졌으나 이는 엄밀히 말해 '직업'은 아니었다. 그러다 농경과 목축이 분화되고 농경사회로 접어들면서 농부, 목자, 사냥꾼 등 생업의 구분이 발생하기 시작하였다. 그 후 청동기문화의 발전에 따라 농업으로부터 수공업이 분리되었으며, 분업과 교환이 활성화면서 전문적인 '직업'이 생기게 되었다. 그 후 사농공상의 신분제 사회와 개항기, 근·현대기로 접어들게 되면서 우리 사회는 산업사회 특유의 형태를 형성하게 되었다.[1]

2000년 1월 한국은행이 발표한 통계에 따르면 1998년 우리나라의 생산구조는 농림어업 비중이 4.9%, 제조업은 30.7%, 서비스업은 41.1%으로 1970년 각각 27.1%, 21.2%, 33.9%였던 것에 비해 제조업과 서비스업의 비중이 상승한 것을 알 수 있었다. 이는 우리나라의 산업구조 역시 1차 산업에서 2,3차 산업으로 무게중심을 옮겨간 세계적 산업 환경 변화를 따랐음을 반증한다. 이렇듯 차례로 1차, 2차, 3차 산업을 거쳐 온 산업 환경은 21세기가 시작되면서 또 다시 구조의 재편을 앞두고 있다. 2017년 현재 우리 사회에서 가장 큰 화두는 바로 '4차 산업혁명'이다.[2]

4차 산업혁명이란 정보통신기술(ICT)의 융합으로 이루어지는 차세대 산업혁명으로 인공지능, 로봇기술, 생명과학이 대표적인 4차 산업혁명의 기술이다. 녹색 산업, 첨단 산업, 정보통신 및 융합 산업, 문화 콘텐츠 산업, 첨단 의료 산업, 지식 기반 산업이 빠르게 발전할 것으로 예측되며, 인간(Human), 가정(Home), 도시(City), 공장(Factory), 이동성(Mobility), 첨단소재·기술(Enabler) 등이 키워드로 제시되었다. [3]

이렇게 사회가 고도로 발전함에 따라 직업의 종류와 수도 시시각각 달라지고 있다. 미국의 직업 사전은 10년에 한 번씩 개정되는데, 새로운 판본이 나올 때 마다 1/4 가량의 직업이 바뀐다고 한다. 가장 최근의 개정판에서도 이전 판과 비교해 보았을 때 3,500개의 직업이 사라지고 2,100개 정도의 직업이 새롭게 등재되었다.[4]

이렇게 빠르게 변화하는 직업 환경에 대비하기 위하여 한국고용정보원에서는 2013년부터 국정과제로 신 직업 발굴사업을 진행해 오고 있다. 이 사업은 해외의 사례를 통해 우리나라의

---

1) 한국민족문화대백과, 한국학중앙연구원
2) 끊임없이 진화하는 산업과 직업 (살아있는 지리 교과서, 2011. 8. 29., 휴머니스트)
3) 4차산업혁명 시대 듣도 보도 못한 직업 '듣보잡' 뜬다 (매일경제 고재만 기자, 2017. 7. 30.)
4) 끊임없이 진화하는 산업과 직업 (살아있는 지리 교과서, 2011. 8. 29., 휴머니스트)

실정에서도 일자리 창출이 가능한 직업, 정부의 지원으로 활성화가 기대되는 직업, 또는 민간 차원에서 널리 알려 조기 정착이 필요한 직업 등을 제시하는 것으로 기존의 전통적인 직업이 아닌, 새롭고 미래지향적인 직업을 통해 삶의 질을 높이고 고용창출을 이끌어 내는 것을 목표로 하고 있다.[5)]

이 책은 한국고용정보원에서 실시한「신 직업 육성지원을 위한 전문가 심층면접조사」에서 선정된 80여개의 직업을 참고하여 아직까지 그 직무가 활성화되어있지는 않았지만 미래 사회에 전망이 유망한 직업들을 중고등학생들의 진로선택의 관점에서 대학학과와 연관하고 본인의 진로 설정에 도움이 될 만한 책들을 소개한 책이다. 직업은 기초과학, 기술·공학, IT·인터넷, 의료·건강, 주택·건축, 경영·컨설팅, 상담·복지, 행정·법률·인사, 문화·여가, 디자인·언어, 안전·보안, 환경·반려동물 총 12개의 카테고리로 분류하였으며, 부록으로 머지않아 은퇴하게 될 베이비붐 세대에게 적합한 직업을 소개하였다. 각 직업마다 수행하는 직무와 현황, 그 직업을 갖기 위해 가지고 있으면 좋을 흥미와 적성, 교육과정과 관련 학과를 서술하였으며 마지막에는 그 직업을 이해하는데 도움이 될 책을 소개했으니 관심이 있다면 한 번 읽어보는 것을 추천한다.

---

5) 2016 국내외 직업 비교 분석을 통한 신직업 연구 (한국고용정보원, 김중진 김한준 김진관 박가열 최영숙)

02

기술·공학

2. 기술·공학

가. 기술문서작성가

1) 개요

기술이 발전하면서 일상생활에서 사용하는 제품들도 발전이 되고 있다. 새롭게 만들어진 제품들, 신기술이 접목된 제품들은 일반 사용자들이 쉽게 사용할 수 있도록 매뉴얼에 필요하다. 매뉴얼은 재품 생산자와 소비자를 연결하는 매개체이고, 이를 작성하는 사람이 기술문서작성가가 된다. 기술문서작성가의 도움으로 우리가 새로 산 제품을 전문가의 도움 없이 손쉽게 사용할 수 있다. 기술문서작성가는 매뉴얼을 포함한 기술 문서를 제작하는 일을 담당한다. 기술문서작성가는 테크니컬라이터와 일러스트레이터, DTP 편집자 및 테크니컬 에디터를 공히 아우르는 직업군이라고 할 수 있다.

기술문서작성가는 기술이 발전 하면서 생겨난 직업이다. 기술문서작성가는 서양에서 처음 등장한 직업군으로 기술 혁명기를 거치면서 보다 전문적인 직업군으로 자리 잡혔다. 국내에서는 1980년대 후반에 기술문서 작성의 개념이 들어왔으며, 최근 해외 수출업체들을 중심으로 전문 기술문서작성가들에 대한 수요가 늘고 있다. 특히, 기업 간 거래인 B2B 분야(소프트웨어, 전자·전기, 반도체, 시스템 등)에서 기술 문서의 품질을 향상시키기 위해 전담팀을 구축하는 등 기술문서작성가들의 비중이 커지는 추세에 있다.

2) 하는 일

기술문서작성가들은 기업에서 생산하는 제품 및 제공하는 서비스에 대한 다양한 기술 문서 및 마케팅 문서들을 작성하고 리뷰 및 검증하는 일을 순차적으로 진행한다. 기술문서작성가들이 하는 일을 순차적으로 자세히 설명하면 다음과 같다.

1. 먼저 기술 문서 및 마케팅 문서를 사용할 주요 독자와 일부 정보를 참조할 잠재적 독자 분석을 수행한다.
2. 독자 분석결과를 토대로 독자별로 어떤 내용을 요구하는지 파악한 후에는 매뉴얼에 포함될 내용들을 결정한다.
3. 작성할 내용이 결정되면, 개요 작업과 함께 페이지 디자인을 한다. 기술 문서 작성을 위한 예산을 수립한다.
4. 작성된 개요에 따라 기술 문서 및 마케팅 문서의 초안을 작성한다. 작성된 텍스트 정보를 보완하거나 대체할 수 있는 시각적 도구, 예를 들면, 테크니컬 일러스트, 도표, 흐름도 등을 최대한 활용하여 사용자의 정보습득이 용이하도록 설계한다.
5. 기획 단계에서 분석한 독자에 대해 변경 사항이 없는지 다시 한 번 확인한다. 또 작성한 내용이 정확성, 명확성, 일관성 등을 만족시키는지 확인한다.
6. 기술 문서 및 마케팅 문서를 작성한 후 교정 작업(문법, 단어 선택, 맞춤법, 구두점 등에 대한 교정) 및 내용 검토 작업을 수행한다.

3) 현황

가) 해외

미국에서 테크니컬커뮤니케이션 분야의 고용 인력은 2013년 기준 47,300명에 이른다. 미국에서 기술문서작성가의 근무 조건은 '계약직' 및 '정규직'으로 구분되어 있으며, 계약직의 경우 보통 3개월 또는 6개월 단위의 프로젝트별로 고용된다. 미국 기업들의 기술문서작성가 채용 기준은 각 산업 분야별로 차이가 있으며, 연봉은 대략 30,000~90,000 달러선이다.

나) 국내

국내에서는 아직까지는 많은 국내 기업들이 기술 문서의 중요성을 제대로 인지하지 못하고 있는 탓에 기술문서작성 분야가 초기 단계에 머무르고 있다. 그러나 최근 해외 수출업체들을 중심으로 기술 문서의 품질을 높이려는 움직임이 활발해지고 있다. 소수의 기술문서작성가들이 기업이나 기술문서 제작 전문 업체에서 일하고 있으며, 대부분 계약직이나 기술 문서에 대한 보안의식이 높은 B2B 기업일수록 기술문서작성가들을 정규직으로 고용하는 경향이 크다.

4) 흥미 및 적성

기술문서작성가가 되기 위해서는 해당 제품이나 서비스에 관한 높은 이해력, 뛰어난 커뮤니케이션 능력, 글쓰기 능력, 해당 기술 관련 뛰어난 리서치 능력이 필요하다. 또한, 테크니컬 커뮤니케이션을 필요로 하는 국내 기업은 대다수가 수출업체이므로 뛰어난 외국어 능력도 필요하다.

5) 교육과정 및 관련 자격

반드시 취득해야 하는 자격증은 없으나 관련 협회의 교육과정이나 기업 내 교육을 통해 업무를 배울 수 있다. 보통 학부과정에서 전기·전자, 기계, 화학 등 공학계열을 전공하고 외국어와 통·번역 과정을 따로 공부하여 활동하는 경우가 많다.

6) 관련 학과 소개

현재 우리나라에서 번역 관련 학과가가 설치된 대학은 계명대 대학원, 고려대 세종캠퍼스 인문정보대학원, 단국대 국제대학원, 대구외국어대, 동국대, 동국대 국제정보보호대학원, 동의대대학원, 서울외국어대학원대, 선문대 글로컬통합대학원, 성균관대 번역、테솔(TESOL)대학원, 영남대 일반대학원, 이화여자대 통역번역대학원, 인제대 일반대학원, 제주국제대 일반대학원, 중앙대 국제대학원, 평택대 통번역대학원, 한국외국어대, 한국외국어대 일반대학원, 한국외국어대 통번역대학원, 한동대 통역번역대학원, 한림대, 한양여자대 등이 있다.

학과 들여다보기 : 한국외국어대 영어통번역학과

한국외국어대 영어통번역학과는 해외교류 증가에 따라 급증하는 통·번역사 수요에 부응하고, 글로벌 인재를 양성하기 위해 통번역에 대한 체계적인 전문 소양을 지닐 수 있도록 하는 것을 그 목적으로 설치되었다. 한국외국어대 영어통번역학과는 국제 커뮤니케이션 전문가 양성, 국제적 안목과 고급 외국어 구사 능력이 뛰어난 인재를 양성하는 것을 목표로 하고 있다. 국제교류의 핵심 역할을 수행할 국제 커뮤니케이션의 전문가를 양성하기 위하여 한국어와 영어 능력을 기르고, 통·번역 기초능력을 함양하고, 영미 지역과 문화에 대한 이해를 기른다. 교육과정은 크게 한국어와 영어, 통·번역, 영미 지역과 문화 분야로 나뉘며 재학생들은 교과목을 통해 통·번역이 가능한 수준의 한국어/영어 능력을 함양하며, 고학년 교과목을 통해 통·번역 실무능력을 배양한다.

교과과정

	1학기	2학기
1학년	문장구역및통역입문(1) 텍스트분석및번역입문(1) 영어프레젠테이션입문(1) 영어주제토론입문(1) 영어글쓰기입문(1)	문장구역및통역입문(2) 텍스트분석및번역입문(2) 영어프레젠테이션입문(2) 영어주제토론입문(2) 영어글쓰기입문(2)
2학년	영어번역이론및실제(1) 영한순차통역(1) 영한번역입문(1) 한영번역입문(1) FLEX영어(1) 중급영어프레젠테이션(1) 중급영어주제토론(1) 중급영어글쓰기(1)	영어번역이론및실제(2) 영한순차통역(2) 영한번역입문(2) 한영번역입문(2) FLEX영어(2) 중급영어프레젠테이션(2) 중급영어주제토론(2) 중급영어글쓰기(2)
3학년	한영순차통역(1) 영한순차통역심화(1) 정치경제번역(1) 문학번역(1) 문화·미디어 번역(1) 고급영어프레젠테이션·퍼블릭스피킹(1) 고급영어주제토론·수사학과토론(1) 문화와 언어 영미권 국제관계이해(1) 비즈니스커뮤니케이션 번역을 위한 이야기구조이해(1)	한영순차통역(2) 영한순차통역심화(2) 정치경제번역(2) 문학번역(2) 문화·미디어 번역(2) 고급영어프레젠테이션·퍼블릭스피킹(2) 고급영어주제토론·수사학과토론(2) 번역을 위한 디지털 미디어 영미권 국제관계이해(2) 응용비즈니스언어 번역을 위한 이야기구조이해(2)
4학년	고급영어글쓰기·비즈니스글쓰기(1) 한영순차통역심화(1) 전문순차통역(1) 번역을위한고급영어강독(1)	고급영어글쓰기·비즈니스글쓰기(2) 한영순차통역심화(2) 전문순차통역(2) 번역을위한고급영어강독(2)

7) 전망

국내 제조업의 위기와 함께 더 이상 값싼 제품만을 가지고 경쟁력을 높일 수 없다는 기업들이 늘어나면서 테크니컬 커뮤니케이션 전담팀 등을 만드는 회사들이 조금씩 늘고 있다. 국내 기업들이 부가가치가 높은 제품을 생산하고, 제품의 품질 향상과 함께 기술 문서 서비스 경쟁력을 높이는 것이 바로 생존을 위한 중요한 부분 중의 하나라는 점을 인지하기 시작했다는 의미다.

기술 문서 및 기술마케팅 문서는 결국' 기업 서비스 질' 과' 고객 만족'에도 영향을 미치고 이는 곧 기업의 매출과 이익에 직접적으로 영향을 미치는 요소다. 더욱이 정보통신기술(ICT)이 빠르게 발전하고 이를 기반으로 한 신제품 개발의 주기가 짧아질수록 해당 제품에 대한 사용정보를 소비자에게 정확하고 쉽게 전달하는 역할의 중요성은 더욱 부각될 것이다. 따라서 장기적으로 기업 내 기술문서작성가는 물론 해당 업무를 전문적으로 수행하는 테크니컬 커뮤니케이션 전문 업체들에 대한 수요 역시 더욱 증가할 것으로 전망된다.

참고 도서

- *이공계 대학생과 취업준비생을 위한 기술문서작성법* (이민호/역락)
- *이공계 X의 글쓰기책* (유키 히로시/동아시아)
- *한국의 이공계는 글쓰기가 두렵다* (임재춘/북코리아)

나. 해양설비기본설계사

1) 개요

해양플랜트는 바다 깊숙이 매장되어 있는 석유나 가스, 광물 등의 해양자원을 개발하거나 풍력, 조력, 파력 등을 이용한 신재생 에너지 개발 등 다양한 목적을 위해 해양 한가운데 건설되는 구조물을 말한다.

건축 등 설계가 필요한 다른 일들과 마찬가지로 해양플랜트 기본설계 또한 해양플랜트 개발 전체의 밑그림을 그리는 단계로 매우 중요하다고 할 수 있다. 이 단계에서 설계 엔지니어의 역량에 따라 프로젝트가 보여줄 앞으로의 성과가 결정되기 때문이다. 이러한 이유로 해양플랜트 기본설계 업무는 높은 기술 역량과 전체를 통찰하는 엔지니어 지식이 요구되는 고부가 업무라고 할 수 있다. 해양 자원개발의 필요성이 증가함에 따라 해양플랜트 시장도 함께 발전해왔다. 이에 따라 해양플랜트 설계의 핵심직업군인 해양설비(플랜트)기본설계사란 직업도 사람들의 주목을 받고 있다.

2) 하는 일

해양설비(플랜트)기본설계사는 기본설계 단계에서 프로젝트의 밑그림을 완성하는 업무를 수행한다. 기본설계(Basic Engineering)는 여러 가지 개념설계(Conceptional Engineering) 중에서 채택된 최적의 안을 말한다. 기업이나 기관 등의 의뢰를 받아 입찰서(FEED; Front End Engineering Design)가 작성되면 입찰자는 모든 공정 요건(Process Requirements),사양서(Specification) 등을 확정하고 기본설계(Basic Engineering)를 시작하여 전체 프로젝트의 공사기간, 비용, 품질 요건 등을 확정한다. 이렇듯 입찰 단계에서부터 완공까지 전체적으로 조망해야 하는 해양설비(플랜트)기본설계사는 공사 전체에 정확한 틀을 세우는 역할을 하게 된다.

- 입찰단계에서부터 입찰을 위해 모든 요건을 고려하여 기본 설계안을 작성한다.
- 선형유체관리, 성능보정, 안정성(Stability), 선형, 구획배치, 중량관리, 구획 및 성능을 결정하기 위한 주요치수, 배치, 중량 등을 최적화하는 설계를 담당한다.

3) 현황

가) 해외

해외의 경우, 미국, 캐나다, 영국, 북유럽 국가 등에서 해양플랜트 관련 인력 양성을 하고 있으며, 기본설계에 대한 교육과 함께 종사자를 배출하고 있다. 주로조선 및 원유 개발이 발전하고 이 분야 투자규모가 큰 기업을 중심으로 인력이 운영되고 있다.

국제 해양플랜트 인력양성기관의 교육은 대체적으로 EPCI(엔지니어링, 조달, 건조/제작, 설치)와 HSE(건강, 안전, 환경) 분야에 집중되어 있으며, 해양플랜트 운용 분야의 경우 Positioning, Stability, Ballast Control, Well Control 관련 교육의 비중이 높은 편이다.

교육과정 대부분이 국제 인증기관인 OPITO, IADC,IMO 등으로부터 검증을 받아 진행되어 훈련프로그램의 산업수요 반영 정도가 높고 그만큼 훈련과정 수료 후 관련 분야로의 취업도 용이하다.

나) 국내

우리나라의 해양설비설계인력은 총 8,500여 명 정도로 파악된다. 그러나 관련 업계 인력의 고령화로 설계인력 역시 감소하고 있는 추세다. 더욱이 해양설비(플랜트)기본설계사 전문 인력은 현재 전무한 상태라고 할 정도로 인력 부족이 심각하다. 우리나라는 전 세계 해양플랜트 제작의 60% 이상을 담당하고 있으나, 안타깝게도 기본 설계 엔지니어링은 전적으로 선진 외국에 의존하고 있는 실정이다. 이에 산업통상자원부는 2014년 6월 해양플랜트 설계 전문 인력 양성사업 운영기관으로 조선해양플랜트협회를 최종 확정하고, 세계 유수의 설계엔지니어링 업체와 연계한 최고급 설계인력 양성 프로그램 운영 계획을 밝히는 등 중심으로 전문 인력 양성에 힘을 쏟고 있는 중이다. 해당 전문 인력은 향후 대형 조선소 및 국내·외 해양플랜트 엔지니어링 회사로 진출할 수 있다.

4) 흥미 및 적성

오랜 경험과 노하우가 필요한 분야이기 때문에 신규입직은 어렵다. 때문에 조선소 및 엔지니어링 회사에서 해양플랜트 업무를 수행했던 유경험자가 재직자 대상 교육을 받고 전문가로 성장하는 것이 바람직하다. 즉, 10~15년 이상 경력을 가진 설계관련 엔지니어로 기량 향상을 위한 재직자 대상 교육을 받아야 전문가로서 업무를 수행할 수 있다.

5) 교육과정 및 관련 자격

원천기술이 있는 분야로 오랜 경험과 노하우가 요구되기 때문에 석유 시추를 위한 해양광구를 보유하고 있지 않은 국내 여건상, 경험 부족으로 인해 자체적인 설계역량에는 한계를 갖고 있는 상황이다. 산업통상자원부는 국내 해양플랜트 전문인력 양성을 위해 2013년부터 해양플랜트 특성화 대학(서울대, 인하대, 한양대)을 선정, 운영 중이다. 또한 한국조선해양플랜트협회에서는 해양플랜트 특화교육프로그램을 운영하고, '한·영 해양플랜트 글로벌 전문인력양성사업'을 운영하고 있다.

6) 관련 학과 소개

현재 우리나라에서 조선·해양 건축 관련 학과가 설치된 대학으로는 한국해양대, 서울대, 고려대, 부산대, 목포해양대, 군산대, 여수대, 등 해안가와 인접한 위치에 있는 거점대학이 많이 있다. 대표적인 학교는 한국해양대라고 할 수 있다.

학과 들여다보기 : 목포해양대 조선해양공학과

목포해양대 조선해양공학은 이동성, 부양성 그리고 적재성을 갖는 선박 및 해양 구조물의 효율적이고도 경제적인 설계, 생산, 건조, 운용에 필요한 기술을 연구하는 학문이다. 조선해양공학과에서는 이에 필요한 기초공학과 전공지식 교육을 통하여 세계 1위 조선강국의 엔지니어를 양성한다. 목포해양대 조선해양공학과에서는 세계 1위의 조선강국, 조선산업 전문가 육성, 서남권에 위치한 대형조선소와 수십여 개의 중소조선소와의 산학연계 그리고, 학교 실습선을 이용한 국제항해 승선실습을 통하여 실용적인 전문교육을 실시한다. 또한 해양 레저•스포츠의 중심, 해양레저장비산업 전문가 육성, 신성장동력산업인 해양레저산업의 전문가 육성을 목표로 해양레저장비 설계, 생산, 운영 전문교육을 실시한다.

교과과정

- 교양과정

	1학년 1학기	1학년 2학기	2학년 1학기	2학년 2학기
일반 교양 필수	영어회화1 선형대수학 수영 글쓰기와발표 대학영어1 미적분학	영어회화2 대학영어2 미적분학2 물리학및실험	공업수학	공업수학

- 전공과정

	1학기		2학기	
	전공필수	전공선택	전공필수	전공선택
1학년	조선해양공학개론	일반조종면허	유체역학, 정역학	요트운용, 해양학개론
2학년	재료역학, 전산선박제도, 전박계산1	선박유체역학, 전산수치해석, 전공영어1, 레저선박건조,	구조역학, 소음진동학	선박계산2, 전기전자개론, 전공영어2, 통계학, 설계공학
3학년	선체구조해석1, 선박저항설계	항해개론, 선박생산공학, 해양파역학, 해양플랜트개론, 조선공학응용1	선체구조설계1, 조선승선실습, 부유체제어론, 선박기본설계	전산프로그래밍2, 선체구조해석2, 동력장치, 현장실습, 조선공학응용2, 선박추진기설계
4학년	전산선박설계, 선체구조설계2, 조선실무	부유체운동학, 용접공학, 레저선박설계, 의장설계		해양레저, 전산구조해석, 가상생산공학, 캡스톤디자인

7) 전망

육상자원의 고갈, 오일&가스 가격의 급등과 함께 심해저 자원개발에 대한 수요가 증가하고 있으며, 심해자원개발을 위한 해양플랜트 설계 제작 수요가 크게 늘어나고 있다. 2020년 해양플랜트 세계 시장 규모는 현재의 두 배 이상으로 급증할 것으로 예상되며, 이와 함께 해양플랜트 설계 엔지니어링 산업의 규모도 빠른 속도로 성장할 것으로 전망된다. 2025년 순 매출액 103조원, 수출액 100조 5,700억 원, 투자유발효과 24조 6,000억 원, 고용 11만 5,000명으로 예측했다. 이러한 전망을 근거로 해양플랜트 산업, 특히 설계 엔지니어링 산업의 전망은 매우 밝다고 할 수 있겠다.

참고 도서

- ***해양사업, 꿈과 도전의 역사*** (김종도/이지출판)
- ***한국의 배*** (김효철/지성사)
- ***과학으로 만드는 배*** (유병용/지성사)

다. 감성인식기술전문가

1) 개요

감성적인 제품이 소비를 자극하는 시대가 되면서 최근 들어 가성비 위주에서 감성 위주의 시장전략으로 산업의 생태계가 옮겨가고 있다. 이러한 감성에 관련된 여러 기술 중 감성인식 기술은 인간의 감성을 자동적으로 인지하고 사용자의 감성과 상황에 맞게 정보를 처리하여 공감과 교감을 일으키는 기술이다. 감성조명, 스마트 셔츠 등 인간의 여러 감성에 따라 반응하는 제품 역시 이러한 감정인식의 영역에 속한다고 볼 수 있다. 이러한 기술 발전의 배경에는 감성인식기술을 개발하는 '감성인식기술전문가'가 있다. 감성인식기술전문가는 인간의 감성을 인지하여 반응하는 감성 맞춤형 제품 및 서비스를 제공하는 일에 종사하는 전문가를 통칭한다. 주로 감성 ICT 기술을 연구·개발·응용하는 업무를 수행한다.

2) 하는 일

감성인식기술전문가는 인간의 감성을 인지하고 인지된 감성을 분석하여 상황에 맞는 서비스를 제공하는 기술을 연구·개발하는 전문가를 말한다. 이들은 인간의 여러 감성들을 컴퓨터가 인지할 수 있도록 하는 유무선 센서 기술과 감성 신호에 따라 적절한 피드백을 도출하는 처리 기술을 개발한다. 또한 기존 IT 제품 및 몸에 착용할 수 있는 기기에 사용자의 감성을 인지하고 상호간 소통이 가능한 기술을 적용시키는 작업을하기도 한다. 이들이 하는 일을 자세히 살펴보면 연구 개발자를 비롯한 프로젝트 고객의 요구사항을 살피고, 필요한 기능과 규격을 결정한다. 그 다음 제품의 소프트웨어 및 하드웨어를 설계하고 제작한다. 그 후 제품에 대한 시뮬레이션, 시험 및 검증을 진행한다. 감성ICT 산업은 감성 인지, 처리, 서비스 제공과 관련된 연구 개발자와 엔지니어, 컨설팅 인력 등 다양한 분야의 전문가들이 관여하는 산업으로, 감성기술개발 분야를 세분화하면 감성인식 기술, 감성교감 기술, 감성지능 플랫폼 기술, 감성융합 서비스 기술 등으로 나눌 수 있다.

3) 현황

가) 해외

감성ICT 산업의 세계시장 규모는 2015년 2,970억 달러 수준에서 2020년 3,790억 달러 수준으로, 연평균 성장률이 5% 이상을 상회할 것으로 추정되고 있다. 미국, 일본, EU 선진국에서도 인간 중심의 핵심기술 분야로 국가차원에서 감성인식 기술 관련 연구개발 과제가 활발하게 다뤄지고 있다. 최근에는 영상, 음성, 생체, 뇌파 및 신체의 정보를 감지하고 감성을 추출하여 감성응용 서비스로 제공하려는 시도가 다방면에서 이뤄지고 있으며, 특히 세계 유수의 자동차 회사들은 미래 자동차시장의 핵심은 감성기술의 접목임을 인식하고 미래시장을 선점하기 위해 감성인지 기술 확보를 위한 투자에 적극 나서고 있다.

나) 국내

우리 사회가 점차 기능 중심에서 인간 중심으로의 패러다임을 전환하고 있는 시대인 만큼 감성ICT 기술분야의 전문가는 미래 주요 직업군이 될 것으로 전망된다. 하지만 국내 감성ICT 기술은 아직 초기단계로 선진국과는 격차가 있으며 감성센서 등 기반 기술 및 원천기술의 확보가 시급한 상황이다. 그러나 세계적으로 수준 높은 우리나라 IT 인프라를 감성인식 기술에 접목한다면 머지않은 미래에 감성ICT 산업의 강국반열에 진입할 가능성이 높다.

4) 흥미 및 적성

감성인식전문가가 되기 위해서는 인문, 철학, 예술 등 다방면에 관심과 흥미가 있고, 감성적이며 창의적인 사람이 적합하다. 기본이 되는 IT 관련 기술을 보유하고, 인문, 철학, 예술 등 다방면에 관심과 흥미가 있어야 하며, 인간의 감성을 이해하기 위해 생체공학, 뇌과학, 심리학에 대한 지식이 필요하다. 또한 감성인식 기술 분야에 깊이 파고들기 위해 감성이 풍부해야 하며 원만한 인간관계를 맺는 능력도 중요하다.

5) 교육과정 및 관련 자격

감정인식기술은 고도의 미래 기술의 하나로, 이 분야의 전문가가 되기 위해서는 깊이 있는 지식이 필요하기 때문에 대학원 석사 이상의 전문교육이 필요하다. 인간의 감성을 이해하기 위해 생체공학, 심리학 등의 학문을 공부하거나, 센서를 통해 인지할 수 있도록 하는 전기전자공학, 컴퓨터공학, 기계공학 등을 공부하는 것이 좋다. 감성 정보를 이를 처리하고 피드백하기 위한 프로그램 개발을 위해 정보통신, 전산학 등을 전공해도 좋다. 인간공학, 감성공학, 의공학 등도 관련이 높은 전공 분야이다.

6) 관련 학과 소개

현재 우리나라에서 감성공학 관련 학과가 개설된 대로는 상명대가 있다. 인간공학 관련 학과가 개설된 대로는 가톨릭대, 연세대, 울산과학기술원이 있다. 생체공학 관련 학과가 개설된 대로는 가천대, 연세대, 충북대, 한양대가 있다. 이들은 대부분 석사 과정이 설치되어 있으며, 울산과학기술원 디자인및인간공학부, 가천대 의용생체공학과, 한양대 전기·생체공학부는 학부 과정이다.

학과 들여다보기 : 상명대 대학원 감성공학과

상명대 일반대학원 감성공학과는 컴퓨터공학, 디자인, 의학, 심리학, 의공학, 콘텐츠학이 유기적으로 협력하여 21세기 첨단문화콘텐츠의 연구와 교육을 실시하는 전공이다. 감성공학과는 공학을 바탕으로 한 여러 분야가 효과적으로 결합된 학제간 연구교육기관으로서 국책 연구 성과와 산학협력 성과 면에서 국내의 가장 성공적인 사례 중 하나이다. 상명대 일반대학원 감성공학과는 감성콘텐츠기술연구소와 함께 교육과 연구, 훈련을 위해 학생의 장학금은 물론 각종 첨단장비 및 기자재, 스터디 및 세미나 지원, 전공별 연구실 지원 등을 통해 다른 어느 대학원에서도 보기 힘든 안정적인 연구 환경을 제공하고 있다. 또한, 국내 최고의 국가지원 연구, 산업체의 인턴쉽 및 산학 연계교육, 위탁연구용역 계약을 체결하고 사업현장과 직접 연결되는 고급 전문 인력 양성을 추구하고 있다.

교과과정

	교육과정		
석-박사 공통과목	실험설계법 응용통계분석 영문논문작성법 미학 인지 심리학 인간중심 디자인 생리 심리학 감성공학 감성인식 기술	인간-컴퓨터 상호작용 웨어러블 컴퓨팅 피지컬 컴퓨팅 정보 디자인 가상현실 및 증강현실 빅데이터 분석 서비스 디자인 사용자 경험 분석 뇌신경 공학 인터랙티브 미디어	오감 인터페이스 디자인 뉴로바이오 감성공학 심화 프로젝트 사용자 경험 디자인 심화 프로젝트 실감 엔터테인먼트 심화 프로젝트 현장실습 프로젝트 창의적 사고 워크샵 감성 사운드 워크샵 인터랙티브 디자인 스튜디오 컨템포러리 뉴미디어 아트 프로젝트 인터미디어 프로젝트 석사논문연구 박사논문연구
컴퓨터 과학과 공동 교육과정	실험설계법 영문논문작성법	인간-컴퓨터 상호작용 웨어러블 컴퓨팅	피지컬 컴퓨팅 인간중심 디자인

7) 전망

감성기술은 미래에 인간 중심 사회를 이끌 제품, 서비스, 직업 및 산업으로 발전할 가능성이 매우 높은 만큼 미래에 발전 가능성이 매우 높은 분야라고 볼 수 있다. 감성인식기술 전문가는 직무의 특성상, 스스로 업무계획을 세워 추진하고, 창의적인 아이디어를 구상하는 경우가 많아서 근무환경이 자유로운 편이다. 육체적 스트레스 보다 정신적 스트레스를 받는 경우가 많지만 이는 개인차가 있을 수 있다. 연구원, 교수 등으로 활동하거나 로봇, 스마트폰, 가전, 자동차, 무인 기계 등 관련 기업 전반에 진출할 수 있다. 감성기술은 기존 IT산업은 물론이고 비(非) IT 산업에도 융합 적용될 수 있는 기술로, 미래에 인간 중 심 사회를 이끌 제품, 서비스, 직업 및 산업으로 발전 할 가능성이 매우 높다.

참고 도서
● *감성두뇌, 행복한 미래를 결정한다* (구로카와 이호코/북향)
● *4차 산업혁명과 K-ICT 365.com* (이창성/지식과감성)
● *팔리는 상품에는 감성이 있다* (시즈카 히사오/한국능률협회컨설팅)

라. 연구장비전문가

1) 개요

첨단 연구시설과 장비는 새로운 과학기술의 발전을 견인하며 세계적인 연구 경쟁력을 확보하는데도 중여한 역할을 한다. 이러한 이유로 연구장비의 관리와 운영 업무를 전문적으로 수행하는 연구장비전문가의 육성이 중요하게 평가되고 있다. 연구장비전문가는 과학기술 연구개발에 사용되는 전문장비에 대한 지식과 기술을 갖추고 장비 운용을 통해 데이터 산출, 해석 및 연구개발 활동을 지원하는 일을 한다. 또한, 전문지식을 활용해 연구장비와 관련된 애로사항과 기술관련 자문을 수행하고 전문인력 양성, 효율적인 장비 도입을 위한 장비 심의 등을 수행한다.

2) 하는일

연구장비전문가가 수행하는 업무는 크게 3가지 영역으로 나눌 수 있다. 첫째, 연구장비전문가는 연구장비 운영 및 관리와 관련해 연구장비에 대한 전문지식과 기술을 바탕으로 장비를 운용해 데이터를 산출하고 해석한다. 둘째, 연구장비 유지보수를 위해 연구장비를 진단하고 부품을 교체하거나 고장사항을 수리한다. 셋째, 연구장비를 이용한 연구개발 활동에 직접적으로 참여하여 기초과학 경쟁력을 높이는데 기여한다.

3) 현황

가) 국외

해외 선진국에서는 연구장비전문가가 전문 직업군으로 정착되어있다. 또한, 연구개발과 지원업무가 별도로 구분되어 있으며, 인력 양성 또한 체계적인 교육과정에 따라 별도로 운영되고 있다. 해외의 연구장비전문가들은 주로 연구기관 내의 지원부서에서 장비 도입에 필요한 기획과 운용, 관리 등 다양한 분야에서 일하고 있다. 이때에도 연구개발 업무와 연구개발지원 업무의 역할분담은 명확하게 되어있으며, 연구개발 지원 담당자들은 전문직으로 인식되기 때문에 연구장비전문가도 연구개발의 보조원이 아닌 연구자와 동일하거나 또는 그 이상의 대우를 받는다. 연구장비전문가는 주로 대학연구소, 공공 연구기관, 기업연구소, 연구장비 제조회사, 연구개발 지원 서비스업 등에 진출해 활동하고 있으며, 특히 선진국에서는 연구개발지원 관련 민간산업이 발달되어 있어 민간시장으로도 활발하게 진출하고 있다.

나) 국내

국내에서 연구장비전문가는 대학교 및 정부출연 연구기관 등 기타 R&D 수행 기관에서 활동한다. 연구장비전문가의 학력은 학사 및 석사가 대부분을 차지하고 있으며, 박사인력도 활동하고 있다. 다만, 국내에서는 연구장비전문가가 연구보조인력으로 인식되고 있어 실제 연구개발활동을 하는 인력에 비해 상대적으로 낮은 처우를 받고 있다. 국내에서는 연구장비 도입과 시설 구축에 대한 투자에 비해 기술인력에 대한 투자는 상대적으로 미흡한 실정이며, 대학원생 등 보조인력 위주로 연구장비를 운용하거나 관리하는 경향이 많다. 실제 대학의 경우는 관리·운영이 미숙한 대학원생, 조교 등이 고가의 연구장비를 주로 담당하고 있어, 장비의 오작동·고장 및 관리비용을 증가시키는 원인이 되고 있다. 특히, 고가의 연구장비는 도입 때부터 연구장비 전문인력을 배치하지 않으면 비용 대비 효율성이 떨어지고 장기적으로는 우수한 연구성과를 창출하지 못하는 원인이 되기도 한다. 때문에 대학교와 정부출연 연구기관 등에서 전문인력을 필요로 하고 있으나, 전문가가 부족해 효율적으로 운용되지 못하고 있는 실정이다.

4) 흥미 및 적성

연구장비전문가의 역할은 첨단 장비를 운용해 효율적인 연구활동을 지원하고 궁극적으로 연구경쟁력을 강화하는데 있다. 따라서 탄탄한 영역별 이공계 기초지식을 바탕으로 다양한 응용과 연구가 이뤄지도록 지원할 수 있어야 한다. 따라서 연구장비전문가는 지속적인 장비활용 교육을 통해 실력을 키우고 전문가 네트워크를 구축해 지식정보를 교환하는 적극적인 태도가 필요하다.

5) 교육과정 및 관련 자격

연구장비엔지니어 양성교육 과정은 기초과학분야 연구장비의 운영·관리를 전담할 연구장비 전문가 운영인력을 양성하기 위한 1년 과정의 전문교육 프로그램으로, 총괄운영기관(한국기초과학지원연구원)이 전국 각 지역별로 전문 교육기관을 선정하고, 각 전문교육기관에서는 이공계 미취업 교육생을 모집·선발하여 주요 연구장비의 운영·관리에 필요한 이론·실습 교육 및 현장실습을 체계적으로 실시한다. 교육희망자는 운영관리교육, 유지보수교육, 분석과학교육 과정 중 하나를 선택하여 교육신청이 가능하다. 운영관리 교육과정은 교육생에게 연구장비 기초이론부터 장비 운영, 데이터 산출·분석까지 전문교육을 실시하는 실습 위주의 연구장비 심화 교육 과정이다. 양성과정 수료자는 대학, 연구소, 기업 등 다양한 분야로 취업이 가능하다. 연구장비 전문가 자격제도는 연구장비의 운영·관리 수행 능력 수준을 검증하기 이한 자격검정제도(민간자격)로서, 연구장비엔지니어양성과정 수료자는 동 자격검정에 응시할 자격이 부여된다.

6) 관련 학과 소개

현재 충북대학교에서 국내 유일 연구장비개발 전공 석·박사과정을 운영하고 있다.

학과 들여다보기 : 충북대학교 물리학과 연구장비개발 전공

창조적인 연구성과는 대부분 첨단 연구장비를 통해 분석되며, 새로운 분석기술·장비의 활용 및 개발은 세계적인 연구성과를 도출하고, 연구경쟁력을 확보하기 위한 필수가 되었다. 첨단 연구시설과 장비의 중요성은 날로 높아지고 있으며, 과학기술정보통신부는 장비를 전문적으로 운영할 수 있는 인력을 체계적으로 양성하고자 2012년부터 '연구장비 엔지니어 교육스쿨(SEE, School of Equipment Engineers)'을 운영하고 있다. 충북대학교 물리학과 연구장비개발 전공 과정은 장비사관학교가 운영하는 운영관리, 유지보수, 분석과학,

장비개발 중에서 보다 성능이 뛰어난 연구장비를 개발하기 위한 대학원 교육과정이다.

교과과정

	교육과정		
기초공통	연구방법론	영어논문 작성 및 발표	연구설계와 통계적 방법
전공공통	양자물리학 I 고전전자기학 I 고전역학	양자다체론 고급통계물리학 현미경 개론	광학개론 장비개발프로젝트 II
연구과제	연구윤리 및 연구과제 I	연구윤리 및 연구과제 II	
전공심화	장비개발요소 광학장비기초 분광장비기초 고급분광장비 초고속레이저 응용 첨단 광학장비 광 전산 시늉 첨단 광학재료	탐침현미경 전자현미경 전자빔동력학 영상분석 동적 원자힘 현미경 고급영상분석 고급나노현미경 고급전자현미경 전자빔광원	물성분석개론 자기물성측정 물성분석장비 고급물성분석 물성분석측정 열물성측정 전기물성측정 극저온물성측정

7) 전망

창조적인 연구성과를 도출하고 국가 연구경쟁력을 확보하기 위해서 연구시설·장비의 체계적이고 고도화된 운영이 필요하다. 이에 연구시설·장비를 효율적으로 관리·운영하고 신뢰성 높은 서비스를 제공하기 위한 연구장비전문가의 역할이 대두되고 있다. 정부에서는 관련 직무를 전문화하기 위해 전담인력 지정 의무화 및 전문인력 양성프로그램을 체계적으로 정비하고 시행할 계획이다. 따라서 전담인력 지정 의무화, 전문인력 양성 등을 통한 직접적인 일자리 창출이 기대되고 있으며, 연구개발지원 인프라도 탄탄히 구축될 전망이다.

참고 도서

- *기초 전자현미경학* (이정용/청문각)
- *물리의 정석:양자 역학 편* (레너드 서스킨스, 아트 프리드먼/사이언스북스)
- *처음 만나는 전자기학* (곽동주/한빛아카데미)

마. 정밀농업기술자

1) 개요

정밀농업은 정확하고 수치화된 정보를 바탕으로 농업에 필요한 기술을 개발하는 것을 말한다. 예컨대 비료를 줄 때 예전에는 기후나 조건에 관계 없이 경험에 따라 비료의 양을 정했다면, 최근에는 토양센서를 통해 비료가 부족한 부분이나 필요한 양을 정확하게 파악한다. 이 밖에도 토양정보, 작물정보, 환경정보, 작년도 수확량 대비 비료 양에 대한 정보를 기초로 어떤 관리가 필요한지 등을 계획할 수 있다. 정밀농업기술자는 바로 이러한 기술 개발 및 체계적인 관리를 담당하는 직업이다.

2) 하는일

정밀농업기술자는 지리정보체계(GIS), 인공위성 자동위치 시스템(GPS) 등 지구과학 기술을 이용한 수치화된 정확한 정보를 바탕으로 농산물의 생산에 영향을 주는 토양, 생육, 기후 정보 등을 탐색하는 정밀농업을 연구하고, 실험을 통해 관련 기술을 개발해 이 기술을 농사 현장에 도입하는 일을 한다. 정밀농업은 농경지와 작물 정보 등을 수집하는 센서를 사용해 농경지의 토양, 작물, 수확량 상태를 관찰하고 조사해 기초정보를 만드는 것부터 시작한다. 이렇게 얻은 정보를 분석해 필요한 비료의 양 등을 결정하고, 농자재에 비료 등을 적재적소에 투입하는 작업을 하게 된다. 이를 통해 나온 정보와 추가 수집한 정보 등을 근거로 농지를 어떻게 관리하고 작물 등을 얼마나 투입해야 하는지 등 결과를 내놓고 이를 농사에 보급할 수 있게 한다. 이렇게 정밀농업을 바탕으로 농업을 하면 불필요한 농자재 투입을 최소화하고, 환경을 보호할 수 있다는 장점이 있다.

3) 현황

가) 국외

세계 농업인구는 지속적으로 감소하고 있어, 정밀농업 시장이 빠르게 성장할 것으로 예상된다. 세계 정밀농업은 2019년 55.6억 달러에서 2026년 128.4억 달러로 성장할 전망이다. 2025년 정밀농업 세부기술별 시장규모는 정밀관개가 23억 8,700만 달러, 모니터링이 22억 9500만 달러, 정밀살포가 17억 7300억 달러, 맞춤형 비료가 12억 3700만 달러, 파종이 9억 6200만 달러에 달할 것으로 전망된다. 특히 정밀 농업에서는 작물 데이터 관리 및 분석기술이 핵심으로 농업 서비스 시장 중 소프트웨어 부문의 빠른 성장이 예상된다. 이에 그치지 않고 정밀농업에서 데이터 수집과 작물관리 자동화를 위한 로봇 활용이 늘어나면서 세계 농업로봇 판매액 또한 증가할 전망이다.

나) 국내

국내 스마트농업 시장은 2020년 2.4억 달러에서 2025년 4.9억 달러에 달할 전망이다. 국내 시장은 세계 시장과 비교했을 때 스마트팜이 차지하는 비중이 높은데, 이는 농지 면적이 작아 시설농업의 비중이 높은 국내 농업 상황을 반영한 것이다. 특히 국내에서는 지능형 농작업기의 비중이 가장 높으며, 식물공장은 시장 규모는 작으나 성장률이 가장 높다.

4) 흥미 및 적성

농업기술자는 농업 및 농촌에 대한 열정과 농업에 관한 전문적인 지식과 기술을 가지고 있어야 하며, 무엇보다 농업인을 대상으로 업무가 이루어지기 때문에 친화력과 리더십 그리고 의사소통 능력이 필요하다. 또한, 사회형과 관습형의 흥미를 가진 사람에게 적합하며, 성취, 독립성, 협조심 등의 성격을 가진 사람들에게 유리하다.

5) 교육과정 및 관련 자격

정밀농업기술자와 관련된 국가자격증으로는 농촌진흥청에서 주관하고 한국산업인력공단에서 시행하는 농업기계산업기사, 농업기계기사, 종자기능사, 종자산업기사, 종자기사, 종자기술사, 농화학기술사, 농림축산식품부에서 주관하고 한국산업인력공단에서 시행하는 유기농업기능사, 유기농업산업기사, 유기농업기사, 축산기능사, 축산산업기사, 축산기술사, 축산기사가 있다.

6) 관련 학과 소개

정밀농업기술자는 기본적으로 기계, 토양, 작물, 병해충 등 농업에 대한 전문적인 지식이 선행되어야 한다. 또한, GIS・GPS・ICT 등 과학기술에 대한 지식 기반이 있어야 하며 이를 위하여 석사 이상의 높은 학력 수준이 필요하다. 농업인을 대상으로 기술 적용 및 보급, 교육 업무를 진행하기 때문에 친화력과 리더십, 의사소통 능력을 갖춰야 한다. 관련 전공으로 바이오시스템공학과, 생물산업기계공학, 농학과, 농업토목학과, 농업생물학과, 식물자원학과, 생명자원학과, 기계공학과, 전기전자공학과, 컴퓨터공학과 등이 있다.

학과 들여다보기 : 전북대학교 생물산업기계공학과

생물산업기계공학은 농、임、축、수산물과 같은 생물자원 및 식품의 생산, 가공, 이용 과정에 공학적 원리와 기술을 적용하여 생산성과 부가가치를 높임으로써 국민 생활과 국가 경제의 발전에 기여하기 위한 학문이다. 생물산업기계공학을 이수하는 데는 그 특성상 기계공학을 포함한 다양한 공학 분야와 관련된 지식과 기술뿐만 아니라, 대상체인 생물 자원에 대한 특별한 지식과 기술이 요구된다. 본 학과는 생물자원과 식품의 생산, 가공, 저장과 관련된 기계화, 자동화, 최적화 및 생력화를 연구 대상으로 하고 있는 바, 현재 본 학과에서는 농、축산물의 수확 후 가공 기술과 기계의 개발 및 비파괴 품질 검사, 생물 자원의 에너지 자원화 및 농업 부산물의 활용, 온실과 같은 생물생산시설의 활용기술과 환경 제어 기술의 개발, 컴퓨터 비전、인공지능、전문가 시스템、농업 정보망 등의 지식공학적 기술과 자동제어 및 계측、메카트로닉스、로보틱스와 같은 첨단 기술의 개발과 응용 등에 관한 연구가 수행되고 있다.

교과과정

	1학기		2학기	
	전공필수	전공선택	전공필수	전공선택
1학년				생물전산학기초및실습 디지털농업기계개론
2학년		생물응용수학 생물역학2 원예산물시스템공학 생물전기공학및실습 생물산업기계공학연습 제도학및실습	생물열역학	유체역학및기계 수치해석 농업데이터이해및분석 생물전자공학및실습
3학년	생물생산기계공학및 실습, 생물자원가공공학및 실습1, 응용계측학및실습	고체역학 생물열전달공학 트랙터공학및실습1	스마트팜환경제어 기계요소설계	생물산업기계공작법 식품가공기계 트랙터공학및실습2
4학년		농업공학 바이오시스템공학연구1 농업기계창의설계1 정밀농업시스템공학 생물영상처리기초		바이오메카트로닉스, 바이오시스템공학연구2 농업기계창의설계2 생물자원저장공학 생물자원가공공학및실 습2

7) 전망

정밀농업기술자는 농촌진흥청, 시 · 도 농업기술센터, 농업기계업체 등에서 기술직이나 연구직으로 진출할 수 있다. 연구원일 경우, 연구실이나 실험실에서 정밀농업 관련 연구개발을 위해 실험을 하거나 농민(소비자)의 반응을 살피기 위해 농업현장으로 조사를 나가기도 한다. 환경보전과 생산성의 양립이 중요한 시대에 정밀농업은 두 마리 토끼를 모두 잡게 해주는 농법으로 주목을 받고 있다. 또한 정밀농업에서 파생된 기술들은 가전, 전자, 기계 등 관련 산업에 경쟁력을 더해줄 것으로 보여 이 분야 연구 및 기술개발 등을 담당하는 인력의 역할은 더욱 중요해질 것이다. 우리나라의 농업생산 여건은 빠르게 악화되고 있다. 그런 점에서 정밀농업에 대한 관심은 선택이 아니라 필수가 되고 있다. 특히 그동안 기술부족으로 정체돼 있던 정밀농업 분야가 센서, IT기술 등이 발전하면서 빠르게 약진하고 있고, 정부가 법 · 제도적 차원에서 정밀농업 활성화 계획을 내비치고 있기 때문에 이 분야 인력 수요도 점차 늘어날 것으로 보인다. 또 민간업체 등의 정밀농업 사업도 활발해질 가능성이 커서 민간업체에서 일하는 이 분야 인력도 늘어날 것으로 보인다.

참고 도서

- *즐거운 농업의 시작, 스마트팜 이야기* (이강오/공감의힘)
- *스마트팜 경영전략* (허철무, 안문형/청람)
- *스마트팜피디아* (농림축산식품부, 농림수산식품교육문화정보원/진안엠앤비)

바. 산업수학 모더레이터

1) 개요

산업수학은 산업 현장의 실질적인 필요에 대응하는 수학 분야라는 좁은 의미를 넘어 향후 쓰이게 될 미래 기술까지 아우르는 넓은 의미의 새로운 분야다. 따라서 기업에서 업무를 진행하다보면 수학자와 함께 업무를 진행해야 하는 경우가 있다. 그러나 서로 대화를 하다보면 어려움을 호소하는 경우가 많아 이를 중재하기 위한 인력이 필요하다. 산업수학 모더레이터는 이러한 역할을 하는 인력으로 양방향의 지식을 가지고 중재하는 역할을 한다.

2) 하는일

산업수학 모더레이터는 산업계와 수학계를 이어주는 중재자로서 산업문제 해결의 진과정을 담당하는 전문인력으로 기업이 당면한 문제가 무엇인지, 정말 원하는 것은 무엇인지 파악하고 그것을 수학자들이 이해하는 방식으로 재구성해서 설명한다. 반대로 수학자들이 제시한 해결책을 현장에서 어떻게 적용할 수 있는지 프로토타입이나 컴퓨터 시뮬레이션을 통해 기업에게 보여주어 상호간의 이해를 돕는다.

3) 현황

가) 해외

해외에서는 수학 전공이 컴퓨터공학만큼 유망한 분야다. 미국에서 1990년대 후반부터 등장한 산업수학은 이미 선진국에서는 기업의 경쟁력으로 여겨진다. 전자상거래 업체 아마존은 구매자들을 수학적으로 분석, 이들이 미래에 살 제품까지 높은 확률로 분석해낸다. 이외에도 독일 베를린은 버스 노선과 배차시간표 조정을 위해 산업수학을 사용하였으며, 벨 연구소에서는 데이터 분배 방식을 계산해 처리 속도를 향상했다. 보잉은 유체역학을 이용한 시뮬레이션을 통해 비행기 날개 성능 테스트를 진행하였으며 디즈니의 경우에도 바닷물의 움직임을 수학적으로 해석해 캐리비안의 해적 등 영화에 구현하기도 했다. 이처럼 이미 해외에서는 산업수학이 다양한 분야에서 활용되고 있다. 따라서 산업수학 모더레이터의 역할도 다양한 분야에 널리 퍼져있다.

나) 국내

해외와 다르게 국내에서는 아직도 해외만큼 수학자들의 입지가 넓지 않다. 하지만 해외의 사례를 바탕으로 한국에서도 산업수학의 활용을 넓히기 위한 움직임이 계속되고 있다. 국가수리과학연구소에서는 지속적으로 산업수학 문제 발굴 사업 등을 진행하며 산업수학의 입지를 넓히고 있다. 현재 한국에서 산업수학 모더레이터들을 절실하게 원하는 기업은 자체 연구소를 통해 R&D 능력을 보유하고 있는 대기업이나 유수의 중견기업들이 아니라 R&D 능력이 없는 스타트업들이다.

4) 흥미 및 적성

산업수학 모더레이터가 되기 위해서는 수학 분야의 전문지식과 더불어 기업이 산업적 측면에서 직면한 문제를 이해하는 등 양방향의 지식을 갖추고 있어야 한다. 관련하여 미국의 산업수학 모더레이터는 종사자 대부분이 수학 관련 분야에서 박사 학위를 소지하고 있는 것으로 알려져있다. 또한, 산업수학 모더레이터는 기업의 요구를 수학자의 언어로, 수학자의 언어를 기업의 요구에 맞춰 논의하는 소통능력이 필수적이다.

5) 교육과정 및 관련 자격

국가수리과학연구소에서는 산업수학 모더레이터 역량강화 프로그램을 운영하고 있다. 산업수학 모더레이터 역량강화 프로그램은 박사과정 수료생을 대상으로 진행하며 산업문제를 담당한 산업수학혁신센터 연구원들과 함께 문제해결 과정에 참여하여 해당 산업문제 해결에 필요한 데이터 분석기법 등을 고안하는 과정을 거치게 된다.

6) 관련 학과 소개

산업수학 모더레이터를 위해서는 수학 관련 분야의 전문지식이 필요하다. 수학과는 서울대, 고려대, 연세대를 비롯해 많은 대학에 개설되어있다. 이외에도 응용수학과의 경우 경희대, 세종대, 경성대, 부경대, 강남대, 한경대, 한양대, 공주대, 원광대, 전남대, 금오공대, 인제대, 고려대 세종캠퍼스에 개설되어있다.

학과 들여다보기 : 경희대학교 응용수학과

현대산업사회에서 수학이 차지하는 중요성과 그 응용범위는 매우 광범위하다. 수학은 모든 학문의 기본이며, 금세기에 들어 비약적인 발전을 거듭하고 있는 과학 및 공학계의 빠른 발전에 필요불가결한 기초 학문이며 또한 인문 사회과학 분야에서도 많은 공헌을 하고 있다. 이에 경희대학교 응용수학과에서는 급진전하고 있는 과학기술계의 흐름에 따라 응용수학과의 심화전공, 복수전공과정을 개설하여 사회의 수요 및 학생들의 다양한 전공학위 취득이 용이하게끔 교과목을 준비하고 있으며, 내용 또한 응용실례와 관련이론을 중심으로 하는 실용교육에 중점을 두고 있다. 졸업생들은 교직을 비롯하여 각종 자격(중등교원, 정보처리기사, 보험계리인 등)을 취득 후 관련분야에서 중추적인 역할을 하고 있으며 공무원 공채분야에서도 우수한 성적을 내고 있다. 또한 대학원 진학을 하여 수학 또는 수학 관련 전공분야에서 석사 또는 박사학위 취득 후 연구 현장에서 열심히 연구 활동을 하고 있다.

교과과정

- **일반형(취업형)**

	1학기	2학기
1학년	미분적분학1, 선형대수, 물리학및실험1, 화학및실험1	미분적분학2, 미분방정식, 응용선형대수특강
2학년	해석학1, 수리프로그래밍, 미분방정식특강, 응용벡터해석, 컴퓨터지원기하학적설계	해석학 II, 수치해석및연습, 확률통계및응용
3학년	현대대수학 I, 미분기하학 I, 복소함수및응용, 통계학및응용, 수치선형대수	위상수학및응용 I, 수리통계및응용, 수리적빅데이터개론
4학년	수리모델링과응용, 확률미분방정식및응용, 보험수학	금융수학, 수치해석학특강, 정보수학, 응용수학특강, 양자계산이론입문

7) 전망

최근 국내에서도 산업수학에 대한 관심이 증가하고 있으며, 정부에서도 산업수학 육성 방안을 통해 산업수학 육성을 위한 노력을 기울이고 있다. 이러한 기조로 본다면, 국내에서 산업수학의 활용이 다분야에서 이루어질 것으로 전망되며, 이에, 국내에서의 산업수학 모더레이터의 수요 또한 함께 증가할 것이다.

참고 도서

- ***파이썬 활용 산업응용수학의 기본*** (김춘석/지오북스)
- ***이야기로 읽는 확률과 통계*** (정완상, 황기홍/이지북)
- ***산업응용수학의 기본*** (김영록/경문사)

03

IT·인터넷

3. IT·인터넷

가. 빅데이터전문가

1) 개요

2000년대 초반 전 세계적으로 인터넷 붐이 일면서 미국의 구글과 같은 신흥 기업들이 폭발적인 성장을 하게 된다. 이에 따라 인터넷상의 데이터양도 가늠할 수 없을 정도로 늘어났다. 인터넷뿐만 아니라 스마트폰이 보급화 되면서부터는 SNS 등을 통해 개개인이 언제든 간편하게 24시간 데이터 생산과 소비를 할 수 있게 됐다. 이러한 개인 정보에 기업들의 관심이 집중되면서 자연스럽게 빅데이터전문가에 대한 수요층이 생겨났다.

빅데이터라는 용어는 3년여 전 미국 실리콘밸리에서 처음 등장한 개념으로, 2012년 시장조사기관인 가트너그룹이 빅데이터를 세계 10대 기술로 선정하면서 각광받고 있다. 현재 빅데이터는 우리가 생각할 수 있는 거의 모든 분야에서 활용되고 있다. 빅테이터가 활용된 사례로는 2011년 집중호우로 인한 산사태로 많은 인명피해가 발생했을 때 리우데자네이루시가 새로운 도시환경 조성을 위한 기초자료로 데이터 분석을 시행한 것과 서울시 심야버스 노선 개정 시 활용된 것을 들 수 있다. 이렇게 자료를 수집·분석해 원하는 분야의 정보를 만들어내는 것이 빅데이터 전문가의 직능이다. 빅테이터 분석가는 특정 대상이나 개념에 대한 사람들의 생각과 감정 등을 파악하거나 미래의 특정 사건을 예측하고 현상들 간의 관계성을 파악하기 위하여 SNS나 빅데이터를 분석하는 역할을 수행한다.

2) 하는 일

빅데이터 분석가는 수많은 데이터 속에서 트렌드를 읽어내 부가가치가 높은 결과물을 도출해내는 일을 담당한다. 대량의 빅데이터를 관리하고 분석해 사람들의 행동패턴이나 시장 경제상황 등을 예측하기도 한다. 페이스북과 트위터 등 SNS로 주고받는 문자나 몇 개의 키워드로 상대방의 성향을 파악할 수도 있다.

빅테이터 분석 시 먼저 분석목표에 따라 빅데이터의 분석방법을 기획한 다음 분석할 빅데이터 자원을 수집해야 한다. 그 후 대용량의 데이터를 처리하는 플랫폼을 활용하여 데이터를 분석하고, 프로그램을 사용하여 분석결과를 시각화 한다. 실시간으로 데이터를 수집·저장·분석하고 시각화하여 의미 있는 분석결과를 도출하기도 하며, 빅데이터와 관련된 새로운 기술, 유행, 트렌드 등을 수시로 파악하는 역할을 맡는다.

3) 현황

가) 해외

2012년 시장조사기관인 가트너그룹이 빅데이터를 세계 10대 기술로 선정하면서 빅데이터전문가라는 직업에 관심이 모아졌다. 현재 미국의 빅데이터 전문인력은 데이터과학자(분석·시각화), 빅데이터컨설턴트(기획), 빅데이터개발자(처리·기술), 빅데이터운영자(운영·관리) 등으로 세분화되고 있다.

미국 국세청은 2011년 대용량 데이터와 IT기술을 결합해 통합형 탈세 및 사기 범죄 방지 시스템을 구축했다. 사기방지 솔루션으로 이상 징후를 미리 찾아냈는데, 예측 모델링을 통해 납세자의 과거 행동정보를 분석한 다음, 사기패턴과 유사한 행동을 검출했다. 그 뒤 페이스북이나 트위터를 통해 범죄자와 관련된 계좌, 주소, 전화번호, 납세자 간 연관관계 등을 분석해 고의 세금체납자를 찾아냈다. 이 과정에서 미국 국세청은 오픈소스 기반의 대용량 데이터 처리 소프트웨어인 하둡(Hadoop)을 적용해 저렴한 비용으로 데이터를 분석했고, 그 결과 연간 3,450억 달러에 이르는 엄청난 규모의 세금 누락을 막아냈다. 해외에서는 빅데이터전문가를 데이터 사이언티스트(Data Scientist)라는 확장된 의미로 이해하는 편이다.

MIT, 스탠포드대학, 노스캐롤라이나주립대학 등 유수의 대학들에 데이터 사이언티스트 과정이 개설되어 있으며, 석사 졸업 후 7만~10만 불에 달하는 고액 연봉을 받는 것으로 알려져 있다. 글로벌 인터넷기업(구글, 야후, 아마존 등)과 SW솔루션기업(IBM, Oracle, SAS, SAP 등)의 경우는 빅데이터시장의 주도권을 확보하기 위한 치열한 경쟁을 벌이고 있다. 이들 전문기업들은 M&A를 통해 빅데이터 관리·분석기술을 확보하고 플랫폼 경쟁력을 강화하기 위해 노력하고 있다.

나) 국내

현재 국내에서도 빅데이터에 대한 관심이 늘어나고 이를 요구하는 곳이 많아지기 시작했다. 우리나라에서도 이제 세계흐름을 따라 정보화 시대로 가기 위함이다. 빅데이터의 공급과 수요가 늘어나면서 기업에서도 빅데이터 분석가가 필요하다는 인식을 가지기 시작 했다. 하지만 기업이 변화하지 않고 있고 기업이나 조직에서 빅데이터라고 불릴만한 데이터가 없다. 또 실로 경험이 있는 전문가들이 이른 퇴직으로 인해서 우리나라에서는 현재 빅데이터분석가가 일할 수 있는 환경이 좋지 않은 상황이다. 대부분 기업에서는 IT기술전문가와 빅데이터분석가를 혼동하거나 IT기술전문가에게 빅데이터분석을 하려고 하는 경우가 있다. 하지만 빅데이터는 IT기술과는 매우 다른 부류이기에 이는 힘든 상황이다. 기업이 변화하고 빅데이터를 소유하고 있는 상황이 되었을 때 우리나라에서 빅데이터분석가가 자리를 잡을 수 있을 것이다.

4) 흥미 및 적성

빅데이터 전문가에게는 수리논리력, 창의력, 언어능력, 공간시각능력 등이 필요하다. 다양한 분야에 관련된 자료를 분석하는 직업이므로 논리적인 사고를 가지고 있어야 하며, 매사에 선입관을 배제하고 대상을 냉철히 분석할 수 있는 관찰력을 가지고 있으면 좋다. 계산력, 세심함, 투철한 사명감 역시 필요하다. 그 외에 사회·경제·정치·문화 전반에 대한 지식과 인문학에 대한 관심을 가지고 있으면 직능을 수행하는 데 도움이 된다.

5) 교육과정 및 관련 자격

관련 자격증에는 사회조사분석사, 빅데이터분석전문가(ADP), 정보관리기사 등이 있다. 이 중 빅데이터 분석 전문가는 데이터 이해 및 처리 기술에 대한 기본지식을 바탕으로 데이터 분석 기획, 데이터 분석, 데이터 시각화 업무를 수행하고 이를 통해 프로세스 혁신 및 마케팅 전략 결정 등을 과학적 의사결정을 지원하는 직무를 수행하는 전문가를 말한다. 데이터 분석 준전문가는 데이터 이해에 대한 기본지식을 바탕으로 데이터 분석 기획 및 데이터 분석 등의 직무를 수행하는 실무자를 말한다.

관련 학과로는 빅데이터 전공, 빅데이터분석학, 빅데이터공학부 등이 있으며 통계학과, 경제학과, 컴퓨터공학과에서도 관련 분야를 배울 수 있다. 인문학 전공자라면 통계학을 추가로 공부하면 된다.

6) 관련 학과 소개

현재 우리나라에서 빅데이터 관련 학과가 설치된 대학은 많지 않다. 빅데이터에 대한 수요가 생겨나는 시기이기 때문에 관련 학과가 개설된 학교가 많지는 않다. 주로 서울거점 대학이나 대학원에서 다루고 있다. 특히 빅데이터의 경우 대학보다는 대학원에서 다루는 경우가 많기도 하다. 고려대 세종캠퍼스와 국민대, 대구가톨릭대, 서울시립대와 순천향대, 케이씨대는 일반 대학 학부 과정을 통해서 빅데이터에 관해 공부를 할 수 있다 하지만 대부분의 경우 빅데이터는 석·박사 과정을 운영하는 대학원에서 더 많이 다룬다.

학과 들여다보기 : 국민대 빅데이터경영통계전공

국민대 경영학부에는 경영학전공과 빅데이터경영통계전공을 개설하고 있다. 그 중 빅데이터경영통계전공은 2013년 개설된 전공과정으로, 국내에서는 최초로 경영학부에 소속된 통계학 관련 전공이며, 특히 최근 업계의 화두로 급부상하고 있는 빅데이터(Big Data) 및 비즈니스애널리틱스(Business Analytics)에 중점을 두어 특화된 전공이다. 경영학, 통계학, IT 등 다양한 분야의 지식을 포괄하여 데이터 기반의 경영과 의사결정을 위해 필요한 제반 도구와 프로세스를 중점으로 교육받을 수 있으며, 비즈니스 마인드와 분석적 마인드를 바탕으로 현대 정보사회의 방대한 정보를 보다 효과적 · 효율적으로 분석 · 평가하고 미래를 예측할 수 있는 분석경영전문가(Business Analyst), 데이터과학자(Data Scientist) 등의 전문인력을 양성하는 것을 목표로 한다. 국민대 빅데이터경영전공에서는 학문적 지식의 습득은 물론, 집중적인 실습교육을 통해 실무적용능력을 함께 배양할 수 있는 맞춤형 교과과정을 운영한다. 이러한 교육과정의 일환으로 원어강의를 확대하고 있다.

교과과정

- **교양과정**

	1학년 1학기	1학년 2학기
기초교양	English Conversation I II	
전공기초교양	컴퓨터프로그래밍1	컴퓨터프로그래밍2
자유교양	인생설계와진로	인생설계와진로

- **전공과정**

	1학기		2학기	
	전공선택	전공필수	전공선택	전공필수
1학년	[전공필수] 경영영어실습 [전공선택] 현대경영과기업가정신, 경제학개론, 경영통계, 회계학원론, 경영수학			
2학년	경영데이터베이스개론 경영데이터분석 수리통계	분석프로그래밍I	분석프로그래밍II 탐색적데이터분석	데이터모델링과 SQL 회귀분석
3학년	다변량통계분석 마케팅조사 비즈니스프로그래밍	데이터마이닝	고급통계실무 범주형통계분석 비정형빅데이터분석 빅데이터분사컴퓨팅	
4학년	빅데이터와시각화 디지털마케팅 소셜미디어애널리스틱스		금융시계열분석 빅데이터비즈니스모델	

7) 전망

최근 빅데이터가 각광을 받고 있는 이유는 빅데이터 분석과 활용을 통해 불확실한 환경을 제거하거나 리스크를 최소화할 수 있기 때문이다. 그 결과 기업은 경쟁력을 높이고, 개인은 삶의 질을 향상시킬 수 있다. 또한 관련 서비스, 소프트웨어, 하드웨어 등에 대한 영향력이 크며 경영학, 통계학, 컴퓨터공학 등 다양한 분야 간의 통섭이 가능하다는 점 역시 빅데이터의 발전·활용 가능성을 밝게 해준다. 최근 발표된 맥킨지 보고서에 따르면 미국에서는 2018년까지 14만~19만 명의 빅데이터전문가, 150만 명 정도의 데이터 관리자와 분석 인력이 필요할 것이라고 전망했으며, EMC가 발표한 '데이터 과학자 연구' 보고서는 향후 5년 동안 데이터 과학자에 대한 수요가 공급을 뛰어넘을 것으로 내다봤다.

참고 도서
- ***빅데이터의 충격*** (시로타 마코토/한빛미디어)
- ***빅데이터가 만드는 세상*** (빅토르 마이어 쇤버거, 케네스 쿠키어/21세기 북스)
- ***여기에 당신의 욕망이 보인다*** (송길영/쌤앤파커스)

나. 핀테크전문가

1) 개요

핀테크(fintech)는 금융(finance)과 기술(technology)의 합성어로 금융과 정보통신기술과의 결합을 의미한다. 우리가 잘 알고 있는 글로벌 결제서비스 페이팔과 국내 결제서비스인 삼성페이, 카카오페이 등도 여기에 포함된다. 핀테크 전문가는 IT 기술을 활용하여 새로운 유형의 금융 서비스를 기획하고, 시스템을 구축하며 데이터 분석 알고리즘을 개발하는 등의 업무를 수행한다. 예금, 대출, 자산관리 등의 금융서비스를 IT 기술을 활용하여 새로운 유형의 금융서비스를 기획하고, 시스템을 구축하는 직무를 맡기도 한다.

2) 하는 일

핀테크 전문가의 업무는 은행 업무에 기반 한다. 따라서 핀테크 전문기의 업무는 확장된 은행 업무이다. 금융상품을 개발하거나 제휴 업체를 관리하는 일, 온, 오프라인의 결제나 송금 시스템을 구축하거나 운영하는 일, 해킹과 같은 금융 사고를 방지하기 위한 보안을 담당하거나 데이터 분석 및 예측을 위한 알고리즘 개발 등이 핀테크 전문가가 하는 일이다.[6)]

3) 현황

2016년 새해 금융시장의 '핀테크' 열기가 본격 궤도에 올랐다. 핀테크는 증권, 자산관리, 대출, 은행, 결제 등 금융업계 전반에 걸쳐 이슈를 낳고 있다. 이에 따라 핀테크 전문 업체도 잇달아 생겨나고 있다. 실제 금융위원회가 발표한 '2015 핵심개혁과제 성과점검회의' 보고에 따르면, 국내 핀테크 스타트업의 업체수가 2015년 5월 44개에서 같은 해 11월 360개로 늘어 무려 718%나 급성장했다. 관련종사자 역시 2014년 24,300명에서 2015년 25,600명으로 크게 증가했다. 은행에서는 핀테크 관련하여 IT 이공계 출신 인력을 늘리는 추세다. 작년 하반기 신입 행원 채용에서는 대부분 IT 부문 인력을 별도로 채용하기도 했다. 신한은행은 채용인원 중 30% 정도를 IT와 공학 계열 출신을 뽑았으며, 우리은행도 채용인원 중 IT 인력이 전체인원의 30%였다.

4) 흥미 및 적성

핀테크가 금융과 기술의 융합인 이유로 두 분야에 관한 기본적 지식과 기술이 있어야 한다. 여기서 기술은 IT 기술이다. 기존의 방식에서는 금융을 잘 아는 쪽은 기술적인 면을 이해하지 못했고, 개발자는 금융을 잘 모르는 모습이었다. 그러나 핀테크 전문가는 금융에 관한 업무적인 지식과 공학적인 지식이 모두 필요하다. 어느 분야보다 서로의 분야에 관한 이해가 중요한 산업이다. 그러므로 업무적인 지식과 공학적인 지식을 모두 갖춘 사람이 인정받게 될 것이다.

---

6) http://www.sciencetimes.co.kr/?p=140417&post_type=news

핀테크 관련 기업이 원하는 인재는 빠르고 간편한 금융서비스 개발을 위한 금융 신지식을 보유한 사람, 보안관 관련된 빅데이터를 분석할 수 있는 사람, 금융 관련 법무지식이 있는 사람 등 이다. 또한 보안 전문성 및 빅데이터 활용능력을 가지고 있는 것이 좋다.[7]

5) 교육과정 및 관련 자격

핀테크 전문가가 되기 위해서 특정 전공이나 자격증이 반드시 필요한 것은 아니다. 대학에서 IT, 정보통신, 컴퓨터 프로그래밍 분야나 금융, 회계 등을 전공하는 경우에 유리하다.

6) 관련 학과 소개

현재 우리나라에서 핀테크 관련 학과가 설치된 대학으로는 국민대경영대학원, 서강대정보통신대학원, 숭실대 정보과학대학원 등이 있다. 핀테크 관련학과는 학부 과정보다는 대학원에서 교육하는 경우가 대부분이다.

학과 들여다보기 : 대전대학교 핀테크학과

대전대학교 핀테크학과는 최신 ICT기술과 금융지식을 기반으로 혁신적인 금융 서비스를 개발하는 핀테크 산업 분야의 핵심 인재 양성을 목표로 2020년 중부권 최초로 설립된 4차 산업혁명 시대를 이끌어갈 유망학과다. 핀테크 산업분야는 최근 급성장하고 있는 분야로 블록체인, 인공지능, 빅데이터, 모바일 기술 등과의 융합을 통해 혁신적인 금융서비스를 개발하고 미래의 금융 산업을 이끌어가기 위한 창의적 융합인재를 요구하고 있다. 부응하여 대전대학교 핀테크학과는 금융이론을 바탕으로 금융서비스와 관련된 실습과 프로젝트 위주의 실무 교육을 제공하여 핀테크 전문인재를 양성하고 4차 산업혁명 시대의 주역으로 거듭나기 위해서 도전하는 학생들에게 새로운 기회를 제공한다.

---

[7] http://www.sciencetimes.co.kr/?p=140417&post_type=news

교과과정

	1학기	2학기
1학년	컴퓨터개론 경제학원론	핀테크개론 경영학원론
2학년	기초프로그래밍 데이터구조 회계학원론 금융통계학 디지털경제학	데이터베이스 고급프로그래밍 핀테크 알고리즘 금융수학 디지털금융
3학년	핀테크보안 핀테크프로그래밍 운영체제 데이터통신 데이터베이스실습 금융시장론 재무관리론 마케팅롱	캡스톤디자인1 시스템소프트웨어 컴퓨터네트워크 금융 빅데이터 인공지능개론 블록체인과 암호화폐 금융투자론 금융제도 및 법규
4학년	블록체인응용 금융소프트웨어 핀테크와 사물인터넷 빅데이터 분석 및 시각화 핀테크와 인공지능 파생금융상품과 위험관리 글로벌금융과 외환시장 선진금융시스템	캡스톤디자인2 금융상품개발 핀테크 창업 현장실습

7) 전망

핀테크 시장의 동향을 살펴보면 핀테크가 도입된 초반에는 오프라인은행의 온라인 서비스를 어플에 옮겨놓은 것에 그쳤었지만 최근 들어서 오프라인 은행의 실체가 없는 비대면, 모바일 전문은행이 등장했으며 온라인 사이트와의 제휴를 통해 제공되는 서비스를 확대하는 등 기존의 영역에서 벗어나 더 다양한 분야로 그 영역이 확장되는 추세이다.

시장 조사기관인 가트너(Gartner)에 의하면 전 세계 모바일 결제 시장은 2015년에 4.311억, 2017년에는 7,213억 달러 예상으로 전망했다. 급속도로 확대되는 시장이다. 정부는 이와 같은 핀테크 성장의 흐름에 발맞춰 2017년부터 3년간 핀테크 사업분야에 3조원을 지원하기로 했고 우리나라뿐만 아니라 영국, 호주, 홍콩, 스위스, 미국의 정부 또한 핀테크 발전을 위해 상당한 금액을 투자하고 있으며 최신 금융 서비스 발전에 필요한 기술 개발을 위한 방안 모색에도 자원과 인력을 아끼지 않고 있다. 이처럼 핀테크 시장이 확대되는 것은 세계적인 추세이며 핀테크 전문가에 대한 수요는 앞으로도 증가할 것으로 보인다.

참고 도서

- ***인터넷 전문은행*** (신무경/미래의창)
- ***디지털뱅크, 은행의 종말을 고하다*** (크리스 스키너/미래의창)
- *핀테크 전쟁* (브렛 킹/예문)

다. 소셜미디어전문가

1) 개요

전통적인 홍보·마케팅 매체는 텔레비전이나 신문, 라디오, 잡지 등이었지만, 스마트폰의 보급으로 지금은 SNS가 가장 영향력이 큰 홍보 매체가 되었다. SNS는 다른 매체에 비해 파급력이 크고 속도가 빨라 SNS를 통해 기업의 각종 소식과 정보를 쉽게 접할 수 있게 되었다. 이렇게 SNS가 주요 마케팅 수단이 되면서 소셜미디어전문가가 등장하게 되었다. 소셜미디어전문가는 기업의 SNS 계정을 개설·관리하여 기업의 마케팅 또는 고객관리를 수행하고, 고객의 의견을 수렴해 분석함으로써 기업이 전략을 설정하는 데 도움을 주는 전문가를 말한다. 해외의 경우 소셜미디어만을 담당하는 전담자가 오래 전부터 활동해 왔으며, 국내에서도 기관이나 기업의 소셜 미디어를 이용한 마케팅 사례가 꾸준히 늘어나고 있는 만큼 소셜미디어전문가의 역할은 앞으로 더욱 확대될 것으로 전망된다.

2) 하는 일

소셜미디어전문가의 주요 업무는 기업에서 운영하는 SNS 계정을 관리하는 것이다. 최근에는 단순히 SNS 계정을 운영하는 것뿐만 아니라 기업을 마케팅 하는데 있어 필요로 하는 콘텐츠를 생산, 가공하는 업무로 직능이 확대되고 있는 추세이다. 또한 고객의 성향을 분석해 얻은 데이터를 분석해 기업이 전략을 수립하고 의사결정을 내리는 데 활용하도록 하는 업무도 수행하며, 고객과의 커뮤니케이션, 고객의견수렴, 고객관계관리(CRM), SNS 위기관리 및 모니터링 등의 여러 가지 업무를 수행하기도 한다. 또한 기업이나 상품의 브랜드에 대한 이미지 관리 역시 현재 소셜미디어전문가에게 기대되는 업무영역 중 하나이다. 이렇게 기업에서 소셜미디어를 적극 활용하려고 하는 이유는 소셜미디어의 기능의 다양성 때문이다. 소셜미디어는 고객과 실시간 소통이 가능하여 고객의 반응을 즉각적으로 모니터링 할 수 있으며, 이를 제품기획이나 전략에 적용할 수 있다. 또 고객의 불만이나 건의사항을 SNS 매체로 처리할 수 있기 때문에 고객입장에서는 거리감을 느끼지 않을 수 있다는 장점도 갖는다.

3) 현황

가) 해외

소셜미디어전문가는 미국 유수의 기업들에서 활발히 활동하고 있다. 2013년 기준 캘리포니아주에서 소셜미디어전문가의 평균 임금은 연봉 8만 달러 수준이다. 미국에서 소셜미디어전문가를 양성하는 인증 교육과정은 대학 내에서 운영하는 코스와 일반 사설과정 등이 있는데, 가장 유명한 인증 교육과정은 Society3 Academy에서 운영하는 Social Media Academy이다. 이곳의 교육생은 3M, 오라클(Oracle), ADP, 오토데스크(Autodesk), 델(Dell) 등 세계적인 기업에서 채용하였으며, 각국 정부 공무원으로도 활동하고 있다.

나) 국내

국내에서 SNS의 폭발적 성장은 스마트폰 보급과 관련이 깊다. 스마트 모바일 시장이 커지면서 SNS를 이용하는 사람 또한 폭발적으로 늘어나 기업 입장에서는 소셜미디어를 통해 적은 비용으로 고객의 반응을 살펴볼 수 있게 되었다. 아직까지 소셜미디어전문가의 직업적인 입지는 안정적이지 않은 편이였으나, 최근 국내 많은 기업들이 소셜미디어의 전략적인 활용방안을 모색하면서 소셜미디어전문가의 채용이 증가하고 있다. 소셜미디어전문가는 주로 기업 내 홍보 및 마케팅 부서에서 활동하며, 온라인 마케팅업체에서 디지털마케터로 활동하기도 한다.

4) 흥미 및 적성

소셜미디어 전문가가 되기 위해서는 문제를 해결하는 데 있어서 창의력과 논리력, 그리고 소셜미디어 환경과 트렌드를 이해하는 능력이 필요하다. 홍보, 마케팅, 정보통신, 심리학 등 다방면에 지식이 필요하고, 다양한 분야에 관심을 갖고 있어야 한다. 또한 다른 사람들과 자연스럽게 소통할 수 있는 성격을 갖추고 있어야 한다. SNS 계정을 운영할 수 있어야 하며 기본적인 프로그래밍 능력도 요구된다. 위기 대응을 위한 통찰력도 중요하다.

무엇보다 중요한 것은 자기 콘텐츠를 만들어 소통하는 커뮤니케이션 능력이다. 장기적인 마케팅 프로그램을 개발, 운영할 수 있는 능력과 브랜드나 제품 라인, 프로젝트 팀에 대한 관리 경험 또한 필요하다. SNS를 통해 얻은 정보들을 분석하는 분석력 역시 이 일을 하는데 도움이 된다.

5) 교육과정 및 관련 자격

(사)한국소셜네트워크협회에서는 대학 졸업예정자를 대상으로 소셜네트워크 교육과정을 운영하고 있으며, SNS 관련 산업/서비스 종사자들을 대상으로 하는 교육과정도 운영하고 있다. 한국소셜미디어진흥원에서도 소셜미디어 진흥 관련 연구 및 세미나, 소셜 미디어 교육과정 등을 운영하고 있다.

소셜미디어 전문가가 되기 위해서 특정 전공이나 자격증이 반드시 필요한 것은 아니다. 일반적으로 대학에서 홍보, 마케팅, 광고, 언론, 정보통신 분야 등을 전공하는 경우가 많지만, 전공보다는 고객들이 반응하는 각종 이슈에 대응할 수 있도록 다양한 분야에 관심을 갖는 것이 더 중요하다.

6) 관련 학과 소개

현재 우리나라에서 미디어 관련 학과가 개설된 대학으로는 대표적으로 방송통신대학이 있다. 그 외에도 아주대, 숭실대, 서울디지털대, 이화여대 등 거점대학에도 있으면 대학원도 있는 곳이 많이 있다. 방송통신대의 경우 학부과정과 대학원 과정 모두 지원이 잘 되고 있다.

학과 들여다보기 : 아주대 미디어학과

아주대 미디어학과는 1998년 한국에서 최초로 설립된 미디어학부를 모체로, 2013년 미디어콘텐츠와 소셜미디어로 전공을 나누어 미디어학과로 출범하였다. 미디어학과의 세부 전공 중에는 소셜미디어(MIBS) 전공이 있는데, 이는 MIBS(Media, Information, Business, and Society) 에 대한 융합과 각 분야 간의 상호작용에 대한 과학적 연구를 바탕으로 고도의 정보 분석과 창의적 사고를 통한 문제해결 능력 및 리더십을 갖춘 미래형 IT융합 전문가를 기르기 위한 전공이다. 아주대에서 실시하는 MIBS 교육과정은 Media, Information, Business, Social 과정의 융합으로, MIT Media Lab, Berkeley iSchool, Stanford Social Media Marketing, Havard Sociology and Psychology 등 세계 유수의 대학들의 교육 및 연구 과정을 벤치마크했다.

교과과정

미디어학과는 디미어콘텐츠전공과 소셜미디어전공으로 나누어져 있어 이에 맞는 전공별로 수업이 다르게 진행된다. 학년별로 교과과정을 소개하겠다.

- 1학년 과정

	미디어컨텐츠전공		소셜미디어전공	
	1학년1학기	1학년2학기	1학년1학기	1학년2학기
대학 필수	대학생활과진로 진로설정과어학역량계발1 영어2 영역별교양1	영어1 글쓰기 진로설정과어학역량 계발2 영역별교양2	대학생활과진로, 진로설정과어학역량 계발1 영어2 영역별교양1	영어1 글쓰기 진로설정과어학역량 계발2 영역별교양2
기초 과목	수학1 기초과학선택과목	확률및통계1	수학1 기초과학선택과목	확률및통계1
전공 필수	디지털미디어 디자인기초	컴퓨터프로그래밍 컴퓨터프로그램설계	소셜미디어 미디어통계	컴퓨터프로그래밍 컴퓨터프로그램설계

- 2학년 과정

	미디어컨텐츠전공		소셜미디어전공	
	2학년1학기	2학년2학기	2학년1학기	2학년2학기
대학 필수		영역별교양3	영역별교양3	
전공 필수	자료구조 게임프로그램1 컴퓨터애니메이션	게임디자인 객체지향프로그래밍	게임프로그래밍1 자료구조	소셜미디어프로그래밍 객체지향프로그래밍
전공 선택	애니메이션미학 크로키 미디어통계	영상미학 디지털타이포그래피 피지컬인터랙션디자인 미디어창업1 운영체제	미디어애널리틱 스	소셜미디어휴먼 소셜미디어애널리틱스 미디어조사방법론 운영체제 피지컬인터랙션디자인 미디어와창업1

- 3학년과정

	미디어컨텐츠전공		소셜미디어전공	
	3학년1학기	3학년2학기	3학년1학기	3학년2학기
전공필수	、	앱프로젝트	、	소셜앱프로젝트
전공선택	디지털사운드기초, 컴퓨터그래픽스, 영상연출, 시각정보그래픽스, 리얼타임애니메이션1 모바일프로그래밍1, 게임기획개론, 인터랙션디자인, 창의적콘텐츠디자인1, 웹앱프로그래밍, 알고리즘, 인터페이스디자인, 미디어와창업2, 창업실습1,	캐릭터애니메이션, 영상편집론, 정보디자인, 모바일프로그래밍2, 게임스토리텔링, 창의적콘텐츠디자인2, 그래픽디자인, 리얼타임애니메이션2, 인지과학응용, 창업실습2	모바일프로그래밍1, 웹앱프로그래밍, 미디어이론, 알고리즘, 미디어와창업2, 창업실습1	애널리틱스프로젝트, 인지과학응용, 소셜미디어기획, 모바일프로그래밍2, 광고이론및제작, 창업실습2

- 4학년과정

	미디어컨텐츠전공		소셜미디어전공	
	4학년1학기	4학년2학기	4학년1학기	4학년2학기
전공필수	미디어프로젝트1	、	미디어프로젝트1	
전공선택	게임프로그래밍2, 애니메이션이론, 뉴미디어와모션그래픽스, 게임상호작용디자인, 스마트콘텐츠사운드제작, 데이터베이스, 이머징미디어특론, 인터내셔널세미나, 데이터시각화*, 해외인턴쉽1, 창업현장실습1, 미디어집중교육1, 해외봉사실천1, 해외봉사실천2,	UX디자인 미디어프로젝트2 영상합성 세계영화사 영상사운드제작 미디어현장실습1 미디어현장실습2 미디어현장실습3 미디어현장실습4 인터내셔널세미나 해외인턴쉽2 창업현장실습2	미디어융합프로젝트, 뉴미디어기획, 미디어및UCC, 데이터베이스, 데이터시각화, 데이터사이언스 이론과응용, 해외인턴쉽1, 창업현장실습1, 미디어집중교육1, 러닝사이언스, 텍스트마이닝과 감성분석, 해외봉사실천1, 해외봉사실천2	디지털방송 및 뉴미디어, 데이터사이언스 프로젝트, 앱프로젝트, 정보디자인, 데이터사이언스와 UX, 미디어프로젝트2, 미디어현장실습1, 미디어현장실습2, 미디어현장실습3, 미디어현장실습4, 해외인턴쉽2, 창업현장실습2

7) 전망

미래창조과학부는 소셜미디어와 관련된 연구를 시작으로 앞으로 민간교육기관과 협력하여 기업맞춤형 소셜미디어전문가 양성과정을 시범운영('15)하고 점진적으로 확대할 계획이다. 특히 민간의 우수 소셜미디어전문가 육성과정에 대해 국가공인 민간자격을 부여하는 등 민간이 자발적으로 소셜미디어전문가를 육성하고 검증할 수 있는 시스템을 구축할 예정이다. 향후에는 마케팅, 위기관리 등 소셜미디어 활용 분야별 전문인력 양성과정 신설을 지원하는 등 전문성을 더욱 강화해 나갈 계획이어서 향후 일자리 창출과 기업경제 활성화를 기대할 수 있을 것으로 보인다.

소셜미디어를 기업의 홍보·마케팅 수단으로 활용하는 경우가 많아지고, 소셜 빅데이터 분석, 인적자원 개발 등 다양한 분야로 영역이 확장되고 있고 그 영향력도 증가하고 있는 만큼 소셜미디어 전문가의 전망은 밝다고 할 수 있다. 소셜미디어전문가가 될 경우 대기업 홍보 및 마케팅 부서, 온라인마케팅 전문업체, 소셜큐레이션업체 등에서 활동할 수 있다.

해외의 경우 소셜미디어만을 담당하는 전담자가 오래 전부터 활동해 왔으며, 국내에서도 기관이나 기업의 소셜 미디어를 이용한 마케팅 사례가 꾸준히 늘어나고 있는 만큼 소셜미디어전문가의 역할은 앞으로 더욱 확대될 것으로 전망된다.

참고 도서

- ***필립 코틀러의 마켓 4.0*** (필립 코틀러, 허마원 카타자야, 이완 세티아완/더퀘스트)
- ***디지털 세계의 앨리스*** (이요훈/이파르)
- ***페이스북 무엇이고 어떻게 활용할 것인가*** (유 윤수, 구창환, 최규문/더숲)

라. 사이버평판관리자

1) 개요

초고속 광대역으로 유명한 대한민국. 초고속 무선 인터넷 보급률은 100.6%로 OECD 34개국 가운데 1위를 차지하고 있다. 이로 인해 불거지는 문제도 상당하다. 그 중 하나가 악성 댓글 피해다. 사이버 상에서 악성 댓글로 가장 많은 피해를 입는 이들은 유명인이다.

비단 유명인 뿐 아니라 악성 댓글 앞에서는 그 누구도 자유로울 수가 없다. 악성 댓글은 사이버 범죄의 일종으로 인터넷상에서 특정인에 대해 악의적인 비방이나 험담을 하는 댓글을 말한다. 이는 언어폭력이며, 상대방에게 모욕감이나 치욕감을 줄 우려가 있다. 개인뿐 아니라 기업도 마찬가지다. 사이버 상의 여론이 잘못된 방향으로 흘러가서 기업의 이미지가 왜곡되게 된다면 그 기업이 한순간에 무너지기도 한다. 또한 온라인에서의 평판은 전파속도가 무척 빠르고 평판을 접하는 대상의 규모도 상당하기 때문에 기업의 입장에서 온라인 평판관리는 더욱 중요하다. 이런 배경에서 등장한 사이버평판관리자는 온라인상의 개인이나 브랜드의 평판을 관리하며, 인터넷에 떠도는 나쁜 평판을 복구하고 관리하는 일을 도맡아 처리한다.

2) 하는 일

사이버평판관리자는 주로 온라인에서 활동한다. 주 업무는 인터넷에 떠도는 악성 댓글을 적절히 관리하는 것으로, 개인이나 기업과 관련한 인터넷상의 평판을 모니터링하고 악성 내용을 해결한다. 또한 평판과 관련된 의견을 청취하거나, 조기경고 신호를 감지하기 위한 자료를 수집한다. 이를 위해 사이버평판관리자는 우선 의뢰자에 대한 긍정적인 공식자료를 검색엔진을 통해 검색한다. 긍정적 피드백을 더욱 강화해 부정적 검색 결과를 줄이기 위한 것이다. 구체적으로 보면, 의사, 변호사, 최고경영자, 연예인, 정치인, 종교인 등의 개인을 대상으로 온라인 매체에 우호적인 평판을 올려주거나 부정적인 기사, 댓글 평가들을 제거한다. 또 레스토랑, 학원, 병원, 펜션, 인테리어업체, 렌터카업체 등 고객사 상품에 대한 부정확하고 부정적인 평가를 검색해 새로운 댓글을 달고 좋은 평가를 유도한다.

큰 기업이나 브랜드를 대상으로 더 광범위한 작업을 수행하기도 한다. 이러한 작업에는 좀 더 체계적이고도 조직적인 대응이 필요한데, 악성 내용을 커버하기 위해 긍정적 내용의 웹사이트와 소셜미디어 프로필을 게시하고, 기업이나 브랜드의 존재를 홍보하는 한편, 신뢰할 수 있는 웹사이트에 보도 자료를 낸다. 누군가가 악의적인 내용을 올려 평판을 깎고 의뢰인의 이미지를 훼손하면 법적 조치를 취하고, 좋은 평판을 위해 포털사이트에서 높은 검색어 순위를 얻도록 돕기도 한다.

기업이 스스로 본인들에 대한 평판을 직접 관리한다는 것은 객관성을 잃고 그 자체가 부자연스러워 보이기도 해서, 추후에 자작극임이 밝혀지면 더 큰 대가를 치룰 수도 있다. 이러한 점은 향후 사이버평판관리 서비스의 수요가 증가할 가능성이 충분하다는 점을 시사한다. 사이버평판관리자가 주로 하는 일을 설명하면 다음과 같다.

▶ 고객 또는 고객사 상품과 회사에 대한 검색 결과를 관리한다.
▶ 고객 또는 고객사 상품에 대한 부정확하고 부정적인 평가를 찾아낸다.
▶ 고객 또는 고객사 상품에 대한 모든 댓글 평가를 모니터링한다.
▶ 새로운 댓글과 좋은 평가를 취합한다.
▶ 산재돼 있는 의뢰 고객 관련 정보를 한곳에 모아 정리·분석하고 관리한다.

소상공인, 프랜차이즈 기업, 개인 및 공인, 대기업 및 브랜드가 주 고객층으로 온라인 평판 전문 업체와 기업 내 홍보 마케팅 팀에서 근무할 수 있다.

3) 현황

가) 해외

사이버평판관리자는 2007년경 미국에서 처음 등장했다. 인터넷과 스마트폰의 급속한 보급으로 개인의 SNS 활동이 활발해지고 인터넷 노출이 잦아지면서, 기업의 이미지와 개인의 프라이버시를 지키기 위한 적극적인 대처 방안이 필요해졌다. 이로 인해 자연적으로 사이버 평판을 관리해주는 전문가에 대한 수요가 발생하게 된 것이다.

유럽연합은 기존의 개인정보 보호 준칙의 해석을 통해 온라인 검색결과에 대한 삭제를 법적으로 인정하는 '잊혀질 권리'를 명시적으로 규정하고 있다. 미국에서는 대다수 종사자들이 레퓨테이션 매니지먼트, 레퓨테이션 디펜더, Done! SEO 등과 같은 평판관리 전문기업에서 일하며, 수십 개의 업체가 운영되고 있다.

이처럼 인터넷평판 복구 서비스 사업이 주목받고 있으며, 이를 전문적으로 관리해주는 평판관리전문가가 유망직종으로 자리를 잡고 있다. 서비스 비용은 시간과 노력에 따라 4천~3만 달러까지 다양하고, 약 30달러 정도의 금액으로 비방 글만 삭제하는 서비스를 제공하기도 한다.

나) 국내

최근 네이버, 다음과 같은 포털 사이트 외에도 페이스북, 트위터를 비롯한 SNS의 사용이 확대되면서 SNS를 통해 형성되는 온라인 평판의 영향력도 매우 커졌다. 즉, 단 몇 초만에 수십 년간 쌓아온 명성과 평판이 무너지기도 하고, 단 한 줄의 댓글에 의해 기업의 영업활동이 심각하게 타격을 입는 사례를 보면서 사람과 회사 브랜드의 온라인 평판을 모니터링하고 적극적으로 관리해주는 사이버평판관리자의 필요성을 공감하게 되었다. 우리나라는 2~3년 전부터 수요가 발생해 평판관리에 대한 전문기업들이 생겨나기 시작했다. 국내에서의 평판관리는 기업에서 자체적으로 수행하거나 홍보대행사에 위탁하여 왔으나, 이제는 온라인 평판관리 전문기업이 점점 인지도를 높여가고 있다. 아직까지는 사이버 평판관리자라는 직업이 자리를 잡았다고 보기 힘들지만, 수요가 늘면서 곧 정착할 가능성이 높아지고 있다.

국내 온라인 평판관리 전문 업체는 엔터웨이피플체크, 디펜드마이네임, 맥신코리아 등이 있으며, 종사자 수는 전문 업체에서 아웃소싱 위주로 채용하는 경우가 많아 추산하는 데 어려움이 있다. 우리나의 사이버평판관리자 경우 전문적으로 다루고 있는 기업이 많지 않다 대부분 24시간 근무체제로 내근 또는 재택근무를 하며, 임금수준은 월 평균 약 150~200만 원 정도이다.

4) 흥미 및 적성

기획력과 프로그래밍 능력이 중요하며, 미디어에 대한 이해도 필요하다. 다양한 위기 상황에 대응해야 하므로 창의성이 요구되며, 지속적인 공부와 노력이 필요하다. 전문적인 IT 활용능력과 빅데이터, 인문적 소양을 갖춰야 한다. 또한 웹에서 활동하고 모니터링 하는 경우가 많아 야외활동을 좋아하는 외향적인 성격보다는 차분히 앉아 업무를 볼 수 있는 내향적인 성격이 적성에 더 맞다. 평소 글쓰기를 좋아하고 SNS로 소통하는 것을 즐기는 사람에게 적합하다.

5) 교육과정 및 관련 자격

우리나라에는 아직까지 협회나 교육과정이 제대로 마련돼 있지 않다. 미국 등 해외에서는 다양한 교육과정을 실시하고 있다. 국문학과, 언론홍보학과, 문예창작학과 등 글쓰기 능력을 키울 수 있는 학과나 전공이 유리하다.

6) 관련 학과 소개

현재 우리나라에서 광고·홍보 관련 학과가 설치된 대학으로는 가톨릭관동대, 국민대, 남서울대, 단국대, 세종사이버대, 숙명여자대, 숭실대, 중앙대, 한양대, 홍익대 등이 있다.

학과 들여다보기 : 중앙대 광고홍보학과

중앙대 광고홍보학과는 1974년 개설 이래 한국 최초이자 최고의 학과라는 자부심으로 한국 광고·홍보계를 이끌어 나가며 개인과 지역사회, 국가, 인류의 복지에 기여하는 전문 인재 양성을 목표로 하고 있다. 본 학과는 인간성과 학문을 함께 이루어가는 폭넓은 교육의 장으로서 바람직한 광고·홍보 문화의 형성과 발전에 기여할 수 있는 전문가를 육성하는 것을 목표로 한다. 어느 특정 분야에 치우치지 않고 광고홍보학을 구성하는 모든 분야를 아우를 수 있도록 커리큘럼을 구성하여 전공자들이 급변하는 사회경제적 환경에서 단순히 커뮤니케이션 기술자로 머물지 않고, 조직의 "전략적 커뮤니케이션 관리자"로서 활동하는 것을 추구한다. 또한 이론적인 면과 실용적인 면에 동등한 중요성을 인식하고 미래지향적인 교육을 위해, 융합형 과목을 개발하고 기업과의 산학연계를 통한 현장형·실전형 과목을 강화하고 있다.

교과과정

- 전공기초과정

	1학년 1학기	1학년 2학기
전공 기초	광고학개론,홍보학개론	설득커뮤니케이션

- 전공과정

	1학기		2학기	
	전공필수	전공선택	전공필수	전공선택
2학년	기업홍보론	광고와마케팅, 광고와소비자행동, 광고크리에이티브 전략, 퍼블릭스피치와 프리젠테이션	광고홍보연구방법	PR커뮤니케이션기법, 광고기획, 광고매체론
3학년	통합적마케팅 커뮤티케이션	광고와사회, 광고조사론, 카피라이팅, 홍보캠페인사례	브랜드 커뮤티케이션캠페인	광고전략과데이터분석, 광고효과론, 비주얼커뮤니케이션, 위기관리론, 인터렉티브브랜드 커뮤니케이션, 크리에티브디렉터론, 홍보기획
4학년		광고와브랜드관리, 광고홍보특강1, 판매촉진론, 홍보관리론		광고와심리, 광고홍보특강2, 국제커뮤니케이션, 정부및비영리PR

7) 전망

현대사회를 살아가는 대부분의 사람들은 컴퓨터 또는 모바일을 통해 이뤄지고 있는 온라인 세상에 지대한 영향을 받는다. 이러한 온라인 세상의 영향력은 많은 사람들에게 긍정적으로 작용하기도 하지만, 때로는 예기치 않게 치유하기 힘든 상처를 남기는 부정적인 측면도 결코 무시할 수 없다. 앞으로는 우리가 보험에 드는 것처럼, 온라인 평판관리 서비스를 받는 시대가 올 가능성이 높다. 사이버평판관리자의 향후 전망을 살펴보면, 이미 모든 일들이 오프라인보다는 온라인에서 더 많이 일어나고 있고, 모든 분야에서 어떤 판단을 하던 디지털 소사이어티를 활용하고 있기 때문에 그 전망은 밝다고 할 수 있다.

참고 도서

- ***기업 평판, 소셜 네트워크에 달렸다*** (래리 웨버/멘토르)
- ***평판이 전부다*** (김대영/매일경제신문사)
- ***유리턱*** (에릭 데젠홀/더난출판사)

마. 디지털장의사

1) 개요

디지털장의사는 고객들의 요청을 받아 노출된 개인의 정보를 파악해서 사이버상의 각종 개인의 정보들을 합법적으로 신속하게 삭제를 대행해 주는 사람들을 말한다. 다른 사람에서 고객의 개인 정보를 잊도록 하는 업무를 하는 것이다.

잊혀질 권리란 사이버상의 개인의 정보와 관련된 모든 정보를 삭제 또는 수정을 요구할 수 있는 권리를 말한다. 또한 자신과 관련된 자료의 유통기간을 정하고 스스로 자신의 결정에 의해서 일정기간이 지나면 영구 파기를 요청할 수 있는 권리를 의미한다.

잊혀질 권리는 자기 정보 통제권이라고 할 수 있다. 그러나 잊혀질 권리가 인정된다 하여도 자신의 관련된 개인정보가 어디에 어느 정도 노출되었는기는 스스로 파악하기 매우 힘들다고 할 수 있다.

2) 하는 일

디지털장의사의 주 업무는 고객이 의뢰한 모든 디지털 정보를 검색해 삭제하는 것이다. 고객이 의뢰하면 상담을 통해 삭제하고 싶은 구체적인 내용을 파악한다. 그다음 전문 검색 시스템을 활용해 고객의 정보를 데이터화한다. 그렇게 수집된 데이터를 바탕으로 고객의 이메일이나 SNS 계정, 게시글 등을 검색해 하나씩 삭제한다. 타인이 올린 게시물 가운데 의뢰인을 비방하거나 명예를 훼손하는 내용이 있을 때도 해당 데이터를 삭제할 수 있다. 인터넷에 남겨진 고인의 개인정보를 활용한 인터넷 사기 및 정보도용을 방지하는 역할도 한다. 주로 하는 일을 정리하면 다음과 같다.

- 이메일 및 SNS의 계정을 삭제한다.
- 계정 삭제로 삭제되지 않는 인터넷 게시판의 글, 사진 및 댓글 등을 삭제한다.
- 이메일 발송자에게 의뢰인이 사망했음을 알리는 응답서비스를 제공한다.

3) 현황

가) 해외

미국은 레가시 로커, 라이프인슈어드, 데드스위치 등 온라인상의 기록을 사후에 처리해 주는 서비스 회사가 존재한다. 이 밖에 일본의 세푸쿠, 네덜란드의 자살기계 등 SNS의 계정을 한 번에 삭제해주는 서비스 업체도 있다. 그러나 SNS 회사들의 사후 계정 운영에 대한 일괄적인 방침이 없기 때문에 회사들마다 다른 운영 지침을 갖고 서비스를 제공하고 있다.

나) 국내

영리를 목적으로 개인정보를 수집하고 정보제공자가 이에 동의하는 것은 가능하나 개인정보보호법에 따라 개인의 아이디와 비밀번호를 제3자에게 알려줄 수 없다. 이에 고인의 SNS 및 미니홈피 등을 가족이 대신 운영하거나 폐쇄할 수 없고 상속 또한 불가능하다. 이로 인해 개인정보 유출 등 피해가 우려되고 있는 상황이다.

현재 저작물에 대한 삭제와 디지털 유산에 대한 상속 근거에 대한 법률 개정안이 국회 계류 중인 상태로 이 법률이 통과되면 디지털 장의사에 대한 수요가 늘 전망이다. 게다가 특별한 기술 없이도 수행할 수 있는 업무이기 때문에 청년의 창업 활성화에 기여할 것으로 기대를 모으고 있다.

4) 흥미 및 적성

디지털장의사가 되고 싶다면 데이터를 검수해 의뢰받은 정보를 남김없이 삭제할 수 있는 꼼꼼한 눈썰미와 의뢰인의 비밀을 보장할 수 있는 무거운 입을 가지는 게 좋다. 게시물 삭제에 필요한 위임장을 작성할 때 정당한 삭제 이유를 들어 사이트 관리자를 설득할 수 있어야 하므로 글쓰기 능력도 필요하다. 해외 사이트 관계자와 연락하는 일이 많은 편이기 때문에 영어 실력을 갖추면 더욱 좋다.

5) 교육과정 및 관련 자격

디지털장의사를 전문적으로 양성하는 학과나 공인 자격증은 없다. 하지만 대학에서 컴퓨터공학이나 커뮤니케이션학과를 전공하거나, 한국정보통신진흥협회에서 시행하는 '인터넷정보관리사' 자격증을 취득하면 도움이 된다. 지난 1월에는 디지털장의사가 방송통신위원회 추천으로 국가직무능력표준(NCS) 신규 직군으로 인정받아 앞으로 디지털장의사 자격 검정 시험 등 든든한 발판이 마련될 예정이다.

6) 관련 학과 소개

현재 우리나라에서 컴퓨터공학 관련 학과는 대부분의 학교에 개설이 되어 있다. 컴퓨터공학은 공과대학으로 분류가 되는데 공과대학으로 가장 유명한 카이스트와 포항공대가 대표적이다. 이외에도 서울대, 고려대, 연세대 등 서울 거점대학은 물론 대부분 지역의 거점대학에도 공과대학은 존재하고 컴퓨터공학과 또한 존재한다. 컴퓨터공학은 대학원까지 진학하여 공부하는 사람이 많다. 대학원도 많은 대학들이 존재하고 석•박사 과정까지고 갖추고 있는 곳이 많이 있다.

학과 들여다보기 : 인하대 컴퓨터공학과

1987년 전자계산학과로 출발한 인하대 컴퓨터공학과는 3,000여명의 동문들이 대기업, 벤처기업, 연구소, 학계 등 사회 각계각층에서 전문 직업인으로 활약 중에 있다. 컴퓨터공학과는 기초학문을 바탕으로 실용적인 능력을 배양하여 기술적 변화에 지속적으로 대응할 수 있는 사회성과 국제성을 함양한 전문인을 양성 하는 것을 교육 목표로 하고 있다. 이를 위하여, 컴퓨터SW와 HW, 수학, 기초과학에 대한 기본 이론 뿐 아니라 창의적이고 실용적인 컴퓨터 응용 기술을 교육하는 것에 역점을 두고 있다. 이러한 노력의 결실로서, 인하대 컴퓨터공학과는 2011년 한국대육협의회에서 전국 26개 대학을 대상으로 실시한 산업계 관점 대육평가에서 국내 유수의 대학들을 제치고 1위로 선정되었다. 또한 컴퓨터공학과 학생들은 매년 국내/국제 SW경진대회에서 우수한 성적을 거두고 있다. 인하대 컴퓨터공학과는 산학협력 교육 및 연구에서 최우수 등급을 받은 대학으로서, 국제화, 개방화 시대에 소프트웨어와 IT 융합 분야에서 창의적이고 우수한 전문 인력을 배출하기 위하여 노력 중이다.

교과과정

- **교양과정**

	1학년 1학기	1학년 2학기
교양필수	인하새내기세미나, 크로스오버 1 : 인간의탐색, 이공계열글씨기와토론, 생활한문, 일반수학1, 물리학1, 물리학실험1	크로스오버 1 : 인간의탐색, 의사소통영어, 의사소통영어 : 중급, 생명과학, 일반수학2, 물리학2, 물리학실험2
전공필수	객체지향프로그래밍1, 컴퓨터공학입문 및 실습	객체지향프로그래밍2, 컴퓨터공학입문 및 실습
전공선택	창의적컴퓨터공학설계	`

이외 교양 과목으로 학년 관계없이 배울 수 있는 핵심교양 - 1.인간과 문화, 핵심교양 - 2.사회와 가치, 핵심교양 - 4.미적체험과 표현이 있다.

• 전공과목

	1학기		2학기	
	전공필수	전공선택	전공필수	전공선택
2학년		어셈블리어, 인터넷프로그래밍, 자바기반응용프로그래밍	논리회로, 자료구조	컴퓨터기반선형대수, 인터넷프로그래밍, 자바기반응용프로그래밍
3학년		수치프로그래밍, 시스템프로그래밍, 컴퓨터구조론, 오퍼레이팅시스템, 데이터베이스, 시스템분석, 문제해결기법, 무선통신 및 네트워킹		컴퓨터응용확률, 프로그래밍언어론, 컴퓨터그래픽스, 오토마타 및 지능컴퓨팅, 마이크로프로세서응용, 유닉스프로그래밍, 임베디드소프트웨어, 정보검색론
4학년	컴퓨터공학 종합설계	컴퓨터네트워크, 알고리즘, 인공지능, 게임프로그래밍, 영상처리 및 이해, 생물의료정보학개론, 멀티미디어컴퓨팅, 데이터베이스응용, 컴파일러, 모바일응용소프트웨어설계	컴퓨터공학 종합설계	소프트웨어공학, 컴퓨터네트워크, 전자상거래, 컴퓨터보안

7) 전망

SNS가 발달하면서 자기도 모르는 사이에 개인 정보가 유출되고, 이것이 악용돼 인신공격을 당하는 등 2차 피해가 속출하고 있다. 따라서 피해자 혹은 피해를 예방하고자 하는 사람들이 늘어 디지털장의사에 대한 수요도 점차 늘어날 것이다. 해외의 경우는 라이프인슈어드, 데드스위치 등 다양한 디지털장의사 업체가 성행하고 있다. 그만큼 이 직업이 대중화된 것이다. 그에 비해 국내에는 아직 디지털장의사 업체가 10여 개에 불과하지만 인터넷 강국인 만큼 발전 가능성이 높고 전망이 좋은 편이라고 할 수 있다.

참고 도서
- ***잊혀질 권리, 나를 잊어주세요*** (송명빈/베프북스)
- ***잊혀질 권리*** (빅토어 마이어 쇤베르거/지식의날개)
- ***그리고 남겨진 것들*** (염승숙/문학동네)

바. 스마트팜구축가

1) 개요

현재 우리나라 농업은 농촌인구의 감소 및 고령화, 곡물자급률 하락, 농가소득 정체, 한반도 기후변화 심화 등의 어려움을 겪고 있다. 또한, 수입 농산물은 매년 증가하고 있고 전체 산업에서 농업의 비중은 계속 낮아지고 있다. 이러한 문제점을 해결하기 위한 노력의 일환으로 Information & Communication Technology(ICT) 기반 스마트 농업 기술 도입이 추진되고 있다. 농업과 ICT산업과의 융합을 통해 농업 분야의 생산성, 편리성, 효율성을 증대하고 작물의 품질을 향상시킬 수 있기 때문이다. 농업분야와 ICT를 융합하여 농업시설 또한 기계화 되고 있다. 이렇게 ICT를 융합한 농업에서 농업 환경과 농업 시설등을 관라히는 사람을 스마트팜구축가라고 한다.

2) 하는 일

스마트팜은 농업에 정보통신기술(ICT)을 접목해 스마트폰, PC등을 통해 농작물의 생육환경을 원격 제어하고 빅데이터 기반으로 최적의 환경을 유지하는 농장을 말한다. 스마트팜구축가는 이러한 스마트팜을 개발하고 설치하고 스마트팜 내의 기기들을 인터넷으로 접속하여 관리한다. 스마트폰 혹은 컴퓨터 등으로 작물 상황과 비닐하우스 환경(온도, 습도, 등)을 모니터링하고 조절한다. 또한 작물이 자라나는데 발생되는 환경 문제, 시설 문제, 침입등 여러 문제가 스마트팜 소유주에게 실시간으로 정보가 전달 될 수 있도록 스마트팜을 구축한다. 우리나라 농촌에서 나오는 작물의 양을 증대 시키고 궁극적으로 농촌의 삶의 질 향상을 도모하는 역할을 맡는다.

3) 현황

현재 우리나라의 스마트팜은 선진국에 비하면 걸음마 단계에 불과하다. 유럽을 비롯한 일본에서는 자체 개발 시스템을 적용해 재배작물 품목을 확대하고 생산성 향상 및 경비 절감에 초점을 맞추고 있다. 스마트팜 육성이 성공적으로 이루어진 국외 사례로는 우리나라 면적의 1/2에 불과하지만 ICT를 활용해 농산물 수입액의 1.5배를 수출하고 있는 네덜란드와 2013년 66억 1400만 엔에서 2020년 308억 4900만 엔으로 스마트 농업시장 규모가 확대될 전망에 있는 일본을 들 수 있다.

우리나라는 주요 장비가 외산에 의존하고 있고, 재배작황 및 생장환경관리 기술이 미흡하여 단위 면적당 작물(예, 토마토) 생산량이 네덜란드의 절반 수준에 머물러 있는 것으로 분석되고 있다. 따라서 향후 지속적인 연구개발을 통해 주요 장비의 국산화, 국내 기후/환경 조건에 적합한 한국형 스마트팜 기술의 확보가 시급하다. 이에 따라 농림축산부는 스마트팜을 지원하기 위해 예산을 확보하고 스마트팜 관련 교육과 연구센터 구축을 통해 인력 집중양성에 나설 예정이라고 밝힌 상태이다.

4) 흥미 및 적성

스마트팜이 기존 농장과 다른 것은 IT를 접목하여 노동생산성 측면에서 보다 효율적일 수 있다는 점이다. 하지만 기본적으로는 농업의 한 분야이므로 농작물에 따른 농사법을 익히고 경험을 쌓아야 한다. 따라서 스마트팜구축가가 되기 위해서는 ICT 관련 지식과 더불어 농사에 대한 전반적인 이해와 지식이 필요하다.

5) 교육과정 및 관련 자격

농학과, 농업공학과, 바이오시스템공학과 등 농업 관련 학과나 전기전자, IT, 정보통신, 컴퓨터 프로그래밍 관련 학과를 전공하면 유리하다.

6) 관련 학과 소개

현재 우리나라에서 바이오시스템공학과가 설치된 대학으로는 강원대, 공주대, 충북대, 강원대 일반대학원, 경상대대학원, 고려대 대학원 등이 있다.

학과 들여다보기 : 강원대 바이오시스템공학과

바이오시스템공학과(Biosystems Engineering)전공은 기계, 전기, 전자, 컴퓨터 등의 공학기술을 생물에 응용하여 농림축산물의 생산, 가공, 저장, 수송 및 관리에 필요한 기계, 장치 및 시설의 개발을 다루는 생물과 공학을 결합한 응용학문이다. 바이오시스템공학은 그동안 기계공학 기술과 전자공학 기술의 발달에 따른 농업의 기계화 및 자동화에 기여하여 왔으며 현재 급변하는 시대 사회적 흐름에 따라 정보처리기술(IT), 식품공학 그리고 에너지 환경기술(ET)이 접목되면서 차세대 국가의 발전을 주도해 나갈 수 있는 분야로 자리잡고 있다. 본 학과는 공학적 지식과 첨단과학기술을 생물 산업, 에너지 환경, 식품 분야에 응용하여 고도의 생산성과 경제성을 달성할 수 있는 유능한 엔지니어의 양성과 더불어 사회적, 학술적 발전에 이바지할 수 있는 바이오시스템 분야의 연구 개발에 주력함을 목표로 삼고 있다.

바이오시스템공학은 현재에도 효율적 생물생산을 위한 기계화, 자동화 개발에 기여하고 있으며 최근에는 식품, 에너지 환경 분야의 사회적 관심과 발전에 발맞추어 식품가공분야, 환경개선 및 신재생에너지 분야에서 요구되는 다양한 공학기술을 개발 및 제공함으로서 사회 발전에 기여할 수 있는 전도유망한 공학 분야이다.

교과과정

- **전공과정**

	1학기		2학기	
	전공필수	전공선택	전공필수	전공선택
1학년		바이오시스템공학개론		컴퓨터응용바이오시스템
2학년	공업수학1	전기전자공학및실습, 에너지공학개론, 공업역학1, 기계제도 및 실습1, 공학생물학		공업수학2, 공업역학2, 열역학, 고체역학, 기계제도및실습2
3학년	기계설계1, 계측공학 및 실습	농업기계학 및 실습, 생물열물질전달, 기계공작및실습, 바이오역학및실험	에너지 시스템	식품공정공학, 마이크로프로세서 응용, 유체역학, 기계설계2, 바이오공정공학
4학년	수확후공정 공학	생물환경시스템공학 및 실습, 자동제어, 농업동력학 및 실습		생물생산시설환경공학, 유압동력 및 실습, 바이오소재공학

7) 전망

농진청은 농촌의 새로운 미래를 제시할 스마트농업 전문가를 2020년까지 130명 육성해 이들을 농촌 현장은 물론 농산업 기업에 진출시킨다는 계획을 수립했다. 이를 위해 이번 일자리 추가경정예산에 이들의 육성에 필요한 예산 10억 원을 반영했다. 정보통신기술(ICT)을 농업 생산, 가공, 유통 및 소비 전반에 접목해 작물의 생산성을 높이는 스마트팜은 ICT에 대한 이해도가 높은 청년들에게 적합하다. 실제로 스마트농업 전문가는 농업 분야의 사회적 불평등과 정보 격차 해소에 기여하고, 농산업과 농촌 영역에 ICT를 접목하는 역할하기 때문에 농촌 사회의 변화를 선도할 것이란 기대도 크다.

스마트농업 전문가를 육성하기 위해서는 빅데이터의 정밀한 조사·수집이 필수적이다. 지금까지 1세대 스마트팜이 시설 자동화 등 편리성 위주였다면, 2세대는 빅데이터를 활용한 정밀한 관리로 생산성을 늘리는 것이 목표다. 이를 위해 작물의 생육환경 데이터가 필요한데 이는 인공지능(AI) 모델에 활용될 정보이기에 고도의 정밀성과 품질 관리가 요구된다. 이를 수행하는 사람들이 바로 스마트농업 전문가들이다. 이들이 실제 현장에서 생육조사를 통해 농업을 이해하고 빅데이터를 활용하는 컨설팅 능력을 기른 뒤 창업 혹은 농업기업에 취업도 가능하다. 농진청은 스마트농업 전문가 육성이 빅데이터 조사·수집 연구·개발(R&D)과 일자리 창출 효과를 동시에 가져올 것으로 기대하고 있다.[8]

---

8) http://www.munhwa.com/news/view.html?no=2017062801032421087001

참고 도서

- ***작고 강한 농업*** (히사마쓰 다쓰오/눌와)
- ***녹색 희망, 농업의 미래*** (임상규/매일경제신문사)
- ***농업은 미래성장 산업인가*** (남상일/라온북)

사. 사물인터넷전문가

1) 개요

사물인터넷은 사물들이 서로 정보를 주고 받으면서 인간의 개입 유무와 관계없이 보다 지능적인 서비스를 제공하는 것을 의미한다. 이러한 사물인터넷의 주요 구성요소는 인간, 사물, 서비스이다. 사물은 유무선 네트워크에서의 End-Device 뿐 아니라, 차량, 교량, 전자장비, 문화재, 자연환경을 구성하려는 물리적 사용을 포함한다. 사물인터넷 전문가는 사람들이 더 편리하고 안전한 삶을 영유할 수 있도록 사물에 인터넷을 접목해 새로운 기술을 만들어내는 역할을 한다.

2) 하는 일

사물인터넷 전문가는 일상생활의 모든 기계들을 정보 통신으로 (네트워크) 연결 해서 어디서든지 마음대로 이용 할 수 있게 하는 인프라를 구축 하고 그것에 관련된 프로그램을 만드는 직무를 수행한다. 사물에 센서와 통신기능을 내장해 사물끼리 인터넷을 통해 실시간으로 데이터를 주고받는 기술이나 환경을 개발하여 개인이 필요한 용도로 스마트기기를 사용할 수 있도록 한다. 또한 USB, 블루투스, Wifi, NFC등의 네트워크를 활용한 서비스 인터페이스 기술을 개발하거나 체중, 혈당, 혈압 등의 환자와 관련된 생체정보를 유무선 통신을 통해 스마트폰으로 전송할 수 있도록 하는 애플리케이션을 개발하는 등 인간의 생활 전반에 인터넷이 편리하게 사용될 수 있도록 여러 기술을 개발한다. 또한 시뮬레이션을 통해 소프트웨어의 오류를 수정하거나 하드웨어에 적응하도록 하며 인터페이스 성능을 향상시키기 위해 주기적인 업그레이드를 수행한다.

3) 현황

가) 해외

미국의 경우 이미 곳곳에서 사물인터넷 기반시설을 구축하고 적극적으로 활용하고 있다. 예를 들어 월트디즈니 놀이공원의 경우 미키마우스 인형의 눈과 코, 팔과 등에 센서와 스피커를 설치하고 놀이공원 내부 정보를 수집하고 있으며, 미국의 자동차 회사의 경우 자동차 내 모든 부품을 인터넷으로 연결하여 에어백이 터지면 센서가 사고유형을 분석해 해결책을 전송하도록 하는 등 여러 분야에서 활동하고 있다. 미국의 사물인터넷 시장은 2013년을 기준으로 약 1.9조 원가량의 규모를 형성하고 있습니다. 2020년까지 미국 내에서 약 5조 원의 규모로 팽창할 것이며, 전 세계적으로 약 7조 원의 규모를 달성할 것으로 예측하고 있다.

나) 국내

국내에서 사물인터넷은 향후 스마트기기와 융합하여 실제 환경과 가상세계를 하나로 연결하는 정보통신기술(ICT)융합산업을 확장하는 데 선구적인 역할을 할 것으로 기대되고 있다. 이에 따라 전문성이 확보된 사물인터넷개발자에 대한 수요도 증가할 것으로 판단된다.

우리나라는 사물인터넷 분야의 국제표준을 개발하는 기구에서 국제표준 제정을 주도할 것으로 보이며, 국내 소규모 기업에서 개발한 제품이 해외 유망기업에서 주목한 '스타트업'에 선정되기도 하는 등 국제 사물인터넷 플랫폼 시장에서 이미 경쟁력을 확보하고 있어 사물인터넷개발자의 전망은 매우 밝다고 볼 수 있다.[9]

4) 흥미 및 적성

기본적으로 수학적인 능력과 소프트웨어 관련 전문지식이 필요하며, 사물인터넷 전문가가 되기 위해서는 무엇보다 프로그래머로서의 지식과 소양이 필요하며, 네트워크 인프라와 네트워크에 대한 지식을 갖추어야 한다. 또한 사물인터넷 자체가 4차 산업혁명의 한 분야로 새로운 기술이기 때문에 유연하고 창의적인 사고를 할 수 있어야 한다.

5) 교육과정 및 관련 자격

관련 자격증으로는 국가기술자격으로 컴퓨터시스템응용기술사(기사, 산업기사), 정보처리기술사(기사, 산업기사) 등이 있다.

전문대학 및 대의 컴퓨터공학과, 전산(공학)과, 전자공학과, 전기공학과, 통신공학과 등의 학과에서 소프트웨어를 비롯해 컴퓨터하드웨어에 대한 공부를 하고 진출할 수 있다. 요즘은 소프트웨어를 집중적으로 공부하는 학과들이 별도로 개설되기도 한다. 이들 학과에서는 시스템소프트웨어 설계에 필요한 C언어, JAVA와 같은 프로그래밍 언어, 데이터베이스, 소프트웨어공학이론 등을 공부하고 실제 소프트웨어 개발 실습을 하면서 소프트웨어에 대한 지식과 능력을 키우게 된다.

6) 관련 학과 소개

현재 우리나라에서 사물인터넷학과가 설치된 대학으로는 서강대정보통신대학원과 순천향대 두 곳이 있다.

학과 들여다보기 : 순천향대 사물인터넷학과

순천향대 사물인터넷(IoT)학과는 지능화된 사물들과 인터넷을 통해 새로운 서비스와 효용이 창출될 수 있도록 기초기술에서 응용기술까지 이론과 실무 능력을 고루 갖춘 수준 높은 엔지니어를 양성하는 학과입니다. 스마트 디바이스, 유무선 네트워크, IoT서비스 플랫폼 등을 이용하여 자율적인 소통을 통해 수많은 데이터를 수집하여 가공 처리하고 실행하는 과정을 거치는 첨단 분야의 종합 학문 분야이다. 커넥티드 홈, 커넥티드 카, 스마트 팩토리, 스마트 시티 등 다양한 산업 분야에서 사물인터넷(IoT)을 통해 혁신을 주도하고, 새로운 가치를 창출하는 창의적인 능력을 갖춘 인재 양성을 목표로 한다.

---

[9] http://terms.naver.com/entry.nhn?docId=2849606&cid=55622&categoryId=55622

교과과정

- 전공과정

	1학년	2학년	3학년	4학년
전공	loT 개론, 기초수학, 창의공학설계, 정보통신개론, C프로그래밍, 전기전자논리회로1	아이디어팩토리, 인턴쉽인사이드, 공업수학, C++프로그래밍, 전기전자논리회로2, 리눅스 프로그래밍, 임베디드 시스템 기초, 컴퓨터 네트워크, 자료구조와 알고리즘, 프로그래밍 실습, 자바프로그래밍	IoT 플랫폼, 캡스톤디자인1, 정보보안, 임베디드 시스템 고급, 웹 프로그래밍, 컴퓨터 구조, loT 네트워크 및 응용, 모바일 프로그래밍, 운영체제, 전공영어1, 신호와 시스템, 클라우드 컴퓨팅 개론, loT 무선통신, loT 표준과 오픈소스, 데이터베이스, 윈도우 프로그래밍, 머신러닝 개론, 전공영어2	캡스톤디자인1, 파이썬 프로그래밍, 네트워크 프로토콜 설계, 계측과 제어, 패턴인식 개론, loT 전문가 특강, 소프트웨어 공학, loT 융합특론, 인간과 컴퓨터, 네트워크 보안, 차세대 통신 네트워크

3학년과 4학년 과정의 캡스톤디자인 과목은 졸업을 위해 졸업작품을 개발하는 수업으로 진행된다.

7) 전망

사물인터넷은 2000년대에 들어서며 세계적으로 관심과 연구개발이 확산되었으며, 2020년까지 세계 IoT 시장은 연평균 28.8%, 국내 IoT시장은 연평균 38.5% 성장할 것으로 전망된다. 사물인터넷은 공공안전 및 지역 보안, 지능형 교통산업, 건물 및 교량 등의 국가사회 인프라를 활용한 다양한 분야에 새로운 서비스 시장이 성장할 것으로 전망된다. 개인화 서비스와 공공분야의 사물 인터넷 적용이 점차 늘어날 것으로 전망되고 사물 인터넷 기술의 적용분야가 크게 확대될 것임은 자명하다. 따라서 이러한 기술의 발전에 따라 사물인터넷전문가의 직능 역시 발전가능성이 높으며, 그 전망이 밝다고 볼 수 있다.

참고 도서

- ***사물 인터넷*** (정영호, 편석준, 임정선, 진현호/미래의창)
- ***생활을 변화시키는 사물인터넷*** : IoT (Michael Miller/영진닷컴)
- ***스마트 IoT 프로젝트*** (아구스 쿠니아완/에이콘출판)

아. 인공지능전문가

1) 개요

2016년을 가장 뜨겁게 달궜던 이슈 중 한 가지는 단연코 알파고를 들 수 있다. 인공지능은 사람에 의해 프로그래밍된 것이지만, 방대한 양의 데이터베이스를 바탕으로 정말 인간처럼 생각하는 수준까지 발전하고 있다. 그 활용 가능성은 무궁무진한 인공지능 컴퓨터는 인공지능전문가들의 손을 거쳐 탄생한다. 인공지능전문가는 인간에 대한 이해를 바탕으로, 컴퓨터와 로봇 등이 인간과 같이 사고하고 의사 결정을 할 수 있는 기술을 개발하는 전문가이다. 지능형 로봇을 개발하는 로봇개발자의 세부직업으로 인공지능전문가가 포함되어 있다고 볼 수 있는데, 전문가들은 인공지능전문가의 직업적 전망을 매우 유망하게 평가하고 있다.

2) 하는 일

인공지능전문가는 인간에 대한 이해를 바탕으로 컴퓨터와 로봇 등이 인간처럼 사고하고 의사 결정을 할 수 있는 기술을 개발한다. 사람의 말을 이해하고 대화를 통해 사용자의 의도와 상황에 맞는 서비스 및 응답을 제공하는 자연어 대화처리 기술과 영상 기반의 단편적인 인지 능력을 넘어 인지된 데이터를 활용하여 스스로 학습하고 영상을 이해하는 실시간 영상인지 기술 역시 인공지능전문가의 영역이라고 볼 수 있다. 인공지능전문가는 지능적 기계, 특히 지능적 컴퓨터 프로그램을 만드는 인공지능 개발 분야의 전문 인력으로 연구자들은 인공지능을 개발하기 위하여 실제 다양한 분야의 소프트웨어를 개발한다. 나아가, 연구자들은 이런 지능형 소프트웨어를 기반으로 자기 학습이 가능한 로봇 등을 개발한다. 인공지능전문가는 심리학과 관련된 연구도 진행하는데, 인간의 두뇌를 모방해 두뇌 작용을 연구하고, 철학적 문제에 대한 해결 방법을 도출하며, 인공 감성을 연구하기도 한다.

3) 현황

가) 해외

2000년대 전후 인터넷 시대와 현재 모바일 시대를 통과하면서 인공지능은 컴퓨터-정보-사용자를 연결하는 시대로 발전 중이다. 앞으로 인공지능 기술의 발전이 과거와 동일한 속도로 발전한다고 가정할 때, 이 기술로 결국에는 인간을 모방할 수 있는 기계가 탄생할 수도 있다. 인공지능전문가는 미국, 영국 등 대부분의 선진국에 존재한다. 다양한 분야에서 활동하고 있으나 이들의 일자리 기회는 소프트웨어 개발, 시스템 설계 및 프로그램(응응프로그램개발자, 소프트웨어엔지니어, 시스템개발자, 웹디자이너, 컴퓨터게임디자이너 등)과 같은 IT 분야에서 주로 발생하고 있다.

나) 국내

인공지능 기술이 다양한 직업에 접목되어 활용되고 있지만, 인공지능전문가에 대한 별도의 공식적인 통계자료는 많지 않다. 인공지능이 주로 로봇, 게임, 물체인식(computer vision), 전문가시스템 등을 구현하기 위한 세부 기술로 활용되고 있기 때문이다. 따라서 인공지능전문가는 컴퓨터게임개발자나 프로그래머, 로봇개발자의의 세부 직업으로 분류되는 정도에 그치고 있다.

4) 흥미 및 적성

기본적으로 수학적인 능력과 소프트웨어 관련 전문지식이 필요하며, 특히 인공지능알고리즘에 대한 이해와 이를 프로그램으로 구현하는 기술을 갖추어야 한다. 인공지능전문가는 앞으로 발달될 가능서이 무궁무진하기 때문에 항상 새로운 것에 대한 호기심이 많고, 창조적인 발상을 할 수 있어야 한다. 또한 연구실에서 오랫동안 연구에 매진해야 하는 일이므로 인내와 끈기, 집중력이 필요하다.

5) 교육과정 및 관련 자격

인공지능전문가가 되기 위해서는 컴퓨터공학, 정보공학, 정보시스템, 데이터 프로세싱이나 이와 관련한 전공 분야에서 최소한 학사학위 이상을 취득해야 한다. 높은 수준의 전문지식이 요구되므로, 대학(원)수준에서 신경망, 퍼지, 패턴인식, 전문가시스템, 로봇공학 등의 관련 전공으로 특화된 교육을 받는 것이 좋다. 이 이외에 수학, 수리논리학, 기초과학, 심리학, 신경생리학 등을 전공할 시 인공지능에 관련된 기초분야를 연구하게 된다.

6) 관련 학과 소개

현재 우리나라에서 컴퓨터공학 관련 학과는 대부분의 학교에 개설이 되어 있다. 컴퓨터는 우리생활에서 사용하는 가장 편리한 전자제품이기 때문이다. 컴퓨터공학은 공과대학으로 분류가 되는데 공과대학으로 가장 유명한 카이스트와 포항공대가 대표적이다. 이외에도 서울대, 고려대, 연세대 등 서울 거점대학은 물론 대부분 지역의 거점대학에도 공과대학은 존재하고 컴퓨터공학과 또한 존재한다. 컴퓨터공학은 대학원까지 진학하여 공부하는 사람이 많다. 대학원도 많은 대학들이 존재하고 석•박사 과정까지고 갖추고 있는 곳이 많이 있다.

학과 들여다보기 : 조선대학교 인공지능공학과

4차 산업혁명과 함께 산업 전 분야를 포함한 여러 학문 분야에서의 인공지능(AI) 응용수요가 급격히 증가되고 있으며, 인공지능 패러다임을 대비하기 위해 IT융합대학에 인공지능공학과를 신설했다. 인공지능공학과에서는 산업체에서 요구하는 인공지능 핵심기술 교과 프로그램을 운영하고, 심화전공 교과과정으로 지역특화산업인 에너지, 헬스케어, 자동차에 대한 인공지능 응용 특화분야를 다루어 융합형 인재를 양성한다. 또한, 산업체와의 협동 프로젝트와 인턴쉽 교과목을 통해 취업연계 및 실무형 전문인력 양성을 목표로 한다.

교과과정

	1학기		2학기	
	전공필수	전공선택	전공필수	전공선택
1학년	기초프로그래밍		심화프로그래밍	AI프로그래밍및실습 인공지능
2학년	객체지향프로그래밍 데이터구조	AI신호및시스템 기계학습 오픈소스SW개론	알고리즘 운영체제 자바프로그래밍	데이터과학
3학년	컴퓨터구조 컴퓨터네트워크	디지털미디어의이해 딥러닝개론 자연어처리	SW기술영어 데이터베이스	AI IOT시스템 AI영상이해 빅데이터분석 오픈소스SW프로젝트
4학년	산학캡스톤디자인1	AI헬스케어 강화학습 단기인턴십 산학SW프로젝트 음성데이터응용		AI비즈니스창업 AI에너지빅데이터 산학캡스톤디자인2 중기인턴십 텍스트마이닝

7) 전망

고령화 사회 및 융합기술시대가 전개되면서 뇌 중심의 융합기술 개발에서 중추 역할을 하는 인공지능전문가의 직능이 매우 중요해질 것으로 예상된다. 또한 인공지능 기술은 로봇 설계뿐 아니라 게임, 재생에너지, 검색엔진, 빅데이터, 영상·음성 인식 등 다양한 영역에서 활용될 수 있다. 인공지능 기술과 빅데이터의 분석 기술이 접목시켜질 경우, 이 분야의 중요성과 가능성이 폭발적으로 확대될 것으로 예상되는 만큼 이들의 역할은 더욱 커질 전망이다. 인공지능전문가가 될 경우 관련 분야의 연구소나 기업체로 진출할 수 있다.

참고 도서

- *처음 배우는 인공지능* (다다 사토시/한빛미디어)
- *인공지능과 딥러닝* (마쓰오 유타카/동아M&B)
- *로봇 시대, 인간의 일* (구본권/어크로스)

자. 홀로그램전문가

1) 개요

홀로그래피는 빛의 간섭성을 이용해 입체 정보를 기록하고 재생, 창출하는 입체영상의 기록 기술을 말하며, 홀로그램(Hologram)이란 이러한 홀로그래피 기술을 이용하여 3차원 입체 영상을 기록한 결과물이다. 인체와 기계의 정밀 진단에서 자연과 문화의 입체 보존까지, 홀로그래피가 응용될 수 있는 분야는 매우 다양할 것으로 예상된다. 이론상 홀로그램은 언젠가는 가정이나 회사에 있는 특수 표시장치로 전송될 수 있으며, 의료, 건축, 오락, 영상장치 등 다양한 분야에 활용될 수 있을 것으로 예상된다.

이러한 홀로그램을 제작하는 전문가를 홀로그램전문가라고 한다. 홀로그램전문가는 3D 홀로그램기술전문가와 홀로그램서비스전문가로 나뉘는데, 3D홀로그램기술전문가는 광학기술자로서 홀로그램기술개빌 연구원과 엔지니어 등을 의미안다. 홀로그램서비스전문가에는 홀로그램영상공연 기획자, 홀로그램영상장비 오퍼레이터, 홀로그램전시기획자 등이 있다.

2) 하는 일

홀로그램전문가는 기업이나 연구소에서 홀로그래피영상출력장치를 연구·개발하는 직능을 맡는다. 홀로그래피를 활용할 수 있게 하는 소프트웨어와 홀로그램 콘텐츠 개발 등의 연구를 수행하기도 한다.

현재 홀로그래피 전문가들이 가장 주력하는 연구 분야는 홀로그래피를 이용한 차세대 영상장치 개발이며, 의료, 공업, 문화예술 분야 등의 산업현장에서 활용할 수 있는 홀로그래피 기술을 연구하기도 한다. 홀로그램전문가는 홀로그램 기술을 연구·개발하고 이를 문화콘텐츠로 제작해 전시나 공연 등에 활용하는 모든 과정에 참여한다. 때문에 전문적으로 담당하는 직무에 따라 하는 일이 다르고 이에 따른 직업명칭도 다르다.

홀로그램 기술개발 및 연구하는 경우에는 홀로그램기술개발연구원이라고 불리며, 홀로그램콘텐츠기획자와 홀로그램공연기획자, 홀로그램전시기획자들은 각 분야에서 홀로그램 영상 콘텐츠를 기획하는 직무를 수행한다. 홀로그램 디자이너와 홀로그램 엔지니어는 홀로그램 영상 콘텐츠를 제작하고 시스템을 구축하는 역할을 맡고 있으며, 홀로그램영상장비오퍼레이터는 홀로그램 공연 및 전시 관련 장비를 설치하는 업무를 수행한다.

3) 현황

가) 해외

현재 홀로그래피 연구개발이 가장 앞선 나라는 일본이며, 일본 외에 유럽이나 미국에서도 홀로그래피 원천 기술개발이 활발하게 이루어지고 있다. 홀로그래피 기술을 연구하는 대표적인 기관으로는 미국의 MIT 미디어 랩, 일본의 게이오대학, 영국의 Quienti사, 독일 Seereal사 등이 있다.

아직까지 홀로그램 시장은 전 세계적으로 걸음마 단계에 있으며, 따라서 직업에 대한 구체적인 통계자료나 현황이 집계되어 있지는 않다. 또한 홀로그램만을 전문적으로 다루기보다는 다른 분야에 홀로그래피를 활용하는 정도에 그치고 있다. 그러나 전 세계적으로 홀로그래피 기술이 발전하고 있으며 응용 가능성이 무궁무진한 만큼 홀로그래피 전문가의 직능과 역할은 앞으로 계속해서 확대될 것으로 전망된다.

나) 국내

국내에서는 서울대, ETRI, KAIST, 세종대, 충북대 등 여러 대에서 연구원들이 디지털 홀로그램 기술을 개발 중에 있다. 아직 홀로그래피 기술이 상용화 단계로 가기에는 부족하고 조금 더 기술 개발이 필요하기 때문에 홀로그래피 전문가들은 주로 한국과학기술연구원(KIST), 한국전자통신연구원(ETRI), 전자부품연구원(KETI) 등의 연구기관에서 홀로그래피의 원천기술을 연구하는 업무를 수행하고 있다. 국내에서는 3~4개 업체가 3D 홀로그램 영상을 제작하고 있으며, 대부분 공연이나 엔터테인먼트, 전시기획 등의 분야에서 활동 중에 있다. 우리나라 역시 홀로그램서비스 분야의 직업과 고용 현황에 대한 구체적인 통계자료를 내놓고 있지 못하고 있다.

4) 흥미 및 적성

직무 수행 시 컴퓨터나 첨단기기를 조작해서 실험 및 연구를 하는 일이 많으므로 분석력과 꼼꼼한 성격을 가지고 있어야 홀로그래피전문가를 하는데 큰 도움이 된다. 홀로그래피기술이 신기술 산업이니만큼 창의적이고 공학과 예술을 융합할 수 있는 유연한 사고를 할 수 있어야 한다. 홀로그램 제작 시 다양한 전문가와 함께 작업하므로 원만한 대인관계 능력과 의사소통 능력을 가지고 있으면 좋다.

5) 교육과정 및 관련 자격

홀로그래피전문가가 되기 위한 교육과정은 학부과정에서 여러 과정이 필요하다. 시각디자인학과, 영상그래픽디자인학과, 의료공학 분야, 전기·전자공학, 기계공학, 물리, 컴퓨터와 관련된 학과를 전공하면 좋다. 홀로그래피 기술을 전문적으로 연구하기 위해서는 석사 이상의 과정을 수행해야 한다. 현재 홀로그래피 관련 연구가 활발하게 이루어지는 대학으로는 서울대, 광운대가 있다. 그러나 다양한 기술과 지식이 융합되는 분야이기 때문에 특정 학과를 필수적으로 전공해야 하는 것은 아니다.

6) 관련 학과 소개

현재 우리나라에서 홀로그래피 관련 학과가 설치된 대학으로는 광운대와 서울대가 있다. 둘 다 석·박사 과정으로 학부 과정에서는 홀로그래피 관련 과정을 운영하는 학교가 있지 않다.

학과 들여다보기 : 광운대 정보콘텐츠대학원 홀로그래피3D콘텐츠학과

광운대 정보콘텐츠대학원 홀로그래피3D콘텐츠 전공과정은 3D 콘텐츠 분야의 융복합 실무형 인재와 홀로그램 콘텐츠를 이해하고 응용할 수 있는 전문 인력 양성을 목표로 하고 있다. 홀로그램은 자연스럽고 완전한 3D 영상을 재현하는 유일한 기술로써 차세대 콘텐츠 산업의 원천기술로 대두되고 있다. 본 과정에서는 광학 및 디지털 홀로그램 원리에 대해 교육하고 실습을 통해 다양한 홀로그램을 제작할 수 있는 역량을 갖추도록 한다.

교과과정

	교과목명	
교과과정	3D 영상의 이해 3D 콘텐츠 제작론 3D 촬영 프로젝트 3D 후반작업	홀로그램의 이해 홀로그래픽 스테레오그램 홀로그램 제작 실습

7) 전망

그동안 다른 나라들에 비해 우리나라는 홀로그래피 원천 기술을 개발하는 데에 충분한 투자를 하지 못하고 있는 실정이었으나, 최근 그 중요성을 인식한 산업통상자원부를 비롯한 정부 기관과 기업에서 홀로그래피 기술에 대한 투자를 점점 늘려가고 있다. 산업분야에서는 우리나라가 강점을 보이고 있는 전자부품, 3D 디스플레이 등의 분야에서 홀로그래피 기술을 활용하고자 하고 있으며 문화·예술, 건축, 의료, 보안, 저장장치 등 다양한 분야에서 홀로그래피 기술이 적용되어 가고 있다. 이렇게 홀로그래피 기술의 적용 분야가 확대되어가고 있는 만큼 홀로그래피 전문가는 전망은 매우 밝다고 할 수 있다.

참고 도서

- ***혼자 공부하는 가상현실 개념사전*** (정동훈/21세기 북스)
- ***렉처 사이언스 - 빛 Light*** (이명균, 오세정, 전영백, 석현정, 최철희, 윤성철, 김성근, 이병호, 이용희, 최길주/휴머니스트)

차. 3D프린팅운영전문가

1) 개요

3D프린터란 입력한 도면을 바탕으로 3차원의 입체 물품을 만들어내는 기계를 말한다. 2000년까지 단순히 제품모형 및 시제품 제작에 일부 사용되다가 최근 관련 기술의 발전으로 활용 범위가 확대되고 있는 중이다. 사용 방법이 어렵지 않기 때문에 머릿속에서만 맴돌던 아이디어를 실제 제품으로 만들 수 있다는 장점이 있다. 전 세계에서 3D 프린터 시장은 꾸준히 성장하고 있으며 국내 시장은 오는 2021년에는 403억 원에 이를 전망이다. 3D 프린팅 운영전문가는 3D 프린터를 활용한 프로그래밍을 통해 제품을 만들어내며, 3D 모델링이라고 부르는 설계 과정과 설계된 데이터 값을 입력하는 3D 프린팅 과정, 출력된 제품을 후처리하는 과정을 수행하고 최종 제품을 탄생시키는 과정을 관리하는 전문가를 말한다.

2) 하는 일

3D프린팅운영전문가는 제품 출시를 위해 3D프린터를 활용한 프로그래밍을 통해 고객이 원하는 요구에 따라 미니어처, 액세서리, 일상용품, 개인편의제품, 기계부품 등 맞춤형 설계·제작하는 서비스를 제공하는 일을 한다. 고객이 직접 도안 및 샘플을 제공하는 경우도 있다. 하지만 고객이 원하는 이미지 또는 구현이 가능한 이미지들을 3D프린팅운영전문가와 논의하여 디자인 작업을 진행하는 것이 대부분이다. 이미지가 완성되면 컴퓨터 그래픽 프로그램을 이용하여 입체적으로 설계하는 3D모델링 과정을 수행한다. 장비가 프린팅을 하는 과정에서 재료가 정확한 위치에 프린팅을 하는지, 고온 작업 시 재료가 녹아내리지 않는지를 수시로 모니터링 해야 한다. 마지막으로 적층방식으로 제작되어 생긴 틈을 없애는 사상 작업, 도색 및 코팅 등으로 마무리 하는 마무리 단계를 거쳐 최종 완성된 제품을 선보이게 된다. 자세한 순서는 다음과 같다.

- 제품의 형상을 이미지로 디자인하고, 컴퓨터 프로그램을 활용하여 3D모델링 과정을 수행한다.
- 출력물의 조건에 맞는 최적의 소재와 장비를 선택한다.
- 설계된 디자인대로 프린터가 작업할 수 있도록 좌표값, 속도, 온도 등을 설정한다.
- 작업이 제대로 진행되고 있는지를 파악하기 위해 수시로 프린터기의 진행사항을 점검한다.
- 사상 작업, 도색 및 코팅 등 후처리 공정을 통해 제품을 마무리한다.

3) 현황

가) 해외

미국, 독일, 일본 등은 우위에 선 기술력으로 시장 경쟁력을 갖추고 있다. 또한 정부차원의 지원과 교육 프로그램으로 산업이 활성화 되면서 보다 다양한 분야에서 3D프린팅운영전문가를 양성하고 있다.

3D프린팅 기술은 미국, EU등의 나라에서 주도하고 있으며 좀 더 다양한 분야로의 응용을 위한 기술개발에 집중 투자하고 있는 상태다. 미국의 경우 다양한 제조 분야에서의 원가절감을 위해 3D프린팅 기술을 이용하고 있다. 일본은 경쟁 우위에 있는 콘텐츠 산업과 연계하여 지원하고 있으며 이와 관련한 초정밀 입체 조형 기술 개발에 초점을 맞추고 있다. 중국은 정부 주도로 우주 항공분야에 초점을 맞춰 3D프린팅 인프라를 지원하고 있다.

나) 국내

과거에 비해 3D프린터 제조업체, 재료, 콘텐츠 업체가 증가하고 있으며 관련 산업의 매출도 지속적으로 증가하면서 3D프린팅운영전문가의 활동범위도 넓어질 것으로 예상되고 있다. 현재는 개인 제조와 소규모 제품 제작이 주요 활동 영역이다. 이러한 영역에는 피규어, 액세서리, 생활소품등을 수집하는 개인과 디자인 시제품을 의뢰하는 기업이 대표적이다. 3D프린터의 발전 덕분에 제품출시 전 화면상으로만 확인히던 부분이 3D프린터를 통해 직접 실물 확인이 가능해지면서 제품 출시 전 결점, 디자인 등을 직접 눈으로 보고 만질 수 있게 된 것이다. 특히 의료 산업에서 3D프린터의 활약이 크게 기대되고 있다. 의족, 의수의 경우 환자 신체에 맞춤형으로 내구성을 유지한 제품을 만들 수 있어 큰 기대를 할 수 있다. 이러한 의료 산업 등에서도 3D프린터를 사용하는 시기가 되었다.

4) 흥미 및 적성

3D 프린팅 운영전문가가 되기 위해서는 컴퓨터 그래픽 프로그램 및 장비에 대한 이해가 필수다. 어느 정도의 미적 감각도 필요 역량 중 하나이다.

5) 교육과정 및 관련 자격

(사)3D프린팅산업협회에서 발급하는 3D프린팅마스터1, 2급/ 3D프린터조립전문가 1, 2급/ 3D프린팅전문교강사 1, 2급 등의 민간 자격증이 있다.

제품을 이미지로 구상하고 후처리 단계에서 도색, 코팅 등의 작업을 해야 하므로 미술, 산업디자인 등의 관련 전공자가 유리하다. 그렇지만 미술관련 전공자가 아니라도 교육을 통해서 필요한 역량을 준비할 수 있다.

6) 관련 학과 소개

현재 우리나라에서 3D프린팅 관련하여 개설된 정규교육과정으로는 대경대 3D 프린팅과, 한국폴리텍대 울산캠퍼스 3D프린팅학과, 상명대 대학원 3D프린팅융합학과 박사과정 등이 있다. 그 외에 가톨릭관동대 글로벌창업컨설팅학과에서 3D프린터 관련 정규교육과정을 운영하고 있으며, 다양한 전문학교에서 관련 교육과정을 개설 중에 있다.

학과 들여다보기 : 대경대 3D프린팅과

3D 프린팅이랑 금형이나 틀 없이도 입체 형상물을 신속하게 만들 수 있고, 수정한 후 다시 만들어 확인하는 것도 가능하기 때문에 시간과 비용을 크게 절감할 수 있는 기술이다. 2014년 세계경제포럼에서 세계 10대 유망기술 중의 하나로 꼽혔다. 대경대 3D 프린팅과는 3D 스캐닝 및 모델링에서부터 실시간 형상 제작이 가능한 최첨단 시스템을 갖춘 실습 환경을 구축하고 있다. 이를 통하여 의료분야(의족, 보청기, 인공장기 등)에서 로봇, 기계, 건축, 자동차, 공예, 게임, 영화·애니메이션 소품 등 다양한 산업에서 필요한 제품을 직접 생산할 수 있는 제반기술을 교육함으로써 3D 프린팅 관련 창의적이고 실무적인 차세대 전문 기술 인력을 양성하는 것을 목표로 하고 있다.

교과과정

	교육과정
1년차	[기본과정] 3D 프린팅의 모델링/스캐닝에서 프린팅, 후공정까지의 전 과정을 이해하고 기초적인 설계, 동작원리, 부품, 소재 및 시스템 소프트웨어의 사용법 등을 마스트한다.
2년차	[심화과정] 3D 모델링, 3D 프린팅 운영, 3D 프린팅 시스템의 각 전공 트랙별 심화과정의 수업과 응용 그리고 실무 프로젝트 과정을 통해 각 분야의 전문가로 발전할 수 있는 능력을 배양한다.

교육과목

	과목명		
교육과목	컴퓨터그래픽의 이해 3D프린팅 입문 기초드로잉 아이디어 발상론 CAD 캐릭터디자인기초 캐릭터디자인응용 스캐닝실습 3D스캐닝응용 3D모델링기초 3D모델링응용	3D프린팅실습 3D프린팅응용 3D프린팅제작실무 기초조형론 응용조형론 벡터디자인 형상디자인 디지털디자인실습 디지털디자인응용 3D제품디자인기초 3D제품디자인응용	3D모형제작 3D형상시뮬레이션 3D프린터소재개발 3D프린터시스템운용 3D프린터시스템정비 제품가공및후처리 포토폴리오제작 실무프로젝트 현장실습 창업경영학

7) 전망

3D프린터는 앞으로 신 제조 산업의 핵심기술로 자리 잡고 다양한 산업 분야에 적용될 것이 분명하다. 따라서 3D프린팅 전문 인력의 양성 필요성이 커졌으며, 이에 따라 관련한 훈련과정도 증가되고 있다. 제조 산업뿐만 아니라 의료, 패션, 교육 등 여러 분야에 활용될 수 있어 다양한 방향으로 진출이 활발해질 것으로 전망된다. 따라서 3D프린팅운영전문가의 활동영역 및 진출분야는 앞으로 더욱 확대될 것으로 기대된다.

참고 도서

- ***미래를 바꿀 3D 프린팅*** (고현정/정보문화사)
- ***3D 프린터 AtoZ*** (이기훈/인투북스)
- ***3D 프린팅의 신세계*** (호드 립슨, 멜바 컬만/한스미디어)

카. 증강현실전문가

1) 개요

유비쿼터스 시대를 이끌 혁신기술 중 하나로 꼽히는 증강현실(Augmented Reality, AR) 기술은 최근 스마트폰이나 태블릿PC 등의 보급이 늘어남에 따라 우리의 일상생활을 더욱 편리하고 재미있게 만들고 있다. 증강현실이란 모니터나 스크린, 스마트폰의 액정 등의 화면을 통해 현실 세계의 각종 정보와 가상현실을 합성하는 것이다. 증강현실전문가란 이러한 증강현실 기술을 개발하고 이를 바탕으로 다양한 콘텐츠를 만들어내는 사람을 말한다.

2) 하는 일

증강현실전문가는 모니터나 스크린, 스마트폰의 액정 등의 화면을 통해 현실세계에 각종 정보 및 가상현실을 합성하는 증강현실 시스템을 개발하는 직업이다. 구체적으로 직무를 살펴보면, 증강현실 기술이 구현될 수 있도록 알고리즘을 개발하고 응용하는 일을 한다. 원격의료진단, 제조공정관리 및 스마트폰 어플리케이션 등 사용자가 원하는 정보에 따른 증강현실 시스템을 파악하고 각종 정보를 수집한 다음, 개발방향을 설정한 다음 신제품에 대한 기획안을 만든다. 이후 시스템에 적용할 알고리즘을 개발하여 개발된 알고리즘을 응용하고 여상처리기술을 기반으로 증강되어 나타나게 할 객체를 안정적이고 정확하게 표현해 내는 시스템을 개발한다. 개별테스트 및 통합테스트, 통합프로그램의 최적화 작업 등을 거쳐 증강현실 기술을 완성한다.

3) 현황

폭넓은 활용 가능성 때문에 전 세계 IT업체들은 증강현실 기술을 스마트안경에 접목한 상품을 일제히 개발 중에 있다. 구글은 HUD인 구글글래스를 곧 출시할 예정이다. 구글글래스는 일종의 몸에 걸치는 스마트폰으로, 날씨, 일정, 교통정보를 알 수 있고 친구와의 영상통화 및 메시지 등도 자유롭게 주고받을 수 있는 스마트 안경을 말한다. 마이크로소프트사 역시 극장 공연이나 스포츠경기 관람 등의 특정 공간에서 관련 정보를 렌즈를 통해 보여주는 스마트안경 관련 특허를 출원할 예정이다. 애플은 이미 2006년 스마트 안경과 유사한 HMD에 대한 특허를 출원한 상태이다. 애플의 HMD는 구글의 HUD와 유사한 기능을 갖는데, 군인, 경찰, 소방대원, 의사 등의 임무에 도움이 되도록 활용될 것으로 예상된다.

4) 흥미 및 적성

증강현실전문가가 되기 위해서는 창의력, 의사소통 능력, 논리력, 도전 정신 등이 필요하다. 영상처리기술은 수학적인 계산 능력을 필요로 하는 분야이므로 수학적 분석력과 공간지각력, 합리적인 사고력이 필요하다. 시스템 개발을 위해서 프로그래밍 능력도 필요하며, 외국어 능력이 있으면 새로운 기술을 좀 더 빨리 접할 수 있어 유리하다. 또한 성실성과 인내심, 집중력과 도전정신이 있어야 한다.

5) 교육과정 및 관련 자격

증강현실전문가가 되기 위해서는 컴퓨터공학, 컴퓨터소프트웨어공학, 정보처리학, 영상처리 관련학, 산업디자인과, 애니메이션과 등을 전공해야 한다. 관련한 자격증으로는 컴퓨터그래픽스운용기능사, 정보화기사, 시각디자인기사 등이 있다.

6) 관련 학과 소개

현재 우리나라에서 영상 관련 학과가 설치된 대학은 주로 예술대가 있다. 한국예술종합대학, 서울종합예술대학, 대구예술대학, 예원예술대가 있다. 거점대학에서는 예술대학으로 분류되는 곳에 영상관련 학과도 존재하고 영상관련 대학원도 있는 학교들도 있다.

학과 들여다보기 : 남서울대 일반대학원 가상증강현실과

남서울대 일반대학원 가장증강현실학과의 전공분야는 3D 영상처리와 3D UX디자인 트랙으로 나뉘어져 있으므로 가상, 증강현실 분야에서 자신의 전공을 기본으로 융복합 전공능력을 함양할 수 있다. '3D 영상처리' 전공은 공학계열 전공자로서 컴퓨터그래픽스 이론, 프로그래밍 능력을 통해 가상•증강현실 콘텐츠를 개발할 수 있는 능력을 중심으로 하며, '3D UX디자인' 전공은 조형계열 전공자로서 3D그래픽디자인, 모델링, 영상합성 등 디자인 구현능력을 통해 가상, 증강현실 콘텐츠를 개발할 수 있는 지식과 스킬을 목적으로 한다. 뿐만 아니라 남서울대는 미국 EON Reality사와 함께 전문 인재 양성을 위한 교육 및 사업에 관한 상호협약을 체결하여 EON Reality사의 가상현실과 대화형 3D기술을 사용한 교육을 제공함으로써 빠르게 성장하고 있는 가상•증강현실 기술기반 3D 시뮬레이션 및 교육, 산업, 에듀테인먼트 응용프로그램의 설계 및 콘텐츠 개발 등 고부가가치 작업에 필요한 지식과 스킬을 가진 전문 인재를 양성하고 있다.

교과과정

3D 모델링, 3D 영상처리, 3D 인터랙티브, 가상·증강현실 프로젝트기획, 가상·증강현실과 뉴비디어, 멀티미디어 프로그래밍, 스마트UX디자인, 연구지도, 컴퓨터그래픽스 등을 공부한다.

	과목명		
교과과목	3D 모델링	가상,증강현실 프로젝트기획	스마트 UX디자인
	3D 영상처리	가상,증강현실과 뉴미디어	연구지도
	3D 인터랙티브	멀티미디어 프로그래밍	컴퓨터 그래픽스

7) 전망

향후 5년간 증강현실전문가의 고용은 다소 늘어날 것으로 전망된다. 증강현실은 미래혁신 기술로, 현재는 모바일 콘텐츠 개발에 초점이 맞춰져 있다. 때문에 당장에는 모바일에 적용할 증강현실 시스템이나, 애플리케이션을 개발하는 업체로 진출이 용이하다. 또 방송국 등 증강현실 기술을 적용하고 있는 영상처리 관련 업체로도 진출할 수 있다. 하지만 영상처리 관련 장비와 처리기술의 향상으로 항공, 지질, 해양, 국방, 의료, 토목, 환경, 기상 등 다양한 분야에서 응용되고 있기 때문에 자신의 관심사와 관련이 있는 분야를 적극적으로 찾으면 새로운 길을 열 수 있다. 뿐만 아니라 AR 기술의 미래 전망은 매우 밝다. 특히 4차 산업혁명 시대의 핵심이라 할 수 있는 '인공지능', '빅데이터' 등과 결합하면 광범위한 분야에서 활용이 가능해질 것으로 보인다. 증강현실 프로그래머는 다른 일반 프로그래머들보다는 조금 보수가 높은 편이고 영상 처리 전문가나 멀티미디어 전문가들과 유사한 수준이다. 자신의 능력만 있으면 회사를 다니지 않고 프리랜서처럼 활동할 수 있다.

참고 도서

- ***증강현실*** (브렛 킹, 앤디 라크, 앨릭스 라이트먼, JP 랑가스와미/미래의창)
- ***가상현실과 증강현실의 현실*** (민준홍/커뮤니케이션북스)
- ***가상현실 시대의 뇌와 정신*** (서요성/산지니)

타. 데이터 시각화 전문가

1) 개요

데이터 시각화 전문가는 다양한 형태의 데이터와 분석결과를 시각화하기 위하여 표현규칙, 사용자관점의 시각화 요건을 정의한다. 또한, 시각화 요건에 따른 사용자시나리오를 작성하고 핵심요소 및 그래픽요소를 이용하여 스토리보드를 기획하고, 기획된 스토리보드에 따라 시각화를 구현하기 위한 도구와 기술을 선택하고 정보시각화를 위한 접근방법을 결정한다. 분석의 핵심내용을 단순하고 명확하게 전달할 수 있도록 구조적으로 시각화한다. 추가정보를 이용하여 시각화한 그래프를 보정하고 시각표현을 극대화하여 품질을 높이기 위해 타이포그래피, 그리드, 색상, 아이소타이프 등 그래픽디자인을 적용한다. 정보사용자의 행동이나 조작에 따른 반응, 정보시각화의 변화 등으로 정보와 정보사용자 간의 관계확장을 위해 사용자 참여를 유도하는 인터렉션 기능을 구현한다. 최종 디자인된 시각화결과물이 시각적으로 적절히게 구현되었는지 확인한다.

2) 하는일

데이터 시각화 전문가는 데이터를 효화적이고 누구나 이해하기 쉽도록 시각적으로 표현하는 일을 한다. 또한, 방대한 빅데이터를 적재적소에 활용할 수 있도록 인사이트를 뽑아내기도 한다.

3) 현황

가) 해외

글로벌 데이터시각화 시장은 빠른 비즈니스 결정, 증강현실 및 가상현실의 발전에 따른 수요 증가와 기업들의 3D 형태 데이터를 기반으로 한 상호 작용 증가에 따라 빠르게 성장할 것으로 전망된다. 데이터시각화 툴 시장은 급격하게 발전할 것으로 예측된다. 한편, 데이터시각화 툴은 비즈니스를 기반으로 마케팅, 판매, 인적 자원 관리, 운영 및 재무에 사용되는데, 마케팅 및 판매를 기반으로 한 데이터시각화 툴의 사용이 가장 크게 시장 성장에 기여할 것으로 전망된다. 이는 데이터시각화 도구를 통해 관리자가 매출에 대한 분기별 목표, 마감된 거래의 비율 등 영업 성과를 모니터링할 수 있기 때문이다.

나) 국내

국내 빅데이터·분석 시장은 신종 코로나바이러스 감염증 팬데믹으로 인한 시장 변동성에 대응하기 위해 다양한 산업에서 디지털 혁신을 가속화하며 전반적으로 성장세를 보인 것으로 나타났다. 높아진 데이터 가치에 따라 이를 효율적으로 활용하기 위해 비즈니스 워크플로우를 재정립하고 업무 프로세스를 데이터화하는 기업들의 움직임이 유효하게 작용한 것이다. 일반 기업의 데이터 기반 디지털 전환을 이루는 움직임과 더불어 공공기관의 빅데이터 플랫폼 구축 사업 지원과 금융산업의 마이데이터(본인신용정보관리업) 사업 같이 다양한 산업 영역에서 데이터 중심 디지털 현대화가 속속 진행될 전망이다.

4) 흥미 및 적성

데이터 시각화 전문가는 데이터 분석가와 기업 경영자, 마케팅 담당자들과 소통을 통해 인사이트를 도출할 수 있도록 도움을 주어야 하므로 소통능력이 필요하고, 기본적으로 데이터 분석 역량을 갖추고 있어야 한다. 시각화는 비교적 검증된 이론이 성립된 분야로 당위성이 분명해야 한다. 또한 비주얼을 강조하고 싶은 니즈를 수용하기 위해서는 색채학과 타이포그래피를 알아야 한다. 최근에는 데이터 시각화를 위해 R 또는 Python과 같은 프로그래밍 언어를 사용하는 경우가 많으므로 프로그래밍 능력 또한 데이터 시각화 전문가가 갖추어야 할 요소로 손꼽힌다.

5) 교육과정 및 관련 자격

한국데이터산업진흥원은 2013년부터 빅데이터 관련 전문교육을 운영하고 있다. 진흥원에서 운영하는 교육은 빅데이터 기획부터 분석, 기술, 데이터 거래까지 데이터를 다루는 여러 분야에서 체계적인 커리큘럼을 갖추고 있다. 또한 최근 데이터 시각화 과정이 신설되면서 데이터 시각화 분야로 진출하고자 하는 사람들에게 큰 도움이 되고 있다.

6) 관련 학과 소개

데이터 시각화의 경우 컴퓨터 공학, 컴퓨터 과학 및 정보통신 관련 학과 전공이 유리하다고 할 수 있다. 또한 시각디자인 또는 컴퓨터그래픽 등의 전공 또한 도움이 된다.

학과 들여다보기 : 고려대학교 정보대학 데이터과학과

고려대학교 정보대학 데이터과학과는 컴퓨터과학 분야의 필수 전공 지식인 컴퓨터 프로그래밍, 데이터구조, 알고리즘, 이산수학, 데이터베이스, 인공지능 등에 대한 교육을 바탕으로, 데이터과학 분야의 심화 전공 지식인 데이터 분석, 데이터 시각화, 빅데이터 처리 등에 대한 교육을 진행하고 있다. 졸업 후에는 삼성전자, LG전자, SK텔레콤, 현대자동차 등의 SW관련 대기업과 네이버, 다음카카오, NHN 등의 포털기업, 넥슨, 엔씨소프트 등의 게임업체, Google, Facebook, Amazon, Qualcomm 등의 해외 기업, 그리고 ETRI, KISTI 등의 IT관련 국책연구소에 취업이 가능할 뿐만 아니라, SW 전문지식을 바탕으로 법조계나 변리사와 같은 전문직에도 진출할 수 있다.

교과과정

학문의 기초	전공선택	
컴퓨터프로그래밍I, 컴퓨터프로그래밍II, 통계계산프로그래밍, 전산수학I, 행렬이론, 전산수학II, 기초통계학, 미적분학및연습, 통계수학	자료구조, 알고리즘, 컴퓨터구조, 운영체제, 컴퓨터네트워크, 인공지능, 정보보호, 기계학습, 데이터베이스, 확률 및 랜덤과정 볼록최적화입문 인간컴퓨터상호작용입문 인터렉티브시각화, 선형대수 I 및연습, 확률과정개론, 확률론 입문 수리통계학, 시계열분석, 통계계산방법, 회귀분석, 범주형자료분석, 통계적데이터과학 I , 다변량통계분석	베이즈통계입문, 통계적데이터과학 II , 통계적머신러닝, 선형방법론, 자연어처리, 정보검색, 딥러닝, 데이터실험설계및분석, 기초컴퓨터비전이론 및 응용, 고급기계학습, 빅데이터분석, 디자인사고, 데이터시각화, 강화학습, 데이터프리젠테이션, 데이터과학응용 I , 데이터과학응용 II , 데이터과학응용III, 데이터과학응용IV, 졸업프로젝트(캡스톤디자인) I , 졸업프로젝트(캡스톤디자인) II , 기업현장학습 I , 기업현장학습 II

7) 전망

기술 비용의 급감 및 빅데이터 소프트웨어 프레임 워크에 대한 개발, 하이브리드 및 멀티 클라우드 환경을 통한 데이터의 연결, 최상위 전략에서의 디지털 전환 통합 등을 통해 글로벌 빅데이터 시장은 급속도로 성장하고 있다. 이에 따라 향후 데이터 시각화 전문가의 수요는 지속적으로 증가할 것으로 전망된다.

참고 도서
- ***사례 분석으로 배우는 데이터 시각화*** (황재진, 윤영진/한빛미디어)
- ***데이터 시각화 교과서*** (클라우스 윌케/책만)

파. 메타버스 크리에이터

1) 개요

메타버스 크리에이터는 게임 자체 내의 도구와 함께 사용하거나 기존 프로그램 단독으로 사용해서 아이템을 제작한다. 대표적으로 제페토(ZEPETO)와 로블록스(Roblox)는 각각 스튜디오(Studio)라는 게임 개발 도구를 제공하는데 이 곳에서 기본적인 템플릿을 제공한다. 특히 로블록스 스튜디오(Roblox studio)의 경우 스크립트(Script)를 직접 작성하여 각종 시스템과 효과를 제작할 수 있다. 제페토의 경우는 의상 템플릿을 제공하여 사용자가 직접 포토샵을 이용하여 자신만의 의상을 제작할 수 있다. 혹은 3D 모델링 프로그램을 이용해서 직접 제작할 수 있다.

2) 하는일

메타버스 크리에이터의 분야는 생각보다 넓다. 아바타 디자이너, 맵 디자이너, 공간디자이너, 월드 빌더, 메타버스 빌더, 메타버스 건축가, 아바타 의류디자이너, 아바타 드라마 PD, 아바타 캐릭터 디자이너, 메타버스 콘텐츠 크리에이터 등 처음 들어보는 다양한 이름의 직업이 메타버스로 인해 생겨나고 있으며, 이들 모두 메타버스 크리에이터라고 할 수 있다.

3) 현황

가) 해외

글로벌 메타버스 시장 규모는 2020년 476억9000만달러(약 57조원)에서 2028년 8289억5000만달러(약 982조원)로 성장할 것으로 예상된다. 로블록스는 일일 접속 사용자(DAU)가 4천만 명이 넘을 정도로 큰 인기를 가진 오픈 월드 형태의 대표 메타버스 게임이다. 로블록스에서는 단순히 게임을 하는 것을 넘어 유저가 직접 크리에이터로 아이템을 디자인하거나 게임을 개발할 수 있는데, 이들은 '로블록스 스튜디오'에서 '루아'라는 스크립트 언어를 이용해 어렵지 않게 게임을 제작하고, 외부 3D 디자인 소프트웨어와 연동해 쉽게 모델링한 아이템들을 이용할 수 있다.

로블록스에서는 '로벅스(Robux)'라는 화폐가 통용된다. 유저들은 게임을 하기 위해 로벅스로 아이템을 구매해 아바타의 능력을 올리거나 외모를 꾸미며, 이때 발생한 수익은 크리에이터들에게 일부 지급된다. 게임 내에서 10만 로벅스 이상을 벌면 직접 환전 신청을 할 수 있고 현실에 있는 계좌로 350불 상당의 금액이 송금된다. 이미 백만 명 이상의 유저들이 1,000불 이상의 수익을 올렸으며 현재도 800만 명 정도의 크리에이터들이 활동하고 있다.

나) 국내

국내에서 크리에이터 활동이 가장 활발한 곳은 바로 네이버제트의 메타버스 플랫폼 '제페토(ZEPETO)'다. 제페토 크리에이터는 아이템 크리에이터, 월드맵 크리에이터, 제페토 콘텐츠 활동을 하는 인플루언서 등으로 구분된다. 제페토 이용자들은 누구나 제페토 스튜디오에서 아바타 아이템을 제작할 수 있다. 제페토 스튜디오는 이용자가 직접 3D 월드, 아바타 의상 등을 제작하고 판매할 수 있는 플랫폼이다. 크리에이터로 등록 후 직접 디자인한 아이템을 올리면, 판매 수익의 일정 비율을 가상화폐 '젬'으로 받는다. 일정 금액을 넘기면 실제 화폐로 전환할 수 있다. 수익은 생각보다 많다.

4) 흥미 및 적성

메타버스 크리에이터는 메타버스 캐릭터 아이템을 개발하는 새로운 직업으로 판매를 위해 미적감각과 디자인 감각을 지니고 있어야 한다. 또한, 구현하고자 하는 아이템을 실제로 구현하기 위해서는 디자인 툴을 다룰 수 있어야 하며 유니티와 같은 프로그래밍 능력 또한 요구된다. 특히 최근에는 빠른 소비 문화가 주를 이루고 있으므로 빠르게 유행의 흐름을 읽고 아이템을 개발하는 능력이 요구된다.

5) 교육과정 및 관련 자격

한국과학기술원(KAIST)가 네이버㈜의 제페토, ㈜비브스튜디오스, ㈜페트라인텔리전스 등 국내 메타버스 관련 기업들과 협력하여 일반인들을 대상으로 메타버스 크리에이터 양성 프로그램을 운영한다. '카이스트 및 혁신도시 진천 AI+메타버스 크리에이터 양성을 위한 1차 교실'을 주제로 교육을 진행하고 있다. 다양한 메타버스 전문가들과 부캐의 시작을 만들어낸 마미손의 소속사인 ㈜갤럭시코퍼레이션 등이 지원한다.

6) 관련 학과 소개

패션 아이템 디자인을 목표로 하는 경우 패션디자인학과 또는 산업디자인학과와 같은 디자인 계열 학과가, 공간 디자인을 위해서는 실내디자인 혹은 건축관련 학과를 졸업하는 것이 좋다. 혹은 컴퓨터 프로그래밍 실력을 키우기 위해 컴퓨터공학과 또한 관련 학과이다. 국제대학교에는 메타버스크리에이터과가 개설되어있다.

학과 들여다보기 : 국제대학교 메타버스 크리에이터학과

국제대학교 메타버스 크리에이터학과는 4차 산업혁명 시대에 유튜브와 SNS, 미디어 플랫폼, 메타버스크리에이터, 창의적인 콘테츠를 제작, 서비스를 통해 기획, 제작, 촬영, 편집의 기술을 습득하고, 스마트폰과 노트북을 기본으로 온라인 1인 미디어 채널을 운영하며, 아이디어와 감성이 풍부한 창업 능력을 이끌어 나갈 1인 크리에이터와 메타버스크리에이터의 인재를 양성한다.

교과과정

	1학기		2학기	
	교양과목	전공과목	교양과목	전공과목
1학년	대학생활과 진로탐색, 실천적 인성, 의사소통능력	유튜브채널기획, 2D 그래픽, MCN 비지니스기초, 미디어의 이해, 컴퓨터활용	실천적 인성Ⅱ	e-크리에이터 기획, 3D그래픽, 촬영과편집, 채널운영, 인터넷플랫폼 이해, 창의적 발상과 채널
2학년	실천적 인성Ⅲ	미디어 라이브운용, 애니메이션 기초, 1인 미디어 영상제작, 촬영안 작성, 사운드 편집, 브랜드 콘텐츠	실천적 인성Ⅳ	메타버스와 유니티, 유튜브 콘텐츠 분석과 마케팅, 타이틀기획, 모션그래픽, 디지털 스토리텔링, 유튜브 방송구축
3학년	취업창업준비 실무1	MCN 비지니스활용, 미디어기획과 광고, 연기연출, 영상촬영과 편집, 인터넷플랫폼 응용, 실무사례와 창	현장실습, 취업창업준비 실무2	크리에이터 창업, 영상 프로젝트 운영, 유튜브 채널 운영, 캡스톤디자인

7) 전망

향후 콘텐츠를 활용해 직접 수익을 창출하는 '크리에이터 이코노미(creator economy)' 생태계는 더욱 커질 것이 분명하다. 그만큼 크리에이터의 전문성과 창작 능력, 아이디어의 중요도도 높아질 것으로 전망된다. 특히 코로나19 팬데믹으로 인한 비대면 문화의 확산으로 메타버스의 인기 또한 증가하고 있어 향후 메타버스 크리에이터의 수요 또한 밝다고 할 수 있다.

참고 도서
- *우리 모두 메타버스 크리에이터* (온은주, 김현희/영진닷컴)
- *한 권으로 끝내는 메타버스 크리에이터* (주종민/생능북스)
- *메타버스 인공지능의 시대 미래직업 다이어리1* (신도형 외6인/다빈치books)

04

의료·건강

4. 의료·건강

가. 의약품인허가전문가

1) 개요

제약 산업은 국민의 건강과 관련 있는 제품을 생산하기 때문에 유효성과 더불어 안전성을 보장할 수 있는 엄격한 '규제'가 바탕이 되어야 한다. 이러한 이유로 제약회사, 화장품회사 등 국민의 건강과 밀접한 제품을 다루는 회사에서 정부의 관리를 위한 법적·과학적 규제기준을 파악하고 허가관련 작업을 진행할 수 있는 인재가 필요하게 되었다. 허가를 위해 약을 개발한 제약회사와 허가를 내주는 국가기관 사이에서 규제에 대한 근거자료를 내는 등 다양한 의사소통 역할을 하는 직업이 바로 '의약품인허가전문가'이다. 제품 허가와 관련한 규제사항을 확인하고 이에 맞춘 개발전략을 수립하여 제품의 인허가를 받기 위해 연구, 개발, 임상, 제조 단계까지 관여하는 의약품인허가전문가의 역할은 제약 및 바이오 분야의 산업이 성장함에 따라 더욱 커질 것으로 예상된다.

2) 하는 일

개발된 의약품에 대한 인허가 업무가 주 업무로, 의약품인허가전문가는 의약품의 개발과 인허가, 생산, 마케팅의 전 과정에 관여하여 관련 규제를 분석하고 적용하여 전략을 세우는 일을 담당한다. 또한, 대행업체에 소속되어 제약회사 등의 의뢰를 받아 의약품, 건강기능식품, 기능성 화장품, 의료기기 등의 인허가 관련 업무를 대행하기도 한다. 이때 인허가 절차 및 규정에 대해 안내하고, 상세한 인허가 절차를 파악하여 계획을 세우고, 규정에 적합하게 서류를 작성하고, 규제기관에 제출하여 인허가 업무를 진행한다. 의약품인허가전문가 업무에 대해 자세히 설명하면 다음과 같다.

- 신약 등 품목 허가, 제품 도입시 국내 허가 규정 설명, 임상 및 비임상 진행 컨설팅, 제품 광고 관련 규정 점검, 약가 사후관리, 표기시재 사항에 대한 교육 및 점검
- 국내외 의약업계의 트렌드 및 제품 특성 파악, 제품 개발 목표 설정과 각종 허가 규정에 적합한 개발전략 및 계획 수립
- 제조에 대한 규정 준수, 제조관리자와 지속적인 커뮤니케이션, 기시법 관련 컨설팅, 품질관련 규정 변경사항 주기적인 공지
- 연구개발에서부터 보험약가 고시까지 일정 수립 및 관리, 개발 초기 경제성 여부 판단, 적정 보험약가 제시
- 각국의 의약품 인허가 절차를 파악하고 규정에 맞는 신청서류 작성 등 인허가 업무를 진행
- 신청제품에 관한 문제 해결방안을 마련하고, 기허가 의약품의 허가사항에 관한 지속적인 관리 업무 수행

3) 현황

가) 해외

미국 RAPS는 의약품, 의료기기, 화장품 등의 제품 개발 및 인허가 담당자들이 회원으로 있는 국제학회이다. 전 세계적으로 50개국 이상 10,000여 명의 회원을 두고 있으며, 해마다 의약품 개발 인허가 담당자들을 평가할 수 있는 자격인증(RAC)을 실시·운영하고 있다. 2012년 발표 자료에 따르면 의약품인허가전문가의 이전 경력은 연구개발 28%, 품질관리 21%, 실험 8%, 공학기술 7%, 임상·연구 6%, 약리학 5%이다. 또한 실제 이들의 활동분야를 살펴보면, 기업체 73%, 컨설팅 14%, 임상시험 수탁기관 4%, 정부 및 인증기관 4%, 학회 2%, 병원 등 의료현장 1%로 나타나고 있다.

나) 국내

우리나라에서는 전반적으로 신약 연구·개발, 제품 상용화 등에 필요한 민간 전문가의 기업수요는 높은 편인 것에 비해 전문가 양성을 위한 체계적인 교육 시스템이 부족한 상황이다. 제약 산업은 대표적인 지식집약 산업으로 신약 개발과 해외시장 진출을 모색하기 위해 의약품의 전체 주기에 대한 법적·과학적 지식을 갖춘 전문 인력 확보가 중요하다. 하지만 현재 이루어지고 있는 제약기업 재직자 중심의 단발성 교육으로는 의약품 개발에서부터 등록까지의 전주기에 대한 종합적인 지식을 갖출 수 있는 전문가를 배출하는 데는 어려움이 따른다. 이에 따라 의약품 관련 제도의 국제 기준에 부응하고, 국내 제약회사의 해외진출을 위해 글로벌 능력을 갖춘 의약품인허가전문가에 대한 수요가 꾸준히 증가하고 있다.

4) 흥미 및 적성

의약품 개발 시 제품의 특성을 면밀히 살펴볼 수 있는 분석력, 각종 허가 규정을 이해하고 차별화된 제품개발 전략 및 계획을 수립할 수 있는 능력이 필요하다. 논리적이고 체계적인 문서 작성 및 관리 능력, 커뮤니케이션 기술 등과 더불어, 최근에는 해외 등록업무를 수행하기 위한 외국어 구사 능력도 요구된다.

5) 교육과정 및 관련 자격

의약품인허가전문가가 되기 위해 요구되는 자격이나 면허는 없으나, 2014년부터 정부 주도로 의약품인허가전문가(의약품규제과학전문가) 양성을 위한 전문교육이 실시되고 있다. 현재 운영되고 있는 전문가 인증도 획득만으로 취업을 보장하는 것은 아니며, 인증시험 합격자 또는 인증시험 성적이 우수한 자 중 비재직자를 대상으로 의약품 제조·수입업체 등 현장에서 실무경험을 익힐 수 있는 1개월 현장 실무실습 프로그램을 운영하고 있다. 의약품인허가전문가가 되려면 대학에서 약학, 의학, 생물학, 화학, 수의학, 공학 등을 전공해야 한다.

6) 관련 학과 소개

현재 우리나라에서 약학과가 설치된 대학으로는 경북대, 경희대, 고려대(세종), 단국대, 서울대, 성균관대, 숙명여자대, 원광대, 이화여자대, 인제대, 조선대, 차의과학대, 한양대(ERICA) 등이 있다. 2011년부터 시행된 2+4학제로 인해서 현재 고등학교 졸업 후 바로 약학과에 입학할 수는 없으며, 타 대학(전문대학, 사이버대학 포함) 2년 수료 후 약학대학 입문자격시험 등의 입시 과정을 거쳐야 한다.

학과 들여다보기 : 성균관대 약학대학

성균관대 약학대학은 설립 이후 수기치인(修己治人)을 전승하고자 실사구시(實事求是)의 능력과 홍익인간의 의지를 겸비한 창의적 사고와 도전정신을 함영한 보건의료분야 전문인을 양성하고 있다. 연구중심 약대를 표방하여 BK21 사업과 특성화사업의 지원을 받아 제약분야 연구경쟁력을 신장시켜 왔으며, GPRC, DRC, MRC, 제약산업특성화 대학원 등 대형 국책사업을 통해 제약산업 육성을 위한 학연산 협력 연구에 주력해 왔다. 순수기초과학의 토대 위에 실용약학을 교육하여 약학 서비스를 생산하는 사회적 기능을 수행할 수 있는 기술과 소양을 갖춘 의약 실무전문가와 의약품이라는 화학적 측면과 인체라는 생물학적 측면에서 지식의 응용을 통하여 인류 사회에 진보된 약학적 혜택을 제공하는데 기여할 수 있는 창조적 약학자를 배출을 목적으로 한다. 2013년에는 의약품인허가전문가양성과정을 개설하여 인허가 관련 법령 체계, 의약품의 규격 기준, 안전성·유효성 평가를 위한 비임상시험 및 임상시험 등과 관련된 이론 및 실무중심의 기본 지식을 제공하기도 하였다.

교과과정

전공과정은 3가지로 나뉘어져 있다. 전공핵심, 전공일반, 실험실습 3가지에서 매우 많은 수업이 진행된다. 각각의 과정 중에서 일부수업만을 소개하고 자세한 내용은 학과 홈페이지에서 알 수 있다.[10]

전공핵심	전공일반	실험실습
해부생리학, 약화학, 약품분석학, 약품미생물학, 생약학, 약품분작생물학, 생물약제학, 유기약품제조학	한약학개론, 약학통계학, 임상약물동력학, 조제학, 임상약품면역학, 임상독성학, 의약품정보, 약국경영학	약학실습, 약학연구

7) 전망

인간의 수명이 늘어나면서 고령화와 관련된 질병은 물론, 환경오염과 각종 바이러스로 인해 새로운 질병들이 나타나고 있어. 이러한 추세에 따라 다양한 질병을 치료하고 예방하는 신약 개발 연구가 세계적으로 활발해지고 있다. 또 의약품 수출입이 확대되고 있어 의약품 개발과 허가, 판매 등 의약품 생산 과정을 전반적으로 관리하는 의약품 인허가 전문가가 더욱 필요할 것으로 전망된다.

---

10) http://pharm.skku.edu/class/class_02.asp?headerbar=0

과학기술정책연구원에서 발표한 '의약품안전관리 등 전문 인력(의약품규제과학전문가) 사회적 수요예측연구'에 따르면 의약품인허가전문가는 글로벌 마인드를 가지고 우리나라 제품이 해외로 진출하는데 교두보 역할을 수행할 수 있어야 한다. 또한 국제적으로 인증받은 의약품인허가전문가에 대한 필요성이 높아지는 점을 고려할 때, 국내뿐만 아니라 해외 의약품 시장을 활동영역으로 활동이 가능할 것으로 전망된다.

의약품인허가전문가는 의약품 관련 기업, 의약품 연구소, 의약품관련 기업의 전략기획자, 인허가 담당자, 마케팅 담당자, 의약품 관련 공무원 등으로 일한다.

참고 도서

- ***새로운 약은 어떻게 창조되나*** (교토대학 대학원 약학연구과/서울대출판문화원)
- ***바이오사이언스의 이해*** (이기형, 천승현, 장종원, 서일, 김성민, 조정민, 이은아/바이오스펙테이터)
- ***완제의약품 제조 및 품질관리기준 가이던스*** (식품의약품안전처/진한엠앤비)

나. 의료정보관리사

1) 개요

의료정보시스템은 원무 관리, 일반관리, 처방 전달, 검사 및 진료 지원 관리, 경영정보 관리, 영상의 저장과 전달, 전자의무기록 등 병원관리 전반에 걸친 시스템으로, 합리적인 병원 경영을 지원하여 경영 효율을 극대화함으로써 병원 경쟁력을 높이는 병원 종합경영 관리시스템을 말한다.

의료정보관리사는 컴퓨터와 정보시스템에 대한 깊은 이해와 실무능력을 기반으로 의료 조직 속에서 발생되는 모든 의료정보를 수집, 가공, 확대, 재생산하고, 시스템 개발 을 위한 사양검토, 개발 및 구축을 수행함으로써 의료정보 및 행정정보관리 업무를 수행한다. 또한, 의료정보의 활용을 통한 각종 의료정보 시스템의 실무자로서 실제 의료기관, 의료업체 등에서 사용되는 정보화와 관련된 모든 의료행정 업무를 지원하는 직무이다.

2) 하는 일

의료정보관리사는 병원정보시스템의 사양검토, 설계, 구축, 교육 및 유지보수의 전 과정을 직•간접적으로 관리·운영할 수 있어야 하며, 환자정보를 포함한 진료정보와 행정 정보를 적시에 제공함으로써 의료의 질적 향상에 기여 할 수 있어야 한다. 의료정보 데이터를 분석하여 의료 동향 등을 파악하고 유의미한 정보를 생성하여 보고서 등을 작성하기도 한다. 위와 같은 일을 하게 되면서 의료정보관리사는 보건의료기관의 의료정보실 및 전산실, 의료정보 전문 IT 업체, 의료정보 관련 기술 컨설팅 업체, 의료정보시스템 전문 서비스, 제조 및 자영업체, 의료관련 심사기관, 정부부처, 보험회사 등으로 진출할 수 있다.

3) 흥미 및 적성

환자를 대하는 보건계통 직업인만큼 무엇보다 타인에 대한 강한 배려심을 갖추어야 한다. 환자들을 대할 경우 친절하고 상냥한 마음으로 대해야 하며, 그 외 병원에서 근무하는 의사·간호사 등 다른 보건종사자들과의 커뮤니케이션 능력과 협동하는 자세, 높은 사회성 등이 필요하다. 또한 자료를 분석하고 다루는 일이 많은 만큼 자료 해석 능력, 꼼꼼함, 성실함 등을 가지고 있어야 한다.

4) 교육과정 및 관련 자격

관련 자격증으로는 사단법인 대한의료정보학회 주관으로 한국의료정보교육협회에서 시행하는 의료정보관리사 자격이 있다. 의료정보관리사 시험 자격을 받기 위해서는 최소한 30학점의 의료정보관련과목을 취득해야 하며 의료전산학(12학점), 의료정보(6학점), 기초의학(9학점), 병원관리(3학점)의 과목들을 이수해야 한다. 시험과목은 필수 4과목이며, 과목별 40점 이상, 과목평균 60점 이상의 점수를 취득해야 합격이다. 의료정보관리사는 전산에 관련된 전문지식 이외에도 기초적인 의학, 병원 행정 및 경영 등 종합적인 지식이 요구된다.

5) 관련 학과 소개

현재 우리나라에서 의료정보 관련 학과가 설치된 대학으로는 경북대 일반대학원, 공주대, 공주대대학원, 동원대, 명지전문대학, 삼육보건대, 서울대 대학원, 세경대, 안산대, 청암대, 충북보건과학대, 충청대, 한국폴리텍 I 대학 서울강서캠퍼스, 한양대 의생명공학전문대학원 등이 있다.

학과 들여다보기 : 안산대 의료정보과

의료정보 분야는 건강 및 복지에 대한 요구의 증가로 크게 성장해 나가는 U-Health 시대의 유망한 분야다. 보건의료 및 IT 융합의 글로벌 첨단 기술과 보건의료 서비스 기법을 교육하여, 보건의료분야에 필요한 의료정보 전문지식과 높은 직업윤리 의식을 가진 의료정보전문가를 양성한다. 안산대 의료정보과에서는 자기주도적인 문제해결 및 실무능력배양, 의료정보 실무능력 배양, 글로벌 활동 능력 배양, 봉사정신을 갖춘 의료정보 기술인재 양성을 목표로 하고 교육을 하고 있다.

교과과정

- **교양과정**

	1학기		2학기	
	교양필수	교양선택	교양필수	교양선택
1학년	실용영어, 행복한삶과 진리1,		행복한삶과진리2	웰스티스자기개발
2학년	채플1	사회봉사실청, 창업실무	채플2, 언어와의사소통	

- **전공과정**

	1학년 1학기	1학년 2학기	2학년 1학기	2학년 2학기
전공	기초의학, 데이터베이스기초, 의료서비스와마케팅, 의료정보디자인, 의료정보와인터넷, 의료정보처리, 의료정보학	건강보험실무, 의료데이터베이스, 의료문서실무, 의료웹서버실무, 의학용어, 전자의무기록, 프로그래밍입문	공중보건학, 병원프로그래밍, 의료인포그래픽, 의료정보시스템분석 및 설계, 의료정보컨텐츠. 캡스톤디자인, 해부병리	병원시스템프로젝트. 병원조직인사. 병원행정실무, 원무관리, 의료관계법규, 의료정보시스템구축, 의료정보연구, 현장실습

참고 도서

- ***전자의무기록의 과제와 미래***
- ***New 병원정보시스템*** (양옥렬, 메디시언)
- ***보건의료정보학*** (한국의료정보교육협회/에듀팩토리)

다. 할랄전문가

1) 개요

할랄(Halal)은 '신이 허락한 것'이라는 뜻의 아랍어로, 이슬람 율법에 따라 무슬림이 먹고 사용할 수 있도록 허용됐다는 일종의 인증이다. 육류 중에는 단칼에 정맥을 끊는 방식으로 도축한 양·소·닭고기를 할랄 식품으로 인정하고 있다. 채소, 과일, 곡류, 해산물은 제약 없이 자유롭게 사용할 수 있다. 식물성 음식과 해산물, 그 외에 알라의 이름으로 도살된 고기와 이를 원료로 한 화장품 등도 포함한다.

반대로 이슬람 율법이 금지하는 것은 하람(Haram)이라고 한다. 돼지고기와 알코올이 이슬람교에서 절대로 가까이 해서는 안 되는 하람이다. 젤라틴 등 돼지의 부산물로 만든 제품도 사용이 금지된다. 원래는 주로 식품에만 적용되던 할랄이 이제는 생활 전반으로 할랄 제품의 사용이 확대되고 있다. 할랄전문가는 무슬림이 사용할 수 있는 제품을 검토하는 등 여러 가지 업무를 수행 한다. 전 세계적으로도 할랄 제품의 사용인구가 점차 늘고 있어 할랄 인증심사 업무가 중요해지고 있다.

2) 하는 일

할랄 전문가의 업무는 크게 두 가지로 나눌 수 있다. 할랄 전문가는 할랄 인증 기관에서 이슬람 율법에 따라 할랄과 하람을 구분하는 전문위원 혹은 심사위원 업무를 하거나, 할랄 인증에 나선 기업들의 컨설턴트 역할을 한다.

현재 우리나라에서 활동하는 할랄 전문가들은 무슬림이 아니므로 할랄에 대해 심사를 할 수 있는 권한을 갖고 있는 경우가 많으며, 보통 알콜테스트, 콜레스테롤테스트 등 할랄 인증을 받기 위해 필요한 심사에서 무사히 통과할 수 있도록 서류를 검토하고 작성해주며, 심사를 받을 수 있도록 돕는 역할을 한다. 또한 할랄 인증을 받기에 적합한지 검토하고 심사를 받을 수 있도록 서류를 재작성해주는 일, 기업 등에서 할랄 관련 문의가 올 때 정보를 제공하고 자문을 해 주는 일, 세미나를 통해 할랄 인증을 받은 후 성공적으로 무슬림 국가로 수출을 하는 기업체 등을 소개하고 할랄 인증의 필요성을 알리는 일 등을 맡기도 한다.

3) 현황

가) 해외

전 세계 약 20억 명에 육박하는 무슬림 인구와 함께 중동 경제력이 향상되면서 할랄시장에 대한 관심이 높아지고 있다. 전 세계 식품시장의 약 20%, 1800조 규모를 자랑하는 할랄식품이 '웰빙식'으로 각광받고 있다. 이러한 기조에 따라 현재 미국도 건강 트렌드에 맞춰 할랄식품의 수요가 증가하고 있다. 미국 대표 유기농 식품 매장 중 하나인 홀푸드마켓(Whole Foods Market)에서 판매되는 할랄식품은 2011년부터 현재까지 해마다 두 자릿수 판매 증가율을 기록하고 있다. 유기농 전문 판매업체에 그치지 않고 월마트, 크로거 등 대형 유통업체에서도 할랄푸드가 주요 식품으로 각광받고 있다. 세계적인 대형 식품업체인 네슬레, 타이슨, 애보트 등도 할랄 기준에 맞춰 제품을 생산하고 있다. 캐나다에서도 할랄 시장의 규모가 꾸준히 늘고 있다. 코트라(kotra)에 따르면 캐나다 할랄시장 규모는 10억 캐나다달러(한화 약 8541억 원)에 이르는 것으로 추정된다. 해외서는 할랄시장의 규모가 매우 크다. 할랄을 위해 할랄전문가들이 활약할 자리가 많이 있는 것을 알 수 있다.

나) 국내

우리나라에 무슬림 관광객의 방문이 꾸준히 늘면서 무슬림 관광객을 위한 할랄푸드 시장이 확대되고 있다. 한국관광공사가 실시한 '2016 방한 무슬림 관광실태조사'에 따르면 지난해 무슬림 관광객은 98만 명으로 전년의 77만 명에서 33%나 증가했다. 이는 지난해 방한 외국인 관광객 증가율 30.3%를 웃도는 수치다. 한국관광공사는 방한 무슬림 관광객을 위한 '무슬림 친화레스토랑 분류제'를 시행하고 있다. 매년 증가하는 방한 무슬림 관광객들이 할랄 인증 식당이 부족해 겪는 불편을 해소하기 위함이다. 할랄 레스토랑 인증은 총 4단계로 한국이슬람교중앙회가 인정하는 △할랄 인증(Halal Certified), 무슬림 셰프를 고용하고 알코올음료 판매를 하지 않는 곳에 부여하는 △무슬림 자가 인증(Self Certified), 할랄 인증 식재료를 사용하고, 관련 메뉴를 상시 판매하는 △무슬림 프렌들리(Muslim Friendly), 돼지고기를 사용하지 않는 △포크 프리(Pork Free) 등이 있다.이처럼 우리나라에도 무슬림 관광객이 늘어나면서 관광객을 위한 할랄전문가들이 레스토랑과 같이 무슬림 방문객들을 위한 자리를 마련하고 있다.

4) 흥미 및 적성

차분하고 세밀한 성격이 좋으며, 뛰어난 외국어 구사 능력을 갖추어야 한다. 컨설턴트, 마케터로서의 자질과 능력도 중요하며, 사교적인 성격을 가지고 있으면 도움이 된다. 무엇보다도 이슬람 문화에 편견이 없고 그 문화를 이해하는 자세가 필요하다.

5) 교육과정 및 관련 자격

축산, 식품 관련, 화학, 화학공학 등의 전공자가 유리하나, 우리나라에서 직접 인증심사를 내리는 것이 아니고 서류에 대한 검토, 작성이 주된 업무이므로 인문계열 출신에게도 열려있는 직업이다.

할랄 전문가는 따로 자격증으로 규정된 직업이 아니다. 이슬람 율법에 정통하고 이슬람 문화에 정통한 이들을 말하나, 한국처럼 이슬람 문화에 익숙하지 않은 국가에서는 할랄에 대해 교육을 받은 사람들도 할랄 전문가로 본다.

6) 관련 학과 소개

현재 우리나라에서 식품 관련 학과가 설치된 건국대, 고려대, 군산대, 극동대, 부산대, 서울대, 서울여자대교, 인하대, 전남대, 전북대, 제주국제대, 제주대, 조선대, 충남대, 충북대, 한국국제대 등 많은 학교들에 식품관련 학과가 설치되어 있다.

학과 들여다보기 : 전북대 식품영양학과

식품영양학과는 식품, 영양, 보건, 건강의 상호관계를 통하여 인간생존의 기본이 되는 식생활을 올바르게 영위하고 건강 유지에 필요한 효율적인 영양관리를 위하여 식품과 영양에 관한 기본지식은 물론 다양한 응용력을 습득하는 과학 분야에 속한다. 식품학, 영양학 및 급식경영학으로 분야가 특성화/세분화되는 동시에 또한 통합화됨으로써 식생활의 과학화, 질병예방 및 치료 보조수단으로서 영양학의 실용화 그리고 영양균형을 갖춘 급식 관리 체계의 효율화를 달성할 수 있다. 전북대 식품영양학과는 인간의 건강 및 영양상태 개선을 통해 삶의 질적 향상을 도모하기 위한 학문연구와 그의 실천 및 응용을 교육목표로 하고 있으며, 교양 및 전공교육을 통하여 폭넓은 전인교육과 전문 교육을 실시함으로써 국민에게 올바른 식생활에 대한 지식을 보급하여 사회에 기여하는데 그 목적이 있다.

교과과정

- 전공과정

	1학기		2학기	
	전공필수	전공선택	전공필수	전공선택
1학년			유기화학	
2학년	생화학, 식품화학1	인체생리학1, 조리원리 및 실습	인체생리학2, 식품미생물학	생물통계학, 식품화학2, 영양생화학, 외국조리원리 및 실습
3학년	기초영양학	식생활관리학, 식품미생물학실험, 식품분석 및 실험, 식품위생학, 영양생화학실험		고급영양학, 급식경영학, 식품가공 및 저장학, 실험조리및관능검사, 영양판정 및 실습, 임상영양학
4학년		기능성식품과 영양, 단체급식관리, 생애주기영양학, 식사요법 및 실습, 식품위생관계법규, 영양교육 및 상담실습, 조리과학과예술		급식인적자원관리 분자영양학 식생활과 문화 바이오소재산업연구 식품영양연구 영양사현장실습 영양학실험 지역사회영양학

7) 전망

국내를 찾는 무슬림 관광객이 늘면서 국내 할랄 전문가 수요는 늘어날 것으로 전망된다. 특히 UAE, 사우디 등 중동 의료 관광객이 빠르게 늘고 있다. 중국·일본 관광객 수에는 미치지 못하지만, 1인당 지출액은 2014년 중국인 의료 관광객 평균 지출(181만원)보다 훨씬 많다. UAE 관광객은 1인당 1771만원을 지출했다. 또한 2019년부터는 할랄 인증이 없으면 인도네시아에 수출할 수가 없는 등 할랄 인증을 필수 시 하는 분위기가 여러 무슬림 국가로 확장 되고 있다. 이에 따라 우리나라 식약청, 한국식품연구원 등에서도 할랄 산업과 관련한 법규와 절차 등을 마련하고 있기 때문에 할랄전문가의 전망은 밝다고 볼 수 있다.

참고 도서

- ***할랄, 신이 허락한 음식만 먹는다*** (엄익란/한울)
- ***이슬람 마케팅과 할랄 비즈니스*** (엄익란/한울)
- ***할랄인증, 황금열쇠인가?*** (황중서/한국문화사)

라. 의료관광경영컨설턴트

1) 개요

의료관광을 목적으로 한국에 오는 외국인들이 늘어나고 있다. 이들은 해외여행을 즐기며 자국에서 받기 어려운 양질의 의료서비스를 저렴한 가격에 받을 수 있기 때문에 의료관광에 관심을 보이고 있다. 우리나라를 방문한 해외 환자 수는 2011년 12만 명에서 2013년 21만 명, 2014년 26만 명으로 증가세를 보이고 있다.

의료관광경영컨설턴트는 의료관광을 추진하고자 하는 의료기관에 전략적 마케팅 방법, 국제보건법, 의료사고 관련법 등 법률적 쟁점사항, 종교 및 인종적 쟁점사항, 의료중개업체 서비스 사업 등을 컨설팅하는 역할을 맡는다. 향후 관광, 휴양, 레저, 치료, 헬스, 웰빙 등을 콘셉트로 지역의 고유한 관광자원과 문화체험, 축제, 공연, 스포츠 등과 연계를 촉진함으로써 국내외 의료관광객의 폭넓은 창출과 아울러 지속적인 성장을 이끌어갈 관련 인력들은 더욱 필요해질 것으로 예상된다.

2) 하는 일

의료관광경영컨설턴트는은 외국인환자 유치업체, 의료관광 에이전시, 의료관광 전문 컨설팅업체, 의료관광 전문 병원 등에서 활동하며, 전략적 마케팅 컨설팅, 관리 컨설팅, 법률 및 윤리 상담, 건강보험 상담, 의료관광 기획자 컨설팅 등의 업무를 수행할 수 있다.

세부 직무는 크게 둘로 나뉜다. 첫째, 의료관광 사업에 참여하고자 하는 의료기관 등을 대상으로 의료관광사업 계획 수립 및 타당성 검토, 의료관광 활성화 정책 개발, 의료관광 관련 홍보마케팅 및 상품개발 등에 대해 컨설팅을 한다. 둘째, 국내 의료기관의 해외진출 시 특화상품 개발, 유치시스템 개발 및 운영, 국제환자시스템 구축 등 해외진출사업 컨설팅을 한다. 특히, 해외진출 의료기관의 컨설팅을 담당할 경우, 의료법이나 의료 문화의 국가 간 차이에 따른 의료분쟁 발생이 있을 수 있으므로 국제 보건법, 의료사고 관련 법 등 법률적 쟁점사항, 종교 및 인종적 쟁점 사항 등에 대한 컨설팅이 가능해야 한다. 이는 국가별 현지 의료여건 및 주요 질환 분석결과 등을 바탕으로 이루어져야 하는데, 국가별로 크게 차이가 있어 이를 고려한 홍보 전략을 마련하고 마케팅에 적극 활용할 수 있어야 한다.

3) 현황

가) 해외

외국의 경우 해외진출 목적지별 국가에 특성화된 의료관광업체가 활발히 운영되고 있다. 2007년에 설립된 영국 국제의료관광저널은 보험, 인증, 마케팅, 품질, 환자안전 등 다양한 주제를 포괄하는 헬스케어 정보를 제공하며, 의료관광 컨설팅업체, 의료관광 중개업체, 병원 등을 회원으로 하고 있다. 관련 교육은 의료관광협회(MTA)에서 가능하다. 이밖에도 국제환자서비스 트레이닝(International Patient Services Training), 국제환자전문가(CIPS,

Certified International Patient Specialist) 등 국제환자의 요구와 기대사항에 맞는 서비스 제공, 맞춤상품 개발 등에 대해 교육받을 수 있는 과정이 있다.

나) 국내

우리나라는 의료관광 후발주자로서 빠른 성장세를 유지하고 있다. 해외환자 유치 및 의료기관의 해외진출이 증가하고 관심이 높아졌으나 다양한 진입장벽으로 인해 추진이 쉽지 않은 실정이다. 특히, 국내 의료기관은 해외진출 추진 시 시장현황을 분석하고, 해외진출을 위한 전략을 세우는 것에 큰 어려움을 겪곤 한다. 현재 국내의 의료관광경영컨설턴트는 의료관광 컨설팅업체, 의료관광 전문 에이전시, 의료관광 전문 병원 등에서 의료관광 상품기획자, 의료관광마케터 등과 유사한 업무를 수행하고 있다.

4) 흥미 및 적성

의료와 관광산업 트렌드에 대한 전문지식과 이해력, 뛰어난 언어구사력, 비즈니스 협상력 등의 자질을 필요로 한다. 또한 의료, 관광 관련 지식과 외국어 능력을 갖추어야 한다.

5) 교육과정 및 관련 자격

우리나라에서는 대학에서 의료관련 학과, 관광관련학과 등을 전공하면 업무 수행에 유리하며, 채용 시 의료관광 분야, 의료 및 관광관련 경력자, 외국어(영어, 중국어, 러시아어 중심) 활용 업무 가능자 등을 우대하고 있다.

의료관광경영컨설턴트는 보통 대학에서 법학, 국제공중보건학, 외국어 및 보건학, 국제협력학, 조직개발학, 심리학, 경영학, 마케팅 등의 전공자들이며, 코칭자격 취득자, 국제기구 활동 경력자 등 다양한 이력의 사람들이 활동하고 있다.

6) 관련 학과 소개

현재 우리나라에서 의료경영 관련학과가 설치된 대학으로는 경운대, 고신대, 우송대, 을지대, 청주대 등이 있다. 대학원으로는 가톨릭관동대 의료경영대학원, 가톨릭대 의료경영대학원, 경성대 경영대학원, 경희대경영대학원, 경희대대학원, 공주대대학원, 부산대 일반대학원, 숭실대 경영대학원, 을지대일반대학원, 인제대 산업융합대학원, 청주대 보건의료대학원 등이 있다.

학과 들여다보기 : 우송대 보건의료경영학과

우송대 보건의료경영학과는 국내 거주 외국인의 증가, 의료산업화 등 급속한 보건의료 환경 변화에 대비하여 외국인 의료소비자들이 국내 병원을 믿고 이용하도록 지원하는 글로벌 보건의료경영 전문가 양성하는 것을 목표로 한다. 또한 국민의 건강유지·증진을 효과적으로 달성할 수 있도록 보건의료정책, 보건의료기관의 의무기록관리, 의료정보관리, 보험수납·청구·심사업무 등 병원경영 및 건강보험 업무를 효율적으로 처리하는 전문가 양성을 목표로 하고 있다. 우송대 보건의료경영학과에서는 우리나라를 찾는 외국인 환자에 대한 최적의 서비스 제공 능력을 갖춘 글로벌 보건의료경영 전문가 양성, 의무기록사 국가시험 대비 자격증 취득을 위한 관련 교과목 운영, 보건복지부 및 광역지자체 보건직공무원, 보건복지부 산하 공단에 취업할 수 있도록 관련 교과목 운영, 국민건강보험공단, 국민연금공단, 근로복지공단, 한국보훈복지의료공단 등 사회보험 서비스를 제공하는 기관에서 활동할 수 있도록 사회보험 전문가 양성, 보건교육사 자격증 취득을 위한 교과목 운영하는 등 보건의료의 교육에 많은 힘을 쓰고 있다.

교과과정

- 교양과정

	1학기		2학기	
	교양필수	교양선택	교양필수	교양선택
1학년	진로탐색과생애설계, 읽기와토론, (Integrated Englisgh Skills1, 종합 일본어1, 종합중국어1) 중 택 1, (Basic English Reading 1, 일본어연습1, 입문중국어) 중 택 1	스키, 수영, 댄스	자기계발과 리더쉽, 컴퓨터활용, (Integrated Englisgh Skills3, 종합 일본어2, 종합중국어2) 중 택 1, (Intermediate English Reading 1, 일본어연습2, 초급중국어1) 중 택 1	스키, 수영, 댄스
2학년	(Integrated Englisgh Skills5, 종합 일본어3, 종합중국어3) 중 택 1, (Intermediate English Reading 2, 일본어연습3, 중급중국어1) 중 택 1	통섭교양	(Integrated Englisgh Skills6, 종합 일본어4, 종합중국어4) 중 택 1, (Advanced English Skills6, 일본 어연습4, 고급 중국어1) 중 택 1, 기획과 프리젠테이션	
3학년				융복합프로젝트

- 전공과정

	1학기		2학기	
	전공필수	전공선택	전공필수	전공선택
1학년	해부생리학, 환자관리및실습	보건의료경영론, 심리학	의료보장론, 의학용어1	병리학, 사회학
2학년	병원서비스, 공중보건학	의무기록학, 보건교육하학, 위험관리와보험, 의료정보관리학	병원회계학, 의학용어2	손해보험론, 질병및수술분류, 의무기록실습, 조사방법론
3학년	병원재무관리론, 암등록, 보건통계학	보건의료관광행정, 보건의료서비스지원관리, 보건교육방법론, (English for Health&Welfare1, Japanese for Health&Welfare1, Chinese for Health&Welfare1, Russian for Health&Welfare1) 중 택1, 보건의사소통	병원조직관리론, 의무기록전사, 보건의료법규	졸업과제연구, 손해사정이론, 보건프로그램개발 및평가, 보건사업관리,(English for Health&Welfare2, Japanese for Health&Welfare2, Chinese for Health&Welfare2, Russian for Health&Welfare2) 중 택1, 보건교육실습
4학년		병원경영분석, 보건의료경영세미나1, 손해사정실무, 적정진료보장, 보건의료공용실습, 보건의료관광마케팅, 보건의료관광실무, 의무기록종합관리		

7) 전망

외국인환자가 늘어나면서 국내 병원에서는 외국어가 가능한 의료진들을 구성하여 외국인 환자가 편리하게 의료서비스를 제공받을 수 있도록 환경을 조성 중에 있다. 외국인환자 증가, 의료관광 활성화, 국내병원의 해외진출 증가 등을 고려할 때 의료관광컨설팅에 대한 수요가 증가하여 새로운 직업으로의 확대가 가능할 것으로 보인다.

의료관광 시장이 성장함에 따라 해외에서도 의료관광컨설팅 회사나 유치업체를 설립하여 환자 및 기업들에게 의료관광 정보를 제공하거나 해외치료를 주선하고 있다. 특히 최근 국내병원의 해외진출이 늘어나면서 전문 업체에 해외진출을 의뢰하고 있기도 하다. 이를 위해 의료관광 전문 에이전시 등에서 활동하는 의료관광상품기획자, 의료관광마케터 등이 의료관광경영컨설턴트(Medical Tourism Consultant) 역할의 일정 부분을 담당하고 있어 이후 전문적이고 특화된 영역으로 직업 정착과 활성화가 가능할 것으로 예상 된다.

참고 도서

- ***의료관광시대, 병원에서 통하는 영어*** (곽중철, 이정현/한국외국어대출판부 지식출판원)
- ***의료관광 구조와 실제*** (진기남/범문에듀케이션)
- ***의료관광론*** (원종하, 김민숙/한올출판사)

마. 병원아동생활전문가

1) 개요

사람들은 병원을 무서운 곳으로 인식하는 경향이 있다. 최근에는 친근하고 따뜻한 병원 인테리어를 통해 병원의 부정적인 이미지를 탈피하려는 노력이 보이지만, 여전히 병원은 두렵고 무서운 곳이라는 생각이 강하다. 특히 아동의 경우는 더욱 그러한데 어릴 때 여러 번 경험한 병원의 부정적인 이미지가 성인까지 계속 이어지는 경우가 많다. 아이들이 병원을 무서워하고 싫어하는 경우 심리적인 안정을 방해하고 질병 회복에도 좋지 않은 영향을 미칠 수밖에 없다. 때문에 미국, 영국 등 선진국에서는 아동을 위한, 아동의 병원생활을 위한 '병원아동생활전문가'가 활발하게 활동하고 있다.

병원아동생활전문가는 질병이 있거나 치료를 앞둔 아동의 두려움과 불안을 덜어줘 정서적으로 안정시키고 아동 환자의 병원생활 적응을 도와주는 보건전문가를 말한다. 심리사회학적 아동발달에 초점을 맞춰 아동 환자와 그 가족들이 병원생활, 질병, 또는 장애를 잘 대처할 수 있도록 돕는다.

2) 하는 일

병원아동생활전문가는 아동 환자와 그 가족들이 병원생활, 질병, 또는 장애에 대처할 수 있도록 돕는 보건전문가다. 주로 병원에서 활동하는데, 근무시간의 약 30%는 놀이방(Play Room)에서, 약 70%는 병상이나 수술실에서 활동한다. 이들은 아이들의 사회심리학적 발달에 초점을 맞추고 아동 환자와 그 가족들이 스트레스에 효과적으로 대응하도록 돕는다. 구체적으로, 검사, 수술, 기타 진료에 대해 마음의 준비를 할 수 있도록 지원하고, 진료과정 동안 심리적, 정서적으로 지원한다. 또한, 병원에 입원할 때 아동을 환영하고 적응하도록 돕는 한편, 병원에 머무는 동안에는 아동의 취미와 흥미에 따라 활동할 수 있도록 격려한다.

진료를 받는 동안 심리적으로 안정된 상태가 되도록 도와주고, 입원기간 동안에는 병원생활이 지루하지 않게 아동들이 흥미를 갖고 재미있게 놀 수 있는 놀이를 계획하고 실행하기도 한다. 아동 환자가 수술을 받거나 치료받는 병에 대해 각종 자료나 도구들을 개발하고 설명하며, 또한 수술실과 입원실 등을 아동수술실을 아동 친화적으로 꾸민다. 무엇보다도 병원생활에 대한 두려움이나 스트레스를 줄이고 잘 적응할 수 있게 함으로써 치료를 돕는다.

병원시설에 대해 환자와 환자가족에게 소개하고, 환자와 환자가족에 대해 특별 이벤트나 오락, 활동 등을 기획하고 운영한다. 가족, 간병인 등에게 스트레스 상태에 있는 아동 환자의 특성을 교육시키기도 한다. 이밖에 병원에서 아동이 또래 친구를 만날 수 있도록 지원하거나 질병으로 등교할 수 없는 아동의 학습을 지원한다. 아동과 그 가족에게 병원시설을 안내하고 설명해주기도 한다. 병원아동생활전문가의 주요 업무를 자세히 설명하면 다음과 같다.

- 아동 입원 시 환영해주고 적응하도록 지원
- 진료과정 동안 심리적·정서적 지원
- 검사, 수술, 기타 진료 등에 대해 마음의 준비를 할 수 있도록 지원
- 흥미를 가질 수 있는 놀이 계획 및 실행
- 수술이나 치료받는 병에 대한 설명자료 및 도구 개발
- 또래 친구를 만날 수 있도록 지원
- 아동과 가족에게 병원시설을 소개·설명
- 등교하지 못하는 아동 환자의 학습 지원
- 아동 수술실 등을 아동 친화적으로 장식
- 환자와 환자 가족에 대해 특별 이벤트나 오락, 활동 등을 기획하고 운영 등

3) 현황

가) 해외

미국이나 영국 등의 선진국에서는 아동에 대한 발달 지식과 의료 지식을 활용해 아동환자의 병원생활을 도와주는 전문가가 활동하고 있다. 영국에서 병원아동생활전문가로 활동하려면‘ Healthcare Play Specialism’ 기본 학위를 취득해야 한다. 이는 병원놀이전문가교육회에서 관리하는 자격증으로, 2년 이상의 현장 경험이 필요하고 일정 수준의 수학이나 영어 능력을 갖춰야 한다. 임금수준은 보조(Hospital Play Assistant)의 경우 초임으로 13,000~15,000파운드, 전문가는 18,000~22,000파운드, 매니저급은 평균 연봉 34,500파운드 정도이다. 근무시간은 주말을 포함해 일주일 평균 37.5시간이다.

미국에서는 학사학위 이상의 학력을 요구하며 아동생활 관련 학사와 석사 과정에서 관련 공부를 할 수 있다. 일반 전공자의 경우는 아동 및 가족심리, 아동발달, 재활치료, 초등교육 등을 전공해야 진출할 수 있다. 취업할 때는 Child Life Council에서 제공하는 Certified Child Life Specialist(CCLS) 자격을 통상적으로 요구한다. 미국의 병원아동생활전문가의 평균연령은 31세, 석사학위자가 64%, 자격(Certified Child Life Specialist)을 가지고 있는 사람이 약 98%, 평균임금은 42,720달러(학사 41,334달러, 석사 44,985달러)로 나타났다.

나) 국내

아직까지 우리나라는 미국과 영국 수준의 병원아동생활전문가가 존재하지 않는다. 국내 아동전문병원은 아동 환자가 진료나 치료에 대해 거부감을 덜 느끼기 위해 실내 인테리어를 아동 친화적으로 꾸며놓는 정도이다. 또한 병동의 놀이방에서 장기 입원하고 있는 아동 환자와 숙제를 같이 하거나 놀아주는 활동을 하는 인력이 있지만, 이들은 병원 소속 보건전문가가 아닌 자원봉사자들이 대부분으로, 병원아동생활전문가의 일부 역할들은 주로 간호사나 자원봉사자들의 몫이다. 현재 정부가 신 직업 육성 차원으로 민간시장에 잘 정착할 수 있도록 병원아동생활정문가 양성을 위한 훈련프로그램을 개발하고 있으며, 여성 적합 직종으로도 추천되고 있다. 이에 따라 전문가 양성이 이뤄지면 본격적인 활동을 기대할 수 있을 것으로 보인다.

4) 흥미 및 적성

병원아동생활전문가는 아동의 심리적 스트레스를 비롯해, 아동 환자들이 주로 치료받는 질병과 수술에 대한 지식을 갖추고 있어야 한다. 아동 환자에게 질병이나 수술방법 등을 쉽게 설명하고 이해시켜야 하기 때문에 기본 의료지식을 바탕으로 자료와 도구 등을 개발하는 전문가적 역량도 필요하다. 무엇보다도 아이들의 정서적인 발달과 치료에 도움을 주기 위해서는 무엇보다 아이들을 사랑하는 마음과 따뜻한 관심이 중요하다.

5) 교육과정 및 관련 자격

2015년부터 국가기간·전략산업직종훈련(신직업 특화 훈련과정)으로 훈련프로그램이 개설됨에 따라 상명대 서울산학협력단(상명가족아동상담교육센터)에서 교육을 받을 수 있게 되었다(2015년).

보건의료, 아동심리, 놀이치료 등의 지식이 필요하다는 점에서 간호학, 심리학, 유아교육학, 아동학, 가족학 등을 전공하면 일을 시작하고 수행하는데 유리하다. 또한 병원이나 아동발달센터 등에서 아동환자의 치료나 재활을 경험한 업무 경력이 있으면 입직에 유리하다.

6) 관련 학과 소개

현재 우리나라에서 아동·가족 관련 학과가 설치된 대학은 경희대, 경희대대학원, 계명대 정책대학원, 군산대, 군산대대학원, 대구한의대 보건、복지대학원, 덕성여자대, 동아대 대학원, 백석대 상담대학원, 부산대, 부산대 일반대학원, 상명대 복지상담대학원, 서울대, 서울대 대학원, 선문대 글로컬통합대학원 연세대 대학원, 전북대 대학원, 등이 있으며, 학부과정이 개설된 학교도 있으나 석·박사 과정의 비중이 큰 편이다.

학과 들여다보기 : 상명대 가족복지학과

상명대 가족복지학과는 개인과 가족, 그리고 사회의 전반적 복지향상을 위한 이론과 실제에 대한 전문적인 지식을 습득케 하여 가정과 사회에 직접 봉사할 수 있는 전문인의 양성과, 가족, 아동, 상담 및 복지관련 직업에 종사할 수 있는 실제적인 능력과 인격을 지닌 학생의 배출을 목적으로 하는 학과이다. 가족원의 발달, 역할 및 심리적 관계 등 한국사회의 가족문제를 체계적으로 연구하여 태아에서 노인까지 인간발달의 양상을 과학적으로 탐구하며, 현대사회에서의 아동과 가족의 적응, 이를 통한 삶의 질 향상에 기여할 수 있는 아동·가족 상담 및 교육에 관련된 각종 프로그램을 학습하고 개발하도록 한다. 또한 전반적인 사회복지제도와 영역, 실천방법에 대한 탐색과 이해를 통해 거시적으로 복지를 바라보는 관점을 키워 복지현장에서 직접 활동할 수 있는 전문 인력을 양성하는 것을 목표로 한다.

교과과정

- **전공과정**

	1학기 전공선택	2학기 전공선택
1학년	행복가족론(가족학), 영아발달, 사회복지개론, 자원봉사론	보육학개론, 사회복지실천론
2학년	상담이론, 지역사회복지론, 인간행동과사회환경, 아동과학지도	가족관계, 보육과정, 심리검사, 노인복지론, 사회복지설천기술론, 아동영양학
3학년	가족생활교육론(ICT융복합), 영유아교수방법론, 아동복지, 가족치료, 사회복지조사론, 사례관리	가족복지론, 보육교사론, 아동상담, 사회복지정책론, 프로그램개발과평가(캡스톤디자인), 전공과취업, 건강가정현장실습
4학년	보육실습, 집단상담, 사회복지자료분석론(캡스톤디자인)	언어지도, 사회복지현장실습

7) 전망

미국과 영국 등에서는 해외에서는 현재 대중적인 직업이지만, 아직 우리나라에서는 병원아동생활전문가를 찾기는 어려운 상황이다. 하지만 2014년 노동부에서 시장변화를 반영한 신직종을 발표하면서 병원아동생활전문가 교육이 시작되고 있다.

주로 병원의 소아병동, 아동 발달센터, 아동보호소 등에서 활동하고 있으나 아직 병원아동생활전문가의 역할과 필요성이 명확하지 않아 수요의 한계를 느끼고 있는 상황이다.

업계에서는 아동 환자의 정서적 안정을 돕는 전문가의 필요성을 공감하고 있으나, 병원의 수익창출에 어느 정도 기여할지 추정할 수 없다는 입장이다. 따라서 아직까지는 상황을 지켜봐야 하지만 환자 대상 서비스의 질을 높이는 전략에서 향후 병원아동생활전문가의 대중화는 멀지 않을 것으로 보인다.

참고 도서

- ***어린이병원에서 만난 작은 천사들*** (미야모토 마사후미/한울림)
- ***상우의 무균실 일기*** (이상우/종합출판(EnG))
- ***신에게 보내는 편지*** (에릭 엠마뉴엘 슈미트/열림원)

바. 임신출산육아전문가

1) 개요

한 생명의 탄생은 가족의 구성에서 가장 중요한 사건 중 하나가 된다. 그만큼 많은 준비가 필요하고 체계적인 교육이 요구되는 일이라고 할 수 있다. 그러나 맞벌이 부부가 많아지고 바쁘게 움직여야 하는 현대사회에서 임신과 출산, 육아에 대한 정보를 얻는 일은 생각보다 힘들다. 또한 정보화시대, 인터넷과 각종 매체 등에서 쏟아지는 정보 중 어느 것이 옳은 정보인지, 혹은 나의 상황에 맞는 정보인지 판단하는 것 또한 쉽지 않다. 정부의 각종 관련 지원 정책들을 꼼꼼히 알아보는 일도 중요하다. 옛날에 비해 출산하는 아이의 수는 줄었지만, 챙겨야 할 일들은 엄청나게 많아졌다. 이런 이유로 전문적인 지식과 네트워크를 갖추고 임신·출산·육아에 대한 정확한 정보를 제공해줄 전문가의 도움이 필요하게 되었다. 임신출산육아전문가는 이러한 사회적 필요에서 나온 직업이다.

임신출산육아전문가는 직업명 그대로 임신과 출산, 육아에 대한 전문적인 정보를 제공하고 스케줄을 관리해 주는 직업이다. 임산부들의 입장에서 임신출산육아전문가를 이용하는 것은 여러 모로 편리한 점이 많으며, 무료이기 때문에 큰 호응을 얻고 있다. 특히 시간을 내기 어려운 직장 여성층에서 많이 필요로 한다.

2) 하는 일

임신출산육아전문가는 결혼 후 임신·출산·육아 관련 정보가 필요한 사람들에게 각종 정보와 혜택 등을 제공하고 안내한다. 임신출산육아전문가가 제공하는 정보들은 출산과 양육, 교육의 단계별로 체계적으로 이뤄진다. 임신 중인 예비엄마 고객의 경우 고객의 상황과 요구사항을 파악하고, 태교방법, 임신 중 개월별 정보, 출산용품 체크리스트, 정부에서 마련하는 각종 지원 시책에 대한 정보 등을 제공한다. 출산 시기가 가까워졌을 때는 출산방법 및 원하는 출산방법이 가능한 산부인과 안내, 출산용품 준비 목록제공, 산후조리 방법 및 산후조리원 안내, 분만과 신생아 관리, 모유 수유안내 등을 안내한다.

이 외에 산후 다이어트 관련 자료 제공, 아기 예방 접종표와 이유식 정보, 월령별 아기 발달 정보, 교재·교구 등 육아정보를 제공하고, 필요할 경우 관련 교육을 진행하기도 한다. 출산 후 아이의 백일 및 돌잔치를 지원하고, 관련 업체를 안내해 주는 업무도 한다. 육아 중 정보를 얻을 시간이 없는 부모를 위하여 검증된 정보를 제공하는 것이 가장 중요하다. 전화, SNS, 커뮤니티, 면대면, 행사, 소모임, 교육 등 다양한 방법을 활용하여 고객과 상담하고 조언한다. 임신출산육아전문가가 하는 일을 정리하면 다음과 같다.

- 태교법을 안내하고, 출산용품 체크리스트를 제공.
- 초보엄마들의 일/가정 양립이 순조롭도록 예비 아빠 및 초보아빠 참여도 유도함.
- 임신 중 개월별 정보를 제공.
- 분만 후 모유수유(유방관리) 방법, 산후 운동법을 제공.
- 산후조리원, 산후도우미 등 출산에 필요한 사항을 안내.

- 분만 후 산모신생아건강관리사의 도움을 받을 경우, 엄마와 아이에 대한 정보를 제공하여 1대1 맞춤 서비스가 되도록 조언.
- 아기 예방 접종표, 아기 이유식, 아기 마사지 등초기 육아에 관한 각종 정보를 제공.
- 자주 발생하는 아이 응급상황 대처요령을 교육.
- 어린이집, 유치원 등 육아에 필요한 기관이나 교재 등을 안내.

3) 현황

가) 해외

미국에서도 이 임신출산육아전문가라는 직업이 생긴지 10년 정도 밖에 되지 않았다. 미국의 임신출산육아전문가는 컨설팅을 하게 되면 한 번에 약 10만원 정도의 컨설팅 비용을 받는 전문성과 인지도가 높은 직업이다. 유럽에서 임신출산육아전문가는 임신부터 출산 후까지 100만원 정도에 컨설팅을 해주는 시스템이다.

나) 국내

임신출산육아전문가는 현재 관련 협회 등에 소속돼 활동하고 있다. 전국에 약 100~150명의 임신출산육아전문가가 활동하고 있고, 주 5일, 오전 10시~오후 5시 근무 기준, 약 100만 원의 월급을 받는다. 보통 임신출산육아전문가는 개인을 대상으로 결혼 후 임신과 출산, 육아, 교육 등과 관련한 체계적인 맞춤형 서비스를 제공하는 일을 하는데, 육아 관련 업체, 지역 보건소 등에서 임신출산육아전문가가 제공하는 일부 서비스를 제공하고 있기도 해서 이런 곳에서 활동하는 것도 가능하다. 예를 들어, 분유 관련 기업, 이유식 배달 관련 업체 등에서는 회원을 대상으로 이메일을 통해 아이의 인지 발달 정보, 영양섭취 및 건강정보 등 아이의 성장시기별 정보와 육아전문가 칼럼 등을 제공하고 있고, 지역 보건소 등에서도 아기 마사지 교실, 태교 및 임산부 체조 교실 등 출산준비와 관련한 다양한 수업을 개설하고 있다.

현재 활동하는 임신출산육아전문가는 베이비플래너협회 등 관련 협회의 채용과 교육 등을 통해 진출하는 경우가 많다. 협회 등에서는 28세 이상 40세 이하의 기혼이면서 육아경험이 있는 여성들을 대상으로 예비 임신출산육아전문가를 모집하고 있다.

4) 흥미 및 적성

무엇보다 육아 정보를 얻을 시간이 없는 부모를 위하여 검증된 육아정보를 제공해야 한다. 업무의 특성상 고객과 대화를 많이 하므로 서비스마인드, 사교적이고 적극적인 사람에게 적합하다. 산모 또는 초보엄마와 대화하는 일이 많기 때문에 대인 친화력은 기본이다. 상담에 대한 지식과 기술이 있으면 도움이 된다. 새로운 정보를 습득하고 해당 내용을 쉽고 친절하게 설명해줄 수 있는 의사소통 능력이 중요하다. 또한 아동의 발달, 간호, 의료, 영양 관련 지식을 갖추고 있어야 한다.

간호사, 조산사, 국제모유수유전문가 등의 유사 분야 자격증이 있으면 진입과 업무 수행에 유리하다. 임신출산육아전문가가 되기 위해서 임신/출산/육아에 대한 경험이 필수적이지는 않다. 또, 결혼의 유무도 상관이 없으며 25세 이상에서 45세 이하면 누구나 임신출산육아전문가로서 활동이 가능하다.

5) 교육과정 및 관련 자격

특별히 필요한 전공은 없으나, 아동의 발달, 간호, 의료, 영양 관련 지식이 필요하므로, 대학에서 유아교육학과, 간호학과, 교육학 등을 전공하면 업무를 수행하는 데 도움이 된다.

6) 관련 학과 소개

현재 우리나라에서 간호학과가 설치된 대학으로는 경북대, 경북보건대, 경북전문대, 고려대, 광주보건대, 대구보건대, 대구한의대, 예수대, 원광보건대, 전북대, 전주대, 제주대, 제주한라대, 조선간호대, 조선대, 진주보건대, 춘해보건대 등 보건대학들이 많이 있고 일반 거점대학 혹은 대학병원이 있는 대학은 간호학과가 설치되어 있다. 간호학과는 대학원 과정을 진학하여 석박사 과정을 배우고 오는 경우도 있다.

학과 들여다보기 : 가톨릭대 임상간호대학원 가정간호전공

가톨릭대 임상간호대학원은 임상 간호의 전문성을 필요로 하는 시대적 요구에 부응하기 위하여 2002년 3월에 설립되었으며, 야간에 운영되는 5학기 석사학위과정이다. 가정간호전공의 경우 2005년 보건복지가족부로부터 전문 간호사 교육기관으로 지정을 받았으며 간호실무현장에서 대상자의 건강문제를 과학적이고 체계적인 방법으로 수행하여 양질의 건강서비스 제공할 수 있도록 가정간호의 개념, 가정간호사업의 개요, 조직 및 운영관리, 윤리적 법적 문제, 접근법 및 접근사례와 건강관리전달체계에서의 가정간호사업의 역할과 기능에 대한 기본지식 등을 공부하여 국제적 경쟁력과 지도자적 자질, 역량을 갖춘 전문 간호인을 양성하는 데 그 목표를 두고 있다.

교과과정

	교과목명	
1학기	상급병태생리학 상급약리학 가정간호총론 임상미생물학 및 면역학	호스피스·완화간호 호스피스 전문 간호 실습I 종양간호총론
2학기	상급건강사정및실습 상급가정간호I 가정간호총론 실습 감염관리총론 감염학	임상미생물학실습 호스피스운영관리 사별 가족 관리와 상담 호스피스 전문 간호 실습II 상급종양간호I 종양간호총론 실습
3학기	간호연구 간호통계세미나실습 학위논문세미나 상급가정간호II 상급가정간호 실습I	감염관리각론 보건통계학실습 심리사회·영적간호 호스피스 전문 간호 실습IV 상급종양간호II 상급종양간호 실습I
4학기	간호이론 가정간호사업운영 보건교육 보건교육실습 역학 및 감염감시 부서별감염관리실습	감염감시 및 유행조사 실습 통증 및 증상완화간호 호스피스 전문 간호 실습III 상급종양간호III 종양간호특론 상급종양간호실습II 상급종양간호실습III
5학기	전문 간호사 역할과 정책 상급가정간호실습II 가정간호 사업운영 실습	감염관리실무실습 호스피스 전문간호 실습V 종양간호특론 실습

7) 전망

향후 보건복지부가 보건소 등 공공기관에서 임신출산육아전문가를 채용해 서비스를 제공할 계획이기에 앞으로 임신육아출산 전문가는 공공서비스 분야에서 정착될 것으로 예상된다. 현재 공공영역에서는 '출산준비교육전문가'로 불리는 강사가 보건소를 통해 부분적으로 임신·출산·육아와 관련된 교육과 정보 제공 등이 이뤄지고 있다. 이들 대부분은 대학의 보건학과 교수이거나 조산사, 간호사, 국제모유수유전문가 자격증을 소지하고 있다.

임신출산육아전문가의 경우 보통 개인 고객을 대상으로 결혼 후 임신과 출산, 육아, 교육 등과 관련한 체계적인 맞춤형 서비스를 제공하는 일을 하고 있다. 그러나 비슷한 서비스를 제공하고 있는 분유 관련 기업, 이유식 배달 관련 업체와 같은 육아 관련업체나 지역 보건소 등에서도 활동할 수 있다.

아직까지 체계적으로 임신육아출산전문가라는 직업이 활성화 되어 있지는 않지만 요즘은 결혼 후 가족의 도움 없이 임신부터 육아까지 부부가 전담해야 하는 경우가 많기 때문에 서비스 이용 수요는 꾸준히 있을 것으로 보인다.

관련 협회에 소속되어 활동할 경우, 정규직 풀타임으로 일하지만 근무시간이 오전 10시부터 오후 5시까지이기 때문에 어린 자녀가 있을 경우 육아와 병행이 가능하다. 프리랜서로 활동하는 경우에도 임신출산육아 관련 인터넷 커뮤니티를 운영하고 지역별 친목모임을 구성하여 관련 정보를 교류할 수 있어 시간활용이 자유롭다는 장점이 있다.

임신출산육아전문가 되면 보건소 등 공공기관, 교육기관, 베이비플래닝 서비스 업체 등에서 일할 수 있다.

참고 도서

- *임신 출산 육아 대백과* (삼성출판사 편집부/삼성출판사)
- *유부녀의 탄생 시즌2* (김환타/애니북스)
- *해피 버스 플랜* (박문일/동아일보사)

사. 원격진료코디네이터

1) 개요

원격진료는 상호작용하는 정보통신기술을 이용하여 멀리 떨어진 곳에 있는 사람에게 의료 정보와 의료 서비스를 전달하는 모든 활동을 의미한다. 정보통신기술이 발전함에 따라 장소에 구애받지 않고 네트워크에 연결할 수 있는 유비쿼터스 환경이 갖추어지고, 각종 신기술 의료기기가 개발 보급되고 있어 병원에 직접 가지 않고도 진단과 처방을 받을 수 있는 원격진료가 가능해졌다.

원격의료 서비스는 병원에 직접 가지 않고 진단이나 처방을 받을 수 있어야 하므로, 환자와 의사를 연결해 줄 중간자 역할이 필요하다. 원격진료코디네이터는 원격의료 서비스에서 환자와 의사를 연결하는 역할을 맡는 직무이다. 원격진료가 상용화될 경우 의료기관 방문이 어려운 노인이나 장애인의 의료접근성을 높일 수 있으며, 고혈압, 당뇨 등 만성질환자를 상시적으로 관리하여 치료 효과를 높일 수 있을 것으로 기대된다.

2) 하는 일

원격진료 코디네이터는 원격의료 기구 및 해당 소프트웨어를 작동하고 원격의료 서비스의 기획, 조정, 지원 및 의료정보 분석·제공 등 효율적 원격의료 서비스를 지원하는 전문가다. 주요직무로는 원격 의료 서비스 고개 요청 응대와 교육 및 상담, 원격의료 상담, 서비스 매칭 및 데이터 수집/분석, 의료진 및 전문가 의견 전달하고 지원하는 역할이다. 주로 병원이나 원격진료센터 등에서 근무한다.

원격지 의사와 환자, 현지 의사가 원활한 원격진료를 수행할 수 있도록 조율하는 역할을 수행하며, 데이터의 단순 이동부터 분석을 담당하는 인력까지 스펙트럼이 다양하다.

- 원격의료 서비스 고객 요청 대응, 교육 및 상담
- 원격의료 상담 서비스 매칭 및 데이터 수집 분석 자료 제공
- 의료진 및 전문가 의견 전달 및 지원

3) 현황

가) 해외

독일의 경우 미국의 원격진료코디네이터와 유사한 업무를 수행하는 원격진료 조수(Telemedizinischer Assistent)가 있다. 환자기록의 전자화, 데이터 전송 등 기술적 부분을 관리하는 역할로, 2년간의 직업훈련을 받아야 한다. 원격진료에 대한 독일정부의 지원은 10여 년 전부터 시작됐으나, 활성화되지 못하고 있다. 독일 내에서도 의사와 환자의 원격진료는 허용되지 않고 있으며, 원격진료기기를 통한 원격 진료시 반드시 현지 의사가 동석해야 한다. 원격진료를 통한 진단은 허가되지 않고 있다.

미국은 넓은 국토에 비해 의료진이 많지 않아 인구밀도가 낮은 지역을 중심으로 원격진료가 도입됐다. 미국은 연방정부, 주정부, 보훈처 등의 지원으로 원격의료가 활성화되고 있으며, 의료 인력이 부족한 농촌지역을 중심으로 적극 추진되고 있다. 원격진료 인력으로는 원격방사선진단사, 원격진료프로그램매니저, 원격의료행정가, 원격의료엔지니어 등 원격진료와 관련된 직무가 있다. 해당 인력에 대한 국가공인자격증은 없으나, 주별로 원격진료 면허와 원격방사선 면허를 제공하기도 한다.

캐나다는 1994년 원격의료에 대한 공식적 논의를 시작했다. 초고속 보건정보망사무국은 통합의료공급자솔루션, 개인건강정보보호, 보상제도 등의 내용이 포함된 원격의료 정책을 개발했다. 국가적인 차원에서 원격의료를 적극 추진 중이며, 14개 지역에서 원격의료 시범사업을 수행하고 있다.

나) 국내

우리나라 원격진료는 1988년 시범사업을 시작했으며, 2002년 의료법 개정을 통해 의료인, 의료기관 간 원격의료는 허용됐다. 현재는 정부 주도 아래 농어촌지역의 당뇨나 고혈압 등 만성질환관리, 교도시설 등 특수한 경우에 대해 시범사업이 진행 중이다. 하지만 사업개시 이래 시범사업만 진행되고 있다.

4) 흥미 및 적성

의학전반에 지식, 상담능력, 의사소통능력, 대인관계능력, 문제해결능력, 직업윤리를 지킬 수 있는 능력을 갖추어야 한다. 또한 타인에게 관심이 많고 세심하고 배려심 있는 사람에게 적합한 직업이다. 다양한 사람과 다양한 의료 상황에 노출되므로 스트레스 감내성 및 자기제어가 가능한 성격이 유리하다.

5) 교육과정 및 관련 자격

원격지료코디네이터이 되기 위해서 꼭 전공해야 하는 전공이 있는 것은 아니다. 다만 일반 병원에서 근무하는 의료코디네이터와 크게 다르지 않으므로 의료코디네이터와 IT분야의 능력을 키우면 업무 수행에 도움이 될 것이다. 이 직업과 관련 있는 전공과목으로는 간호학, 의료, 운동생리학 등 기본적으로 의학, 보건, 운동과 관련된 학문을 들 수 있다. 그 밖에 정보통신 및 미디어, 커뮤티케이션 관련 지식을 쌓는 것도 도움이 된다.

6) 관련 학과 소개

현재 우리나라에서 의료공학 학과가 설치된 대학으로는 가톨릭관동대, 가톨릭관동대일반대학원, 고려대 세종캠퍼스 의용과학대학원, 건양대, 구한의대, 동주대, 순천향대 건강과학대학원, 순천향대 대학원, 연세대(원주), 춘해보건대, 충북대, 한양대 의생명공학전문대학원, 등이 있다.

학과 들여다보기 : 동주대 의료공학과

수명연장과 삶의 질의 향상으로 고귀한 생명본질을 이해하고 인체의 정확한 진단, 치료와 재활을 돕기 위해 첨단의료장비, 생체계측, 생체진단기기, 의용생체재료 및 각종 의료진단, 영상정보, 분석기술에 대한 요구가 증대되고 있으며, 의료기관, 복지재단, 재활기관, 보건소, 미용건강, 관리센터 등 각종 의료복지 관리기관에서는 의료장비와 재활기기의 비중이 점점 커지고 있다. 또한 일상생활에 손상 또는 불편을 소유한 모든 계층의 복지를 구현하기 위하여 재활기구, 보조기구, 치료기기 등의 설계 및 제작에 필요한 제반 기술을 다루는 학문분야로서 급격한 산업화와 고령화 사회로 접어들어 이에 대한 수요도 폭발적인 증가세를 보이고 있다. 따라서 인체의 진단, 계측, 재활을 위한 의료장비와 재활시스템을 효율적으로 운영하고 관리 할 수 있는 의료재활 전문 인력을 양성한다.

교과과정

- **교양과정**

	1학기		2학기	
	교양필수	교양기초	교양필수	교양기초
1학년	교양영어	대학생활과진로코칭1	교양중국어	대학생활과진로코칭2
2학년	미술의감상		창업과 경영	

- **전공과정**

	1학기	2학기
1학년	병원서비스코디네이터, 보조의지학, 의공정보학, 의공학개론과실습, 의료안전법규, 인체생리학	공중보건학, 의료정보관리사특강1, 의용전자실무, 의학용어, 자기공명영상학, 창업의이해
2학년	의료기기제작실습, 의료정보관리사특강2, 의용계측실무, 인체해부학, 임상병리기기실무, 혈관조영중재적영상학	방사선이론, 병원행정실무, 의료영상신호처리실습1, 일반화학, 재활기기학실무, 치료기기학실무
3학년	방사선기기학실습, 의료영상신호처리실습2, 의용재료및실습, 의용초음파실무, 의용DBMS실무, 임사의공학1	병원정보관리시스템, 생체역학실습, 인간공학, 임상의공학2, 조직공학개론, 투시조영영상학, 현장실습

7) 전망

원격진료의 세계 시장규모가 2005년 48억 달러에서 2012년 121억 달러로 크게 증가했다. 앞으로도 지속적인 확장세를 보일 것으로 전망됨에 따라 원격진료 활성화에 따른 일자리 창출도 가능할 것으로 보인다. 조만간 다가올 고령화 사회, 초고령화 사회에서는 거동이 불편해 원격진료를 필요로 하는 사람들이 많아질 것으로 보여 일자리 수는 계속 증가할 것으로 보인다. 필요한 전문지식의 수준이 그다지 높지 않기 때문에 소득은 평균 정도로 예상된다.

그러나 이 직업이 정식으로 인정받기 위해서는 원격진료를 허용하는 의료법 개정이 선행돼야 한다. 원격진료를 허용하는 의료법 개정은 의사협회와 병원 등 이해 관계자의 거센 충돌이 예상된다. 따라서 원격진료 도입에 반대하는 이해관계자들을 설득시켜 원격진료 허용 의료법을 통과시키는 것이 관건으로 보인다.

고령화 사회 등 의료 접근성 격차로 인한 원격진료의 필요성 대두되고 ICT 분야와 의료산업의 융합을 통한 원격의료 기술이 발달하면서 원격진료 코디네이터가 각광받을 것으로 예상된다.

참고 도서

- ***청진기가 사라진 이후*** (에릭 토폴/청년의사)
- ***의료, 4차 산업혁명을 만나다*** (김치원/클라우드나인)
- ***원격의료와 지역사회*** (노기영,권명순,박동진/한림대출판부)

아. 유전체분석가

1) 개요

유전체 분석가는 생물체 내의 DNA와 유전자, 염색체를 포괄하는 유전체 데이터를 가공해 유의미한 정보를 만들어내는 일을 한다. 유전체분석가는 유전자의 변이를 확인하는 것부터, 잘 연구되지 않은 생물의 표준 유전체 작성까지 다양한 일을 한다.

2) 하는일

유전체분석가는 인간이나 동물의 유전체 빅데이터 분석을 통해 질병 예방, 환자 맞춤형 의약품과 의료서비스를 개발하는 일을 한다. 유전체 관련 업무는 크게 유전체 해독, 유전체 분석, 유전체 해석으로 나눌 수 있다. 유전체 해석은 유전체와 관련한 각종 정보와 유전자 종류, 기능, 구조, 개수 등의 데이터를 확인하는 것으로 유전체가 지니는 원래의 로우데이터(Raw data)의 성질을 밝혀내는 것이다. 유전체 분석은 각종 데이터를 비교 분석해 특정 유전자에 대한 분석뿐만 아니라 유전자 간의 상호작용, 그리고 환경적 특성과 질병의 관련성을 밝혀낸다. 이를 위해 데이터마이닝이나 각종 통계 프로그램을 통해 유전자 정보 데이터를 분석하고 비교한다. 유전자 정보의 총합을 흔히 '게놈(Genome)'이라 하는데 유전체 분석은 단순한 유전적 결함을 분석하는 데 그치는 것이 아니라 유전체 간의 상호작용 같은 보다 종합적이고 광범위한 분석을 실시하는 것이 목적이다. 유전체 해독은 해독과 분석 결과를 바탕으로 삼아 질병과의 연관성을 밝히는 것으로 현재는 의사가 주로 담당한다. 유전체분석 결과와 환자의 증상에 따라 해석이 상이할 수 있기 때문에 방대하게 축적된 데이터와 의학적 지식에 기반해 해석하고 관련 치료법을 제시한다.

3) 현황

가) 해외

중국이나 영국은 별도의 유전체 분석 시장의 규제 항목이 없다. 미국은 약 30개의 항목으로 제한하고 있어서 국내와 유사하나 유방암과 같은 중대 질환은 유전체 분석 검사가 가능하다. 미국은 100달러로 자신의 유전체분석 서비스를 받을 수 있는 기기(노바섹)가 출시되는 사례를 통해 알 수 있듯이 유전자 검사가 대중화된 편이다. 최근 미국에서는 암을 비롯해 여러 질병을 진단하기 위한 목적뿐만 아니라 일상생활과 연계하는 서비스도 활성화된 편인데, 조상찾기를 위해 유전자 검사를 하는 사람이 많다.

나) 국내

국내의 유전체 분석 산업은 시장 진입 단계 수준으로 병원, 연구소, 민간 검사 센터를 이용하면 유전체 검사가 가능하다. 국내에서는 '생명윤리법' 제50조 제3항에 따라 2016년부터 병원 같은 의료 기관을 거치지 않고 소비자가 직접 유전체 검사기관에 의뢰해 실시할 수 있는 체질량 지수, 중성지방 농도, 콜레스테롤, 색소침착, 탈모, 혈당, 카페인 대사, 비타민C 농도, 피부 탄력, 피부 노화, 모발 굵기의 12개 항목으로 46개의 유전자에 제한돼있다. 국내 유전체 분석 서비스는 질병 예측성 검사와 피부 노화, 탈모 등과 관련한 특성을 분석하는 헬스, 뷰티케어 검사로 구분된다.

4) 흥미 및 적성

유전체 분석가에게 요구되는 능력은 여러 가지가 있겠지만, 기본적으로 유전체 데이터를 유의미한 정보로 가공할 수 있는 코딩기술이 필요하다. 또한, 유전체 분석에 필요한 방법을 개발하고 분석된 정보를 해석·응용하기 위한 생물학·통계학적 지식을 갖추어야 한다. 마지막으로 분석 중 발생하는 오류를 찾아내어 해결하는 능력이 요구된다.

5) 교육과정 및 관련 자격

한국바이오협회에서는 유전체 빅데이터 분석사 양성을 위해 산업통상자원부의 지원하에 유전체 빅데이터 분석 예비전문가 과정을 진행하고 있다. 현재 2021년 9기 까지 모집을 완료하였으며 모집대상은 유전체 분석 유관기업에 취업을 준비하는 대학 및 대학원 졸업자이며 10주간 교육을 진행한다. 교육은 운영체제 및 개론, 분석용 프로그래밍, NGS 데이터 분석, 실무 프로젝트 및 종합 평가, 유전체 분석 기업 소개, 실무 현장교육으로 이루어져 있으며 분석용 프로그래밍의 경우 R 또는 파이썬을 사용한다.

6) 관련 학과 소개

유전체 분석가와 관련된 학과로는 컴퓨터공학, 생물학, 통계학이 있다. 특히 유전체에 대한 이해가 필요하기 때문에 생물학 관련 계통의 학과를 전공하고 프로그래밍에 관심이 있는 경우 유전체 분석가에 도전해보는 것을 추천한다.

학과 들여다보기 : 서울대학교 협동과정 농생명유전체학전공

협동과정 농생명유전체학전공은 2012년 협동과정 '농업생물공학전공'에서 '농생명유전체학전공'으로 명칭 변경 후 발전시켜 왔다. 농생명유전체학전공은 기후변화와 식량문제를 해결하기 위한 첨단 기술 개발의 기반이 될 수 있는 동물, 식물, 미생물의 유전체 분석 연구를 통합적으로 다루는 교과과정으로 다양한 생물체의 유전체 정보를 체계적이고 효율적으로 분석하며, 이를 적극적으로 활용할 수 있는 교육 및 연구 프로그램을 제공하여 미래의 IT, BT 융합 학문과 산업을 이끌어갈 전문 인력 양성의 선도적 역할을 목표로 설립되었다.

교과과정

교과목		
농업생명유전체학세미나, 농생명유전체학콜로퀴엄, 농생명유전체화학특론	농업분자시스템생물학, 진핵미생물유전체학, 농생명유전체정보분석실습	농생명후성유전체학특론, 식물소기관 유전체학

7) 전망

유전체 분석은 현재 기초연구분야 뿐만 아니라 헬스케어 분야에서도 역할을 하고 있다. 최근에는 소비자 직접의뢰 시장이 점점 확대되고, 규제 샌드박스 등을 통한 규제완화가 본격화 되면서, 유전체 분석가를 필요로 하는 곳이 많아지고 있다. 특히 유전체 분석은 모든 생물학 연구에 기초가 되는 연구인만큼, 헬스케어 분야뿐만 아니라, 의료, 제약, 화장품, 농업, 식품 등 다양한 곳에서 활용되고 있어, 이러한 현상을 볼 때 앞으로 더욱 많은 유전체 분석가들이 필요할 것으로 전망된다.

참고 도서
● ***생명과학을 위한 딥러닝*** (바라스 람순다르, 피터 이스트먼 외 2인/에이콘출판)
● ***유전체, 다가온 미래 의학*** (김경철/메디게이트뉴스)

05

주택·건축

5. 주택·건축

가. 녹색건축전문가

1) 개요

녹색건축이란 자연과 환경을 최소로 이용하면서 인간에게 가장 쾌적하고 건강친화적인 건축물을 뜻한다. 인간과 자연에 이로울 뿐만 아니라 인증을 받을 경우 재산세 감면 등 현실적인 인센티브가 있는 만큼 최근 녹색건축에 대한 관심이 증가하고 있다. 녹색건축전문가는 녹색건축이 현실화 될 수 있도록 설계와 시공 단계에서 녹색건축 관련 컨설팅을 시행하며, 녹지 등 생태공간을 조성하고, 녹색건축 인증기준에 적합한 건축물을 설계·시공하는 설계자 또는 엔지니어를 말한다. 날이 갈수록 환경 이슈가 대두되는 추세인 만큼 그 중요성이 커지게 될 것으로 전망된다.

2) 하는 일

녹색건축전문가는 건축물이 녹색건축 인증기준에 적합하도록 설계·시공 안을 계획하고 검토하며, 건축물의 물리적 환경성능을 향상시키기 위한 기술 및 컨설팅을 수행하는 건축가 또는 관련 엔지니어를 말한다. 이들은 생태 공간을 조성하고, 친환경 자재를 사용하며 에너지 효율을 높이는 등을 친환경적인 전문지식 및 건축에너지에 대한 이해를 바탕으로 녹색건축 인증기준 등 친환경 지식을 활용해 녹색건축물을 짓는다. 에너지와 자원의 절약 여부, 오염물질 감소 방안, 주변 환경과의 조화 등을 확인하고 평가하여 계획, 설계, 시공에 반영하기도 한다. 그 외에 건축물의 친환경성을 평가·인증하고, 컨설팅을 제공하는 경우도 있다.

3) 현황

가) 해외

여러 선진국가에서는 이미 녹색건축 인증 제도를 실시하고 있는데, 영국 브리암(BREEAM), 미국 리드(LEED), 일본 카스비(CASBEE), 호주 그린스타(Green Star) 등이 대표적인 예이다. 또한 영국을 비롯해 미국, 캐나다, 일본 등에서는 에너지평가사 제도를 개발하여 운영하고 있다. 영국은 녹색건축 인증에 필요한 전문가를 양성하기 위해 정교한 건축물 에너지평가사 제도를 운영하고 있다. 영국의 경우, 건축물 에너지효율화 기준을 통해 에너지평가사의 인가, 보호관리, 에너지 효율인증 관련 사항들이 규정되어 있다. 영국의 그린빌딩인증전문가는 자영업 형태로 근무하거나 부동산 에이전트, 친환경건축 회사 등에서 활동한다. 수입은 부동산 경기나 근무하는 지역에 따라 다르다.

나) 국내

정부에서는 녹색건축을 확산시키기 위해서 다양한 제도를 도입해 시행하고 있다. 2013년 시행된 녹색건축물 조성지원법은 이러한 노력의 일환으로, 공공주택 1천 세대 이상을 짓거나 연면적 3천m2 이상의 공공건축물을 지을 때는 녹색건축 인증제 적용에 필요한 전문 인력이 반드시 참여해야 한다. 또한 2015년부터는 건축물 에너지평가사 자격이 국가공인자격이 되었으며, 향후 녹색건축전문가 자격 신설도 추진되고 있다는 점도 이 직업의 전망을 밝게 하고 있다.

4) 흥미 및 적성

녹색건축전문가가 되기 위해서는 건축설계 관련 지식과 기술을 바탕으로 환경에 대한 관심과 애정이 필요하며, 녹색건축 인증제도와 같은 관련 제도나 법에 대한 지식을 갖추어야 한다. 기본적으로 친환경과 에너지에 대한 깊은 관심과 지식을 가지고 있어야 한다. 또한 컴퓨터를 이용하여 일조와 같은 빛 환경, 바람길, 풍량, 열 환경 등의 환경 분석이나 에너지를 분석, 평가하는 일에 익숙해야 하고 건축물을 대상으로 에너지와 자원이 얼마나 절약되는지, 오염물질은 얼마나 감소하는지 등을 시뮬레이션하고 평가해 적용하려면 관련 프로그램을 다루는 등 컴퓨터 활용능력도 중요하다. 그 외에 끈기가 있어야 하며, 끊임없이 공부하고 발전해 나가는 자세가 필요하다.

5) 교육과정 및 관련 자격

녹색건축전문가와 관련된 자격으로는 관련 자격으로는 건축물 에너지평가사가 있다. 이는 건축물의 에너지효율등급을 평가하고 에너지절약계획을 세우기 위한 역량을 평가하기 위한 자격증이다. 그 외 녹색건축전문가 국가자격 또는 국가공인 민간자격 신설이 논의될 계획이다.

녹색건축전문가는 건축전문가로써의 능력은 물론이고, 환경에 대한 전문지식도 가지고 있어야 한다. 따라서 건축학과, 건축공학과, 도시계획학과, 도시개발경영학과, 조경학과, 건축설비학과 등 건축/도시/조경학에 관련된 학과가 유리하다. 높은 수준의 전문지식이 요구되는 편이어서 대학 및 대학원에서 전문지식을 공부하는 것이 좋다. 녹색건축 인증기준과 같은 친환경 지식을 건축에 접목해야 하기 때문에 친환경 지식도 갖추어야 한다. 그 후 관련된 업계나 기관에서 최소 5년 이상의 실무 경력을 충분히 쌓아야 한다.

6) 관련 학과 소개

현재 우리나라에서 건축학과가 개설된 대는 매우 많다. 우리가 알고 있는 대부분의 학교가 건축학과가 개설되어 있다. 건축학과는 공과대학으로 분류가 되고 있어 없는 학교가 없다고 할 정도로 많은 학교에 건축학과가 개설되어 있다. 학사과정으로 개설되어 있으며, 5년제를 운영하는 학교도 있다.

학과 들여다보기 : 경복대 친환경건축과

친환경 건축분야는 정부의 신성장 동력산업 중 하나인 저탄소 녹색성장 정책과 친환경 건축물(Green Building)에 대한 지속적인 투자 및 보급에 따라 이 분야에 대한 인력 수요도 증가 할 전망이다. 경복대 친환경건축과는 이러한 배경으로 친환경건축에 건설관리정보 교육을 더하여 산업체가 요구하는 친환경건축물 구현을 위한 '친환경 건축정보 전문가'를 양성하고자 개설하였다. 녹색성장 및 정보화 추세에 따라 친환경 건축물(Green Building)

프로젝트를 완성하는데 필요한 기술적 정보관리(Building Information Modeling) 및 건설 경영 관리(Cons truction Management)업무를 수행하는 미래지향적 친환경 건축정보관리 인재를 양성하는 것이 목표이다. 경복대 친환경건축과는 2년제로서 2년간 학부과정을 거친 후 2년간 학사학위전공심화과정인 4년제 학사학위 전공심화과정을 실시하고 있다.

교과과정

- **교양과정(학부)**

	1학기		2학기	
	교양필수	교양선택	교양필수	교양선택
1학년	기업가정신과창업, 영어1, 의사소통능력	대학수학	3D프린팅과창업, 영어2, 기술능력	컴퓨터활용능력
2학년	영어3			

- **전공과정(학부)**

	1학기	2학기
	전공필수	전공필수
1학년	건축CAD기초, 고객관리, 프로젝트파악및자료조사, 하중검토, 현장착공관리, 친환경건축기술	건축CAD응용, 부재설계, 설계적정성검토, 업무관리및도서작성, 친환경건축설비, 현장자원관리
2학년	경제성검토, 계약관리, 구조계획, 기초현장실습, 실행예산관리, 하도급관리	골조해석, 공사원가관리, 심화현장실습, 종합검토, 하자관리, 현장준공관리

위의 과정을 통해서 학부 과정을 거치고 나면 학사학위 심화과정으로 3학년과 4학년 과정이 있다.

- **학사학위전공심화과정**

3학년	4학년
친환경리모델링, 건축품질관리실무, 건축구조해석, 친환경구조시스템, 건축시공기술, 건축적산실무, 강구조실무, 철근콘크리트실무, 친환경설비응용	건축도면작성, 건축공정관리실무, 건축구조실무, 구조물안전진단, 친환경건축물인증, 건축공학프로젝트, 친환경실무프로젝트, 건축현장관리실무, 건축공법실무, 건축실무기본

7) 전망

친환경건축물에 대한 정부의 지원 대책이 커짐에 따라 녹색건축전문가의 전망은 매우 밝다고 볼 수 있다. 정부에서는 에너지를 절감하고 친환경적인 건축물을 확산하기 위해 건물에서 배출되는 온실가스 배출을 감축하는 등 다양한 제도를 도입해 시행하고 있다. 국토교통부를 중심으로 지속적으로 녹색건축전문가 인력양성을 위한 노력을 추진하고 있으며, 관련 자격인 건축물 에너지평가사 자격을 국가자격으로 전환하고, 향후 녹색건축전문가 자격 신설을 준비하고 있는 점도 이 직업의 전망을 밝게 하고 있다. 녹색건축전문가가 되면 녹색건축 전문기업, 녹색건축 인증기관 등에서 활동할 수 있다.

참고 도서

- ***착한건축*** (니와 히데하루/인큐브)
- ***녹색건축 깊이읽기*** (박기범/기문당)
- ***친환경건축설계*** (프란시스 D.K.칭, Ian M. Shapiro/스페이스타임)

나. 도시재생 전문가

1) 개요

도시 재생이란 도시 확장과 도심 공동화 현상을 극복하고, 도시경제 회복을 통한 경쟁력을 확보하는 것을 말한다. 재건축, 재개발과는 다른 개념으로 도시의 역사성과 문화성을 보존하면서 기존 주민들의 삶의 터전을 보호하고 생활편의와 도시미관을 동시에 개선하는 것이다. 도시재생전문가는 이러한 도시재생의 전문가로, 그 직능은 주민과 밀접한 관계가 있는 역할과 지역 활동을 기반으로 하는 역할로 분류 할 수 있다. 도시재생관련 계획의 사업 추진과 주민과 밀접한 관계를 형성하고 이를 통해서 주민의 의견조정과 주민참여 활성화 및 지원 등을 수행하는 등의 역할을 맡는다.

2) 하는 일

도시재생전문가는 도시 개발에 앞서 대상 지역을 탐방하여 그 지역의 역사적, 문화적 특색과 기능, 기존 인프라 등 도시 개발에 필요한 정보를 조사한 후, 지역의 여론을 반영하여 그 지역의 문제를 해결하고 이미지와 정체성을 공고히 할 수 있는 도시재생 전략을 수립하는 직능을 수행한다. 또한 도시 재구성 과정에서 생길 수 있는 의견대립과 이해상충을 조율하고 전략적인 도시재생 사업 방안을 컨설팅 한다. 도시재생 대상 지역에 필요한 건물, 도로, 복지시설, 문화시설 등 각종 인프라 시설을 구축할 계획을 세우기도 한다.

도시재생전문가는 전문컨설턴트로서 상담을 제공하는 직능과 함께 공적인 직능을 함께 수행한다. 공적인 기능에는 공간 및 콘텐츠를 위탁받아 운영하는 것과, 인력 알선, 공간·프로그램의 위탁운영 등이 있다.

3) 현황

가) 해외

해외에서 도시재생전문가는 가까운 일본의 경우 국가자격보다는 민간자격으로 지자체나 협회·학회에서 교육 이수 형으로 운영하고 있다. 일본이외의 다른 나라에서도 도시재생전문 엔지니어링 회사나 컨설팅 회사, 정비사업 전문 관리업 회사 등 민간 회사에서 근무하는 경우가 많고, 지자체의 도시재생 관련 부서 등 공공기관에서 근무하는 경우도 일부 있다. 이들을 양성하는 별도의 교육과정은 없으며, 대부분 대학에서 도시계획학, 도시행정학, 조경학, 건축학, 경영학(마케팅), 사회학 등을 전공한 사람들이 많았다. 영국의 경우 민간업체에서 일하는 도시재생전문가의 연봉은 18,000~22,000파운드 정도이며, 정부기관에서 일하는 경우에는 이보다 낮은 편이다.

나) 국내

우리나라 도시재생의 대표적 사례는 전주시 한옥마을 조성 사업, 대전시 무지개 프로젝트, 서울 종로구 이화마을의 사례, 부산시 행복마을 만들기 사업, 통영 동피랑 벽화마을 등이 있다. 원래 인구 공동화가 심하게 진행되었던 이들은 매년 수많은 관광객이 몰리는 등 성공적인 도시재생의 사례이다. 이러한 도시재생 사업이 국내 여기저기에서 추진되고 있는 만큼 도시재생전문가의 역할은 앞으로도 확대될 것으로 기대된다.

4) 흥미 및 적성

도시재생전문가는 거시적인 안목과 분석적인 사고능력, 공간지각력, 그리고 사물의 특성을 잘 파악하는 능력을 갖추고 있어야 한다. 장기적인 안목을 갖고 새로운 문화트렌드를 비롯하여 자연 환경과 인문 환경 모두에 대한 풍부한 지식과 관심을 갖추고 있어야 하며, 여러 분야의 사람들과 함께 일해야 하므로 협동심과 자기통제력, 원만한 대인관계 능력을 가지고 있으면 좋다. 또한 다양한 상황에 대응할 수 있는 풍부한 현장실무 경험을 가지고 있으면 유리하다.

5) 교육과정 및 관련 자격

국내 도시재생과 관련한 자격현황은 크게 국가기술자격, 국가전문자격, 공인민간자격, 민간등록자격으로 나눌 수 있다. 국가기술자격으로는 건축기사, 도시계획기사, 도시계획기술사가 있다. 국가전문자격으로는 건축사, 주택관리사보, 사회복지사가 있는데 현재 약 6만 명 이상의 사회복지사가 활동하고 있다. 공인민간자격 중 도시재생과 관련된 자격으로는 농어촌개발컨설턴트 자격이 있다. 그 외에 민간등록자격으로 주거복지사, 주거환경사, 문화복지사 등의 자격이 있다. 도시재생전문가가 되기 위해서 특별히 이수해야 하는 교육과정이 있는 것은 아니다. 관련 전공으로 도시공학과, 도시지역계획학과, 도시환경학과, 도시계획과, 지역개발학과, 교통공학과, 건설도시공학과, 도시정보공학과, 도시계획공학과 등이 있으며, 그 외에 조경학, 건축학, 경영학(마케팅), 사회학 등을 전공하면 유리하다.

6) 관련 학과 소개

현재 우리나라에서 도시 관련 학과가 설치된 대학으로는 가천대, 건국대, 경남과학기술대, 고려대, 과학기술연합대학원대, 대전과학기술대, 목포대, 부산대, 서울과학기술대, 서울대, 서울시립대, 서울여자대, 성균관대, 인하대, 전남대, 전북대, 제주국제대, 홍익대 등 과학기술대학들이 주로 있다..

학과 들여다보기 : 서울시립대 도시공학과

서울시립대 도시공학과는 '도시과학대학'이라는 특성화된 단과대에 속한 학과로써 도시의 경제, 사회, 역사, 지리, 철학, 행정, 건축 및 조경 등 기타 다양한 학문 분야와 연계하고 도시의 다양한 부분에 대하여 공부하는 학과이다. 도시공학과에서는 이론교육을 바탕으로 현장성과 실천성을 높일 수 있는 계획 및 설계 교육을 하며, 현대도시의 다양한 문제, 즉 국토 및 도시개발 문제, 주택문제, 토지이용문제, 교통문제, 환경문제, 부동산문제 등을 해결하기 위한 학문과 기술, 방법을 익히고 종합 응용하여 도시민의 삶의 질 향상과 지속가능한 도시개발에 기여할 수 있는 전문가를 양성하는 데 목적을 두고 있다. 도시답사, 도시사진영상미디어전, 도시과학 공동작품전 등 특색있는 프로그램을 진행하고 있다.

교과과정

- **전공과정**

	1학기		2학기	
	전공필수	전공선택	전공필수	전공선택
1학년	학업설계상담1	도시계획 커뮤니케이션, 도시디자안기초1	학업설계상담2, 도시계획론, 도시디자인의기초2	
2학년	도시건축디자인 스튜디오	도시환경문제의이해, GIS와도시공가분석, 도시분석및통계, 도시설계원론	단지계획 스튜디오	도시계획사, 도시계량분석, 도시환경계획, 도시계획가를 위한 경제학, 도시과학의이해
3학년		도시및지역경제, 중심지설계스튜디오, 기후변화와도시정책, 도시및경제지리분석, 도시토지이용기획영영	도시교통계획, 마을만들기 스튜디오	노시만늘기와문화, 도시재생및개발, 역사환경및개발, 역사환경보전도시 계획, 부동산개론
4학년	졸업설계및논문	국토및지역계획, 주택시장및부동산분석, 도시계획실습, 도시종합설계	졸업설계및논문	세계도시개발, 미래도시공간계획

7) 전망

도시개발의 형태가 기존 하드웨어 위주에서 문화콘텐츠 위주의 소프트웨어 중심으로 전환되면서 향후 도시재생 관련 시장도 확대될 것으로 보인다. 특히 전국 곳곳에서 전면적인 재개발이나 신도시 개발이 이루어지기 보다는 도시재생 사업이 주로 이루어지고 있는 만큼 도시재생전문가의 역할이 주목받을 것으로 보인다. 도시재생 사업형태도 주거환경 개선이 주목적인 근린재생형과 도시경쟁력 강화에 초점을 둔 경제기반형 등 사업형태가 다양해지는 추세이다.

앞으로 국토교통부는 도시재생전문가 표준 교육프로그램을 개발해 보급하고, 지방연구원과 대학 등을 거점교육기관으로 선정해 전문 인력을 양성할 계획이다. 또한 도시재생전문가 자격제도 또는 인증 제도를 신설하는 것에 대해서도 검토할 계획이다. 이에 따라 이 분야 전문가가 육성되면 쇠퇴한 도시의 기능이 회복되고 지역경제 활성화와 일자리 창출을 기대할 수 있을 것으로 보인다.

참고 도서

- ***그들이 허문 것이 담장뿐이었을까*** (김은희, 김경민 /한울)
- ***역사와 문화를 활용한 도시재생 이야기*** (도시재생사업단/한울)
- ***뉴욕열전*** (이와사부로 코소/갈무리)

다. BIM 디자이너

1) 개요

건축 산업은 자산은 물론 수많은 이들의 안전과도 직결되는 만큼 꼼꼼한 관리가 필요하다. 최근에는 과학의 발달에 힘입어 건축 과정도 모든 정보를 3차원으로 구현해 시뮬레이션을 통한 관리가 이루어지고 있다.

BIM디자이너는 BIM설계사라고 불리기도 한다. 건축물의 설계·시공·유지관리 단계에서 BIM(Building Information Modeling)을 적용해 안전하고 친환경적이며 효율적인 시설물을 구현하는 직종을 말한다. 건축물의 설계·시공·유지관리 단계에서 빌딩정보모델링(BIM)을 적용해 안전하고 친환경적이며 효율적인 시설물을 구현한다.

BIM은 건축에 IT 기술을 접목시킨 새로운 방법론을 말한다. 건축물에 발생하는 정보를 통합 관리하는 기술로, 건축 설계를 기존 평면(2D)에서 입체(3D)로 한 차원 높임으로써 건물 설비 교환 주기를 파악할 수 있고, 에너지 소비량이나 단열 성능 등을 효과적으로 관리할 수 있게 해준다. 실제 건물을 땅 위에 짓기 전에 컴퓨터로 미리 지어 공사과정에서 일어날 공종 간의 간섭 및 공사일정에 맞춰 원활한 물량이 공급되도록 사전 시뮬레이션이 실시되기 때문에 시설 공사에 이를 도입하면 설계 과정부터 잘못된 부분을 수정할 수 있다. 결과적으로 설계 변경 요인이 줄어 공기가 단축되고 비용 절감 효과도 크다.

BIM 디자이너는 이런 BIM 프로그램을 적용해 건축물의 설계부터 시공, 유지관리, 폐기에 이르기까지 빌딩의 전 생애주기를 관리하는 역할을 담당한다. 컴퓨터상에 시설물의 모든 정보를 3차원적으로 구현해 실무에 필요한 산출물을 만들고 건축 설계의 프레젠테이션 및 시각화, 간섭 조율, 설계의도에 대한 전체 업무 맡는다.

2) 하는 일

BIM전문가가 하는 업무는 크게 세 가지로 구분할 수 있다. 첫 번째는 사전 설계검토다. 설계과정에서는 3차원 시뮬레이션을 통해 설계의 정합성을 살핀다. 두 번째는 시공성 검토다. 공법에 따른 시공성을 사전에 검토하고 재시공 요인을 제거하기 위해 3차원 BIM에 의한 MOCK-UP(주: 사전 테스트 시공)을 하면서 시공과정에서 일어날 수 있는 문제나 이상 여부를 점검한다. 마지막으로 유지관리 업무가 있다. 건물 생애주기 중 건축재료 및 시설장비 등의 교체시기, 이력관리 등은 BIM을 통해 관리된다. 이때 BIM전문가는 유지관리에 필요한 데이터를 추출해 시설물의 유지관리에 필요한 예산을 세우고, 설계가 변경됐을 때 이력관리에 활용한다. 이러한 데이터는 건축물의 가치를 감정하고 평가하는 데에도 유용하게 쓰인다.

3) 현황

가) 해외

싱가포르에서는 2010년 조사 결과 10% 대에 머물고 있는 BIM 도입률을 2015년 80%까지 끌어 올리겠다는 목표아래 적극적인 장려정책을 펴고 있다. 싱가포르 건설청은 2013년 연면적 2만㎡ 이상 신규건물의 건축 설계용역 및 공사를 BIM 기반으로 납품하는 것을 의무화하고 있으며 2015년부터는 연면적 5000㎡ 이상의 모든 신규건물에 BIM을 의무적으로 적용할 계획이라고 한다.

또한 싱가포르 건설청은 BIM 교육원을 설립해 BIM 디자이너들을 양성하고 있는 상황이며, 전문가 과정은 약 5개월의 기간 동안 프로그램 형식으로 진행된다. 이 과정을 통해 BIM을 적용하기 위한 기술 및 소프트웨어의 사용법, 그리고 BIM 프로젝트를 구현하기 위한 실무 가이드라인 등을 배우게 된다.

선진국에서는 이미 R&D프로젝트에 BIM을 적용하여 얻은 경험을 바탕으로 개방형BIM이 개발되고 있다. 현재 북미, 유럽 등 여러 선진국이 개방형 BIM을 도입하고나 계획 중에 있으며 유럽, 특히 유럽의 북구지역 국가들은 정부차원의 정책적, 제도적 추진을 전개하고 있다. 개방형 BIM의 도입 및 적용을 선도하는 미국은 NBIMS(National BIM Standard) 지침을 개발하여 제정하기도 했다.

이 지침은 이미 여러 R&D 프로젝트들의 수행결과를 토대로 개요, 원리, 방법론을 포함하는 상위 수준의 표준지침으로 발전했다. 개방형 BIM을 전면적으로 채택하고 적용할 계획인 노르웨이는 건축 계획심사에서 개방형 BIM과 GIS 활용, IFD 개발주도, 자동 법규체크 및 개발 영역 승인, 공공발주 개방형 BIM 적용 등 다양한 영역에서 건설정보의 표준화를 추진하고 있다. 아시아에서는 싱가포르를 선두로 중국, 한국, 일본이 이를 발빠르게 도입하고 있다. 해외에서 BIM디자이너는 BIM 전문 업체나 건설회사의 설계실, 건축사사무소 등에서 활동한다. 그 밖에 건축설계사, 구조설계사 등이 설계시에 BIM 소프트웨어를 활용하는 경우도 있다

나) 국내

우리나라의 BIM 분야는 여전히 걸음마 단계이며, 관련 전문 인력도 소수에 불과하다. 현재는 특정 건축물에만 활용되고 있지만, 머지않아 모든 시설물에 BIM이 적용될 수 있고, 수요에 따라 새롭게 등장한 분야인 만큼 기술력을 확보해가면서 발전할 여지가 충분하다.

우리나라의 BIM 도입수준은 2012년 기준으로 2009년의 북미나 2010년의 서유럽보다 높지만, BIM 사용자의 숙련도 등은 이들 지역에 상당히 뒤쳐져 있다. 그러나 우리나라의 BIM 분야는 향후 발전 가능성이 크다. 2012년 조달청이 500억 원 이상의 공공 발주공사에 BIM 의무 적용을 공표한 이후 건설회사의 BIM 도입이 활발해지고 있다. 조달청은 2016년부터 이 방침을 모든 건축공사에 적용할 계획이다.

4) 흥미 및 적성

BIM 디자이너가 되기 위해서는 프로그램만 잘 다루는 것이 아니라, 건축에 대한 지식을 바탕으로 건축기술과 IT 능력을 조화롭게 응용할 수 있어야 한다. 따라서 건축에 대한 전반적인 이해를 기본으로 설계를 할 수 있어야 하며, 시공에 대한 기본 지식과 더불어 시설물 유지관리에 대한 이해가 필요하다. 또한 BIM은 건축과 IT의 융합이므로 IT 기획능력과 프로그래밍 능력이 매우 중요하다. 그 외에 데이터를 분석하는 능력, 그래픽 소프트웨어 활용 능력 역시 필요하다.

BIM은 종합적인 정보를 교류하고 소통하게 하는 기술이므로 종합력과 통찰력이 필요하다. 건설에 대한 이해는 기본이고 평소 건축 모형 조립이나, 컴퓨터 그래픽, 데이터 관리에 관심이 있는 사람에게 적합한 분야이다.

5) 교육과정 및 관련 자격

교육과정으로는 (사)빌딩스마트협회에서 운영하는 'BIM 자격시험 특별 교육과정'과 BIM 자격시험(BIM Technician, BIM Coordinator)'이 있고, 건설기술교육원에서도'BIM 전문 인력 양성과정'을 운영하고 있다. 이외에도 BIM 관련 활동을 하는 개인이나 회사에서 교육과정을 개설하고 있고, BIM 소프트웨어를 가르치는 학원에서 필요한 지식과 기술을 배울 수도 있다.

관련 전공으로는 건축학, 정보처리, 컴퓨터공학 등이 있다. 건축과 IT 분야의 지식이 접목되어야 하므로 건축 관련 분야와 정보처리 또는 컴퓨터 등을 복수전공하면 유리하지만, 건축을 주 전공으로 하여 관련 분야에서 경험을 쌓으면서 IT분야에 대한 지식을 쌓아도 된다.

6) 관련 학과 소개

현재 우리나라에서 건축학과가 개설된 대는 매우 많다. 우리가 알고 있는 대부분의 학교가 건축학과가 개설되어 있다. 건축학과는 공과대학으로 분류가 되고 있어 없는 학교가 없다고 할 정도로 많은 학교에 건축학과가 개설되어 있다. 학사과정으로 개설되어 있으며, 5년제를 운영하는 학교가 더 많이 있다.

학과 들여다보기 : 한양사이버대 디지털건축도시공학과

디지털건축도시공학은 우리가 살아가는 사회의 근간을 이루는 물리적 공간인 도시와 건축물을 중심으로 여러 학문분야의 이론과 지식, 경험을 포괄적으로 탐구하는 학문이다. 4차 산업혁명과 함께 미래의 건축도시 시장은 디지털 기반의 정보를 중심으로 한 한 ICT(Information Communication Technology), IoT(Internet of Technology), BIG Data 등의 기술이 접목된 스마트 홈, 스마트 시티 등 새로운 상품을 끊임없이 요구하고 있다. 한양사이버대 디지털건축도시공학과는 이러한 시장 변화를 반영하여 건축과 도시, 정보기술이 유기적으로 결합된 교육과정을 제공하며, 또한 건설 분야의 최신 기술인 3차원

기반의 BIM을 이용한 설계 및 시공, 운영 및 유지관리 등 건설 서비스를 학습할 수 있도록 BIM 특화 교과목을 교육과정에 편성하였다. 이를 통해 도시계획, 개발, 관리에 있어 환경성, 경제성, 효율성을 추구하는 지속가능 인재, BIM을 활용한 건축물의 기획, 설계, 시공, 유지관리 업무 수행이 가능한 실용적인 인재, 빠르게 변화하는 글로벌 건축도시 시장에 능동적으로 대응할 수 있는 융합형 인재를 양성하는 것이 목표이다.

교과과정

- **전공과정**

	1학기	2학기
1학년	건축학개론	건축CAD
2학년	건축재료, 도시계획, 도시관리론, 건축환경에너지시스템, 공동주거관리론, 부동산투자론	단지계획 및 개발, 건설계약및클레임, 디지털건축구조, 친환경건축기술, 건설프로젝트금융
3학년	건축시공, 토지이용계획, 도시안전방재, 공정원가통합관리, 도시및지역분석	도시재생과복합개발, 도시건축과BIM, 디지털건축구조2, 디지털생산관리및자동화, 디지털건설경영(CM), 부동산개발프로젝트
4학년	졸업프로젝트, BIM통합설계프로젝트1, 도시주택경제론, 건설정책및기획, 건축도시IT	졸업프로젝트, 건축도시빅데이터, BIM통합설계프로젝트2, 스마트교통시스템, 도시공간구조론

7) 전망

BIM 분야가 알려진 것은 2000년대 후반으로 그야말로 여전히 걸음마 단계이며, 관련한 전문 인력도 얼마 되지 않는다. 현재는 특정 건축물에서만 활용되고 있지만 머지않아 모든 시설물에 BIM이 적용될 것으로 보인다. 필요에 따라 새롭게 등장한 분야인 만큼 기술력을 확보한다면 전망은 매우 밝다고 볼 수 있다. 국토부 미래전략담당관실 손옥주 과장은 “BIM R&D 예산은 올해 20억원이 책정돼 있으며 2015~2017년까지 각각 40억, 54억, 25억원이 지원될 계획이다.”며 “기존 건축설계사보다 고연봉 전문직으로서 각광받을 것으로 예상 된다”고 밝혔다.

최근에는 친환경적인 건축물을 짓기 위해 BIM이 활발하게 쓰이고 있다. 예를 들어, 3차원 시뮬레이션을 통해 설계, 시공, 유지관리 등을 살펴 에너지 절감 효과를 구체적 수치로 측정해볼 수 있다. 이외에 건축물을 짓거나 리모델링할 때 소요되는 비용을 산출할 때, 은행 등 금융권에서 건축 담보물에 대한 가치를 평가할 때도 활용될 수 있다. 또한 컴퓨터의 발달, 지식정보화 사회의 가속화 등에 따라 국가 차원에서 조경이나 사회간접시설 등 건축과 관련한 사회의 모든 콘텐츠가 데이터화 되고 있다. 이런 배경에서 관계자들은 BIM전문가의 역할이 커질 수밖에 없다고 내다보고 있다.

BIM 전문가는 주로 건설 회사나 건축엔지니어링회사의 설계 부서, 건축공사전문업체 등에 취업하는데, 드물지만 중앙부처나 지방자치단체의 기술직 공무원이나 산하기관인 도시개발공사의 연구직으로 일하기도 한다. 급여는 2013년 기준으로 임금은 하위(25%) 3300만원, 평균(50%) 4000만원, 상위(25%) 5000만원이다.

참고 도서

- *43가지 질문으로 읽는 BIM* (이강/픽셀하우스)
- *건축설계와 디지털 테크놀로지* (조태용/대가)
- *공감되는 빔(B.I.M)스토리* (양우싱/책에바라)

라. 매매주택연출가

1) 개요

의·식·주는 예로부터 사람이 살아가는데 꼭 필요한 3대 요소로 일컬어지고 있지만 집은 고가의 비용이 오고가기 때문에 매매할 때 무엇보다 신중하게 이뤄지고 있다. 특히 같은 위치, 같은 크기, 또 같은 브랜드의 아파트라도 공간을 어떻게 연출하느냐에 따라 집에 대한 평가는 엇갈리기 마련이다.

개인마다 여러 가지 사유로 집을 팔고 사는 일이 일상에서 빈번히 일어나지만 판매자는 보다 높은 가격에 팔기를, 구매자는 평생을 머무르고 싶은 집을 원하게 되는데 이때 필요한 사람들이 바로 '매매주택연출가'다.

매매주택연출가는 매매하려는 집의 내부를 보기 좋게 연출해 잠재적 구매자들의 맘에 들도록 유도한다. 보는 이가 이 집에 산다는 상상을 할 수 있도록 구체적인 모델하우스를 제공하는 것이다. 매매주택연출가는 다양한 방법으로 집의 가치를 한층 높여 원활한 매매가 이루어지게 하면서 주택 가격을 높여주는 역할을 한다.

2) 하는 일

매매주택연출가는 주택매매를 원활하게 하고 보다 높은 가격에 판매할 수 있도록 주택의 인테리어와 익스테리어 측면에서 컨설팅 및 연출을 하는 역할을 한다. 주택의 가치를 높일 수 있게 인테리어를 바꾸는 등 건물의 내•외부를 바꾸는 아이디어를 제공하는 것이다.

매매주택연출가는 우선 의뢰인을 찾아가 포트폴리오를 보여주고 연출 전후의 차이를 설명한다. 일정, 비용 등을 상세히 논의하기 전에는 공간을 철저히 관찰, 평가, 측정하면서 다각도로 사진 촬영한다. 그 후 긍정적·부정적 기능을 분석하는 한편, 평면계획 등 제안할 요소에 대한 아이디어 보고서를 작성해 제출하고 의뢰인과 논의한다. 연출에 필요한 소품을 직접 구하기도 하지만 보통 있는 것을 활용한다. 새집 및 빈집인 경우에는 내부 스타일에 어울리는 임대가구를 제공한다. 이 밖에 계절에 따른 인테리어 변경 작업이나 상업용 사무실 내부를 꾸미는 작업도 한다. 매매주택연출가의 하는 일을 순서로 나열하면 다음과 같다.

- 의뢰인에게 주택연출 포트폴리오를 보여주며 연출 전과 후의 차이점을 설명한다.
- 대상주택을 관찰·평가해 주택연출의 일정과 효과적인 결과를 도출할 합리적인 연출비용 계획을 제안한다.
- 주택의 긍정적인 기능과 부정적인 기능을 분석해 주택연출의 구체적인 계획을 수립하고 실행한다.
- 필요에 따라 주택연출에 필요한 물품을 구입한다.

3) 현황

가) 해외

국내에서는 아직 홈스테이징이 생소한 개념이지만, 미국이나 캐나다, 일본 등 해외에서는 상당히 보편적으로 이뤄지는 서비스다. 2000년대 초반 미국에서 일어난 부동산 편승해 주택을 샀던 사람들은 이후 집을 파는데 어려움을 겪기 시작했다. 이런 상황에서 매매주택 연출가의 도움을 받은 집들이 구매 희망자들의 눈길을 끌고, 실제 거래로까지 이어지면서 홈스테이징이 주목받기 시작했다.

홈스테이징은 시세보다 집을 비싸게 파는 데 도움이 된다고 알려지면서 고부가가치 서비스로 인기를 얻고 있다. 미국 콜드웰뱅커 부동산 협회 조사에 따르면 홈스테이징을 한 주택 평균 판매가격은 해당 지역 평균 시세보다 6% 정도 높은 것으로 나타났다. 홈스테이징을 한 주택은 그렇지 않은 주택보다 빨리 팔리기도 했다. 미국 부동산 스테이징 협회 조사 결과 홈스테이징을 한 주택은 일반 주택보다 매물로 나와 팔리는 기간이 평균 21% 짧은 것으로 조사됐다.

홈스테이징은 재료 구매 비용이나 노동력이 인테리어에 비해 적게 들어가 수익성이 높은 편이다. 미국 주택매매연출가들은 평균 시간당 75달러를 받는다고 업계는 보고 있다. 조 대표는 “홈스테이징 만으로 한 달에 400만~500만원 이상의 수입을 올리고 있다”며 “시공비가 들어가지 않는 업무라 노동력을 제외하면 100% 이윤을 남길 수 있다는 장점이 있다”고 했다.

매매주택 연출이 활성화된 미국의 종사자들은 대부분 자영업자이며, 일부는 인테리어 디자이너나 부동산 중개인을 겸직한다. 비용은 면적과 방의 개수에 따라 500~5,000달러(한화 53~530만원) 정도다. 시간당 평균 수입은 75달러(한화 8만원)로, 자영업 형태이기 때문에 수입은 유동적이다.

일본의 경우 일본 홈스테이징 협회에서 주관하는 홈스테이저 시험을 통과하면 전문 자격증을 받을 수 있다. 작년 말 기준 일본의 매매주택연출가는 668명으로 집계됐다.

나) 국내

국내에서는 특별한 자격증이 필요하지는 않다. 정부가 매매주택연출가 자격을 신설하려고 했지만, 공인중개사와의 갈등이 우려된다는 지적이 나오며 무산됐다. 직업 이름에 '매매'가 들어가기 때문에 공인중개사와 업역 갈등이 발생할 수 있다는 것이다.

4) 흥미 및 적성

주택 및 인테리어 관련 전문지식이 있으면 매매주택연출가 업무 적응에 유리하다. 또한 책장이나 장롱 등 무거운 가구를 직접 옮겨야하기 때문에 체력과 성실함을 갖춰야 한다.

5) 교육과정 및 관련 자격

국내에는 아직 훈련기관이 없어 대부분 인테리어 디자인,산업디자인, 건축학 등을 전공하고 관련 사업체에서 경험을 쌓는 절차를 밟는다. 정규교육이나 훈련과정을 반드시 거쳐야 하는 것은 아니지만 주택 및 인테리어 관련 전문지식 없이는 입직이 어렵다.

정부에 의해 신설되려던 자격은 공인중개사의 갈등 지적으로 신설 되지 않았기 때문에 홈스테이징 업계로 들어가 현장 경험을 쌓으면 매매주택연출가로 활동할 수 있다. 숙련되는 데까지는 약 6개월이 걸린다. 매매주택연출가는 직접 인테리어 시공을 하지 않기 때문에 비전공자도 얼마든지 활동할 수 있다.

6) 관련 학과 소개

현재 우리나라에서 인테리어 관련 학과가 개설된 대로는 경기과학기술대, 광주대, 대구과학대, 디지털서울문화예술대, 전남도립대, 제주관광대, 한양대(ERICA), 등이 있다. 일부 학부과정도 개설되어 있으나 전문학사 과정인 경우가 대부분이었다.

학과 들여다보기 : 광주대 인테리어디자인과

광주대 인테리어디자인과는 21세기 글로벌 및 디지털 정보화 시대에 능동적으로 대처할 수 있는 '창의적인 인재(Creative Talent)육성'을 위하여 '독창성의 개발(Idea)', '공간감각의 육성(Sence)', '표현기술의 개발(Technique)', '문제해결능력의 향상(Solution)'을 4대 교육목표로 정하고, 실내건축기사 자격증 취득과 디지털 테크닉, 현장실무능력 그리고 디자인 및 건축 이론으로 구성된 교육과정을 통하여 졸업 후 현장실무에 즉시 적용할 수 있는 실기능력과 이론지식을 고루 갖춘 우리나라 인테리어계에 '온리원(Only One)'의 독보적인 인재를 양성을 목표로 한다.

교과과정

	1학기		2학기	
	전공필수	전공선택	전공필수	전공선택
100단위 (디자인 기초교육)		인테리어기초제도, 컴퓨터그래픽, 인테리어드로잉, CAD1, 기초조형		실내디자인각론1, 인테리어건축제도1, 인테리어스케치, CAD2, 입체조형
200단위 (전공기초 교육)	3D 모델링1	실내공간계획기초, 인테리어건축제도2, 인테리어표현기법, 가구조형과구조, 진로지도1	3D 모델링1	실내디자인각론2, 모형제작기법, 실내디자인방법론, 기초가구디자인
300단위 (전공심화 교육)	지역개발 디자인1, 프로젝트 디자인1	실내공간디자인1, 리빙가구디자인, 진로지도2, 현장실습2	지역대발디자인2, 프로젝트디자인2	실내공간디자인2, 창업디자인경영, 시스템가구디자인, 현장실습2
400단위 (전공응용 교육)	디자인세미나, 캡스톤디자인1	실내공간디자인3, 인테리어 가구디자인1, 진로지도3	캡스톤디자인2	실내공간디자인4 디자인포토폴리오, 인테리어가구디자인2, 현장실습4

7) 전망

국내 매매주택연출 시장은 걸음마 단계다. 인테리어나 건축디자인과 달리 홈스테이징의 중요성을 고객들이 받아들이지 못하기 때문이다. 그러나 최근 서울 고급 주택가를 중심으로 홈스테이징 수요가 늘어나는 추세다. 특히 전세나 월세, 원룸, 오피스텔 시장에서 매매주택연출가의 활약이 커질 것으로 전망된다. 국내에서는 매매보다는 전세나 월세 수요가 많아 집주인은 집을 꾸밀 이유가 없고, 세입자들은 함부로 실내 공사를 할 수 없는 상황이다. 이 때문에 특별한 공사 없이도 인테리어 효과를 높일 수 있는 홈스테이징에 대한 수요가 늘어날 것으로 업계는 보고 있다. 또 상업용 건물을 원룸이나 사무실로 바꿔 임대사업자에게 매각할 때 홈스테이징을 통해 다른 매물보다 우위를 점할 수 있다. 홈스테이징을 통해 특별한 시공 없이도 내부 공간을 새롭게 연출 할 수 있기 때문에 매매주택연출가 수요가 늘어날 것으로 예상된다.

참고 도서

- *주택 연출가 무조건 따라하기* (이종민/매일경제신문사)
- *팔리는 집은 따로 있다* (이종민, 이창배, 천은정, 전정미/라의눈)
- *앞으로 5년, 경매하고 리모델링하라* (이종민/인사이트북스)

마. 주거복지사

1) 개요

많은 사람들이 주거 문제를 겪고 있지만 어떤 제도가 있으며 어떤 지원을 받을 수 있는지, 어디서 어떤 정보를 얻을 수 있을지 알기 어렵다. 주거복지사란 주거문제를 자력으로 해결하기 어려운 사람들을 대상으로 이들의 주거안정을 복지적 차원에서 지원하는 전문가를 말한다. 주거복지사는 주거환경에서 발생하는 여러 문제들을 복지적 차원에서 해결할 수 있도록 지원하는 역할을 맡는다. 지역의 주거환경과 주생활에 대한 실태를 조사, 진단, 평가하고 지원책을 제시하여 취약계층의 주거안정 방안을 모색하는 것이 이 직업의 궁극적인 목표라고 할 수 있다.

2) 하는 일

주거복지사가 하는 일로는 지역의 주거복지실태조사 및 분석, 주택개조 지원서비스 제공, 주택상태 점검, 주택생활 상담 및 거주 고충 상담, 주거복지관련 상담, 정보제공 및 사례관리, 공공임대주택 주거이동 지원, 지불 가능한 임대주택 및 자가 주택 탐색지원, 취약계층의 주거생활 및 요양보호 지원, 민/관/공과의 주거복지 네트워크 구축, 주거복지서비스 지원을 위한 외부자원 발굴 및 연계, 공동체 활성화 프로그램 기획 및 관리, 주거복지 관련 주민교육 및 홍보, 공공 및 민간 임대 관리, 주거복지사업 제안 및 정책 수립, 공공 및 민간기업의 사회공헌활동 기획 및 관리와 같은 직무가 있다. 궁극적으로 주거복지사는 기존 사회복지사의 업무 중 하나인 취약계층 상담 수준을 넘어 주거환경을 개선하고 주거복지 정보 및 서비스를 연계해 제공하는 직무를 수행한다.

3) 현황

가) 해외

일본에선 주거복지사는 복지주거환경코디네이터로 활동하고 있다. 자격 취득자들은 주택건설회사, 건축설계사무소에서 배리어프리 주택 등을 건설하는 일을 하거나, 복지기기 및 개호용품 제조회사에서 상품 개발이나 판매 등의 일을 한다. 또한 고령자 개호 현장에서 홈헬퍼나 개호복지사로 일한다. 또한 고령자 개호 현장에서 홈헬퍼나 개호복지사로 일하는 사람도 많다.

나) 국내

우리나라에서는 2001년 저소득층을 대상으로 주거급여제도를 시행한 이래, 2003년에는 주택법 개정을 통해 최저 주거 기준을 법제화하고 소득계층별로 차등화된 주거복지 지원 로드맵을 통해 다양한 주거복지 실현의 방안들을 도입·시행하고 있다. 2007년부터는 주거상담을 지원하는 주거복지센터를 운영하고 있으며, 2015년부터는 주거급여 정책에 따라 기초생활보장제도와 주거급여가 분리되면서 주거복지 업무가 증가할 예정이어서 관련 전문인력의 필요성도 커지고 있다. 국내에서 주거복지사는 국가 및 지방자체단체 주거복지업무

부서, 공공 및 민간 주거복지지원센터, 공공임대관리기업, 민간임대관리기업, 지역주거복지 관련 기관, 사회 공헌활동을 하는 공공 및 민간기업, 주거복지관련 NGO, 사회적 기업 등에 진출해 있다.

4) 흥미 및 적성

주거복지사가 되기 위해서는 사회 취약계층에 대한 인식과 관심이 반드시 필요하다. 또한 우리 사회가 가지고 있는 주거문제 전반에 대한 관심과 주거 취약계층의 주거문제 해결을 통한 생활안정에 대한 신념이 무엇보다 중요하다. 주거복지와 상담, 주거환경조사, 주택과 커뮤니티, 주택관리 행정, 주택유지관리 기술, 공동주택 계획, 주택정책과 금융, 사회복지 관련 지식이 필요하다.

5) 교육과정 및 관련 자격

2013년 처음으로 시행된 주거복지사는 그 동안 민간자격증이었으나 6회 시험부터는 국가공인 자격증으로 승격됐다. 주거복지사 자격을 취득하기 위해서는 대학 학력 이상의 자격이 있거나 그에 준하는 경력을 갖춰야 한다. 거기에 주거복지와 관련된 과목을 이수한 자만이 응시 가능하다. 주거복지사가 되기 위해서는 주거환경학과, 건축학과, 실내디자인학과 사회복지학과 등을 전공하는 것이 좋다.

6) 관련 학과 소개

현재 우리나라에서 주거 관련 학과가 개설된 대로는 가톨릭대, 경희대, 군산대, 목포대, 영남대, 울산대, 전북대, 제주대, 충북대, 한경대가 있다. 학부 과정과 석·박사 과정이 모두 운영되고 있다.

학과 들여다보기 : 제주대 주거·가족복지 전공

제주대 생활환경복지학부의 교육목표는 생활의 질적 향상과 발전을 위하여 가정 내·외의 인적자원과 물적 자원을 균형 있게 관리할 수 있는 지식과 능력을 습득하고, 이를 사회에서 활용할 수 있는 전문인을 양성하는 데 있다. 주거·가족복지전공에는 주거학, 가족학 분야가 있다. 복지사회를 지향하는 사회의 변화와 요구에 부응하고 쾌적한 생활환경 조성에 필요한 주거·가족복지 전문가를 배출하는 것이 목표이다.

교과과정

제주대 주거·가족복지 전공은 생활환경복지학부 아동·생활복지전공과 주거·가족복지전공 두 가지로 나뉘게 된다.

• **주거·가족복지전공 교과과정**

	1학기		2학기	
	전공필수	전공-L	전공필수	전공-L
1학년				가정생활과복지
2학년	가족관계학, 주거학	CAD실습, 건강가정론, 상담이론, 주거복지개론	실내디자인론	가족생활교육론, 노년학, 인테리어그래픽, 한국가족론, 현대주택론
3학년	가족복지론, 주거환경학	가정교과논리및논술, 가족상담, 공동주택계획과디자인, 노인교육론, 연구방법론, 주택관리행정, 캡스톤디자인1		서비스러닝, 현장실습1, 가정교과교육론, 가족복지실천기술론, 가족상담실습, 디자인스튜디오, 부부교육, 인간공학, 주택과커뮤니티, 주택유지관리기술, 캡스톤디자인2
4학년		현장실습2, 가정교과교재연구및지도법, 다문화가족복지론, 주택청책및주택금융, 특수계층과 주거, 프로그램개발과평가		건강가정현장실습, 주거복지와상담

7) 전망

국가의 주거 정책 기본 방향이 과거에는 주택의 양적인 공급에 집중했다면 이제는 주거복지로 전환되고 있다. 주거정책의 변화로 주거복지 업무를 수행할 전문 인력의 수요 또한 증가하고 있다. 주거복지사의 국가공인 자격증으로의 승격은 주거복지의 위상을 증명한다. 주거복지의 전문가로서 주거복지사의 역할이 점차 중요해지는 시대가 됐다. 주택법이 주거기본법으로 전면 개정되고 주거급여가 확대되며, 마이홈센터가 증가하는 만큼 주거지원 상담을 전담하는 주거복지사의 수요는 점점 늘어날 것으로 보인다. 현재 LH공사와 SH공사에서도 주거복지 전문 인력 채용을 계속해서 늘리고 있는 만큼 이 직업의 전망은 긍정적이라고 볼 수 있을 것이다.

참고 도서

- *주거 유토피아를 꿈꾸는 사람들* (정현백/당대)
- *삼저주의* (구마 겐고, 미우라 아쓰시/안그라픽스)
- *프랑스 주거복지정책 100년의 교훈* (김영태/삼성경제연구소)

바. 주택임대관리사

1) 개요

저금리 시대가 장기화되면서 주택 임대시장에서 월세의 비중이 증가하고 있다. 2011년 43만 6천 건 이였던 월세 비중은 2014년 60만 1천 건으로 증가했으나, 전세는 2011년 88만 5천 건에서 2014년 86만 6천 건으로 감소하고 있다. 이렇게 임대주택으로 생활형 수익을 얻는 사례, 또는 재테크의 수단으로 임대주택을 소유하는 경우가 많이 늘어나고 있지만 임대업자가 주택을 직접 임대하고 관리하기까지는 여러 가지 복잡하고 전문적인 일들이 너무 많다. 이런 부담을 덜기 위해 나온 직업이 주택임대관리사이다.

주택임대관리사란 임대를 목적으로 주택의 시설물 유지, 보수, 개량, 임대료징수 및 임차인관리 등의 업무 맡는 사람을 말한다. 그동안에는 임대인이 직접 임대업무를 하거나 부동산중개업자 등에 위탁하였지만 세입자의 민원을 해결해주고 월세를 징수하며 유지보수를 하는 등 이전보다 체계적이고 전문적인 주택임대관리가 요구되고 있다. 이처럼 주택관리의 규모가 대형화, 기업화되면서 임대주택관리 업무를 전문적으로 대체할 전문 인력에 대한 필요성이 점점 커지는 중이다

2) 하는 일

주택임대관리사는 임대인과 임차인의 계약 체결 절차 등을 대행하고, 임대인을 대신해 공인중개업자와 대응하는 등 주택임대관리와 관련한 종합서비스를 제공하고 수수료를 받는 위탁관리형 주택임대관리를 담당한다.

주택임대관리사가 하는 업무는 매우 다양하다. 주택임대관리사의 주요 업무는 크게 네 가지로 공실관리, 월세관리, 시설관리, 행정관리가 있다. 주택에 공실이 없도록 세입자를 유치하고 연체가 없도록 제때 월세를 징수하며, 매월 일정액의 월세를 약정하고 공실이나 미납에 대한 리스크를 주택임대관리회사가 부담하는 자기관리형 주택임대관리 업무를 수행한다. 또한 건물에서 발생하는 모든 지출을 관리하며 연간 지출이 많은 항목을 줄일 방법 등을 제시하는 것 역시 주택임대관리사가 하는 일이다. 이 밖에도 건물의 시설물 점검과 하자보수, 각종 세무, 행정업무까지 대신하여 처리하기, 건물청소와 주차관리, 임차인 민원처리 등 다양한 업무를 수행한다.

3) 현황

가) 해외

일본은 주택보급률이 떨어졌던 1970년대 정부에서 임대주택정책을 내놓았다. 특히, 1990년대 인구감소와 고령화 영향으로 집값이 급락(부동산 버블붕괴)하면서 임대주택 선호도가 크게 높아졌다. 이런 추세에 따라 임대주택 전문 업체들이 빠르게 성장했다.

일본은 1993년 임대주택표준계약서를 제정하고 법률적으로 난립하는 주택임대관리회사의 효율적 관리를 위해 2011년 11월 등록 제도를 시행해 등록된 임대관리업자를 공개하고 있다. 2013년 총무성의 토지주택 통계조사에 따르면, 임대관리 전문업체가 위탁하는 민간임대주택은 800만여 가구에 달한다. 최근 임대주택의 80% 이상이 주택임대관리회사에 위탁, 관리되고 있다. 또한 건설업, 주택관리업, 중개업 간에 장벽이 없어 기업형 종합임대관리가 활성화되었다.

제도적으로도 소유한 주택을 임대주택으로 전환할 경우 상속세, 증여세 등을 감면해 주어 임대관리업이 성장할 수 있었다. 일본의 주택임대관리는 임대인과의 계약을 통해 수수료를 받고 임차인관리, 시설물 유지관리업무 등을 대행하는 '위탁관리형'에서 임대인에게 계약기간 중 임대료 지불을 보장하고 자기책임으로 임대를 하는' 자기관리형'으로 바뀌어 갔다.

나) 국내

우리나라에서 주택임대관리사는 주택임대관리회사, 시설관리회사 등에서 활동할 수 있다. 주택임대관리업 제도가 신설되기 이전에는 부동산중개소, 공공주택 관리업체 등에서 주택임대 관리업무를 하였으며, 현재도 일부 업체에서 공인중개사, 주택관리사 등이 관련 업무를 수행하고 있다. 2015년 12월 기준, 주택임대관리업 등록업체 174개가 영업 중이며, 실적업체는 61개사, 관리호수는 14,034호이다.

또 최근에는 대기업도 주택임대관리 분야에 뛰어드는 현상이 두드러지고 있다. 이들 업체에 공인중개사, 주택관리사 등의 자격취득 전문 인력은 201명이다. 이 자격취득은 업체 등록을 위한 요구조건에 해당되는데 이 자격을 취득한 인력 말고도 실제로 관련 업무 종사자는 훨씬 많을 것으로 예상된다.

4) 흥미 및 적성

주택임대관리사가 되려면 임대관리 업무를 위한 기본적인 부동산지식, 주거환경지식 등을 갖추어야 한다. 임대관리 관련 법률지식과 세무회계지식도 필요하다. 사람을 상대하는 일이 많아 외향적이며, 네트워크 유지 및 관리 능력, 영업력 또한 필요하다.

5) 교육과정 및 관련 자격

주택임대관리사가 되기 위한 특별한 자격이나 요건은 없으며, 관련 실무교육만 받으면 누구나 주택임대관리사가 될 수 있다. 보통 공인중개사나 건설사, 시설관리업체, 청소회사 등에서 주택임대관리사를 겸업하여 임대인에게 중개부터 관리까지 종합서비스를 제공하곤 한다. 전문대학 및 대의 부동산, 주택관리, 부동산관리, 주거환경, 설비, 전기 및 건축 등의 학과 졸업자가 유리하며, 공인중개사, 주택관리사 등의 자격취득을 위해 공부를 하면 일을 하는데 도움을 받을 수 있다.

6) 관련 학과 소개

현재 우리나라에서 부동산 관련 학과가 개설된 대로는 건국대, 강원대, 공주대, 광주대, 김해대, 남서울대, 대구대, 명지대, 서울사이버대, 서일대, 숭실사이버대, 영진사이버대, 전주대, 창신대, 한성대 등이 있다.

학과 들여다보기 : 건국대 부동산학과

건국대 부동산학과 학생들은 부동산에 관한 법률적 지식과 경제·정책, 경영·관리, 금융·투자, 건설·개발 등의 다양한 부동산 전문분야를 포괄하는 균형 잡힌 교육을 통해 학문적 경쟁력을 갖춘 '준비된 인재'로 성장하고 있다. 대부분의 졸업생들은 부동산 산업의 전 분야에서 눈부시게 활동하며 거대한 '부동산 인적 네트워크'를 형성하고 있습니다. 건국대 부동산학과는 부동산 산업계와 긴밀한 협력관계를 구축하여 다양한 공기업, 기업, 협회 등과 산학협동협약을 지속적으로 넓혀가고 있고, 이를 통해 많은 학생들이 실무를 경험하고 취업을 준비할 수 있는 혜택을 받고 있다. 또한 미국과 영국 등의 국제 전문자격을 위한 교육기관인증을 받고, 세계 유명대학과 복수학위협약 등을 통해 학과의 역량을 키워나가고 있다.

교과과정

- **교양과목**

	1학기		2학기	
	전공필수	교양	전공필수	교양
1학년		부동산학입문, 경영통계학, 경제원론, 경영학원론, 회계원리, 기업영어1	부동산산업의 윤리	부동산학원론, 경영통계학, 경제원론, 경영학원론, 회계원리, 기업영어1

- **전공과목**

	1학기		2학기	
	전공필수	전공선택	전공필수	전공선택
2학년	부동산계량분석론	감정평가이론, 미시경제학, 부동산마케팅론, 부동산물권법		감정평가실무론, 부동산계약법, 무동산회계학, 재무관리, 부동산공법1
3학년	상업용부동산금융론	도시계획론, 부동산공법2, 미국부동산시장론, 부동산경제론, 입지선정론, 부동산자산관리론	부동산개발론	주거용부동산금융론, 부동산투자론, 부동산시장조사론
4학년		부동산건설관리론, 부동산기술론, 부동산실습, 지적기술론		글로벌부동산시장론, 부동산시장관리론, 부동산경매론, 부동산패생상품론, 부동산정책론, 부동산조세론

7) 전망

소형가구 및 소형주택이 늘고 있고, 주택 임대 시 월세로 계약하는 이들도 많아지고 있다. 이런 변화는 임대주택관리회사 증가에 긍정적인 영향을 미칠 전망이다. 또한 주택임대관리 분야에 대기업들이 뛰어들고 있고, 최근 10여 개 관련업체를 중심으로 협회 구성도 추진 중이라는 점 역시 주택임대관리사의 일자리 증가에 긍정적인 영향을 미칠 것이다. 또한 정부가 임대아파트 공급 방식을 다양화하고, 중산층 주거안정 목적으로 기업형 임대주택을 추진하고 있다는 점 역시 주택임대관리사의 전망이 밝은 이유 중에 하나이다.

참고 도서

- ***퍼펙트 주택 임대 관리*** (박승국/한스미디어)
- ***나는 디벨로퍼다*** (여의도 김박사/혜성출판사)
- ***주택임대관리업의 이해*** (김준환/이프레스)

사. 스마트건설 전문가

1) 개요

스마트건설기술은 공사기간 단축, 인력투입 절감, 현장 안전 제고 등을 목적으로 전통적인 건설기술에 로보틱스, AI, BIM, IoT 등의 첨단 디지털 기술을 적용함으로써 건설공사의 생산성, 안전성, 품질 등을 향상시키고, 건설공사 모든 단계의 디지털화, 자동화, 공장제작 등을 통한 건설산업의 발전을 목적으로 개발된 공법, 장비, 시스템 등을 말한다. 스마트 건설기술은 비용과 인력, 공사 기간을 줄이고, 건축물의 품질과 근로자의 안전은 크게 강화하는 유력한 대안으로 자리 잡고 있다. 국내뿐 아니라 해외 시장에서도 독자적인 경쟁력을 가질 수 있는 유일한 대안으로 꼽힌다.

2) 하는일

스마트건설 전문가는 기존 건설기술과 사물인터넷(IoT), 자동화 인공지능(AI) 등 첨단기술을 융복합한 전문가로, 건설기술에 로보틱스, AI, BIM, IoT 등의 첨단 디지털 기술을 적용하는 일을 수행하게 된다.

3) 현황

가) 해외

해외에서는 스마트 건설기술 활용이 활발히 일어나고 있다. 최근 건설블록체인 컨소시엄(The Construction Blockchain Consortium, CBC)에서 BIM 설계 소프트웨어와 블록체인을 통합하여 설계 단계에서 발생한 문제 등의 조정 프로세스를 개선할 수 있는 기술을 개발하기도 하였으며, 해외 기업은 건설 현장에서 다른 사람 혹은 다른 로봇을 자율적으로 따라가는 로봇 기술을 개발하기도 했다. 또한, 최근에는 우주 먼지와 우주 비행사의 혈액을 이용한 유사 콘크리트 물질을 개발하기도 했다. 이처럼 해외에서는 건설기술과 첨단 기술을 융합한 스마트 건설 기술이 빠르게 발전하고 있다.

나) 국내

국내의 스마트 건설기술 활용은 초기 도입단계에 머물고 있다. 스마트 건설 전문가들은 국내 스마트 건설기술을 기술레벨(TL)로 평가하면 선진국(TL5)의 절반 수준인 TL2.5 정도가 될 것이라고 예측했으며, BIM(빌딩정보모델링)이나 드론, 안전관제 등은 TL3 수준까지 올랐으나, 모듈러와 MG·MC(머신 가이던스·머신 컨트롤)는 TL2, 로봇시공 등은 TL1 수준에 있다고 답했다. 로봇을 예로 들면 미국, 일본은 작업자를 돕는 웨어러블 장비와 무인시공 장비를 개발 중이나, 국내에선 일부 공정 로봇시공 장비를 개발하는 수준에 있다.

4) 흥미 및 적성

스마트 건설 전문가는 건설기술 뿐만 아니라 사물인터넷, 자동화 인공지능 등 첨단기술을 건설 기술과 접목해야 하기 때문에 각 기술에 대한 이해가 깊어야 하며 이를 융합할 수 있는 응용력과 문제해결 능력이 필요하다. 또한,

5) 교육과정 및 관련 자격

국도로공사는 2022년부터 2027년까지 고속도로 건설에 참여하는 건설사, 엔지니어링사 소속 기술인을 대상으로 '스마트건설 전문인력 양성교육'을 무료로 실시한다. 해당 교육은 BIM기반 설계, 드론을 활용한 안전점검 등 현장의 스마트건설 역량을 향상시키기 위해 기획됐으며, 한국도로공사는 지난해 정부(국토교통부, 고용노동부)의 교육계획 심사 및 타당성 검토를 거쳐 '스마트건설 전문교육기관'으로 지정된 바 있다.

6) 관련 학과 소개

스마트건설 전문가는 건설기술과 첨단기술을 모두 익혀야 하기 때문에 건설학과 또는 첨단기술을 익힐 수 있는 컴퓨터공학 혹은 소프트웨어공학과 등이 관련 학과라고 할 수 있다.

학과 들여다보기 : 영남이공대학교 건설시스템과

건설이란 현대 사회의 근간을 이루는 가장 중요한 분야의 하나로 도로, 철도, 댐, 공항, 터널, 상하수도, 고속전철 나아가 우주정거장 건설과 같은 첨단 분야에 이르는 기술을 연구, 개발하는 분야다. 최근 건설현장에서는 측량과 시공, 안전관리 등 다양한 분야에 드론을 활발하게 이용하고 있는데, 드론을 이용하면 사람이 접근하기 어려운 곳이나 광활한 지형 등을 신속하고 정확하게 측량해 3차원 데이터를 손쉽게 얻을 수 있고 공사에 필요한 토공량도 보다 쉽게 산출할 수 있다. 이에 영남이공대학교 건설시스템과에서도 최신의 드론을 보유하여 학생들에게 드론의 운용기술 교육을 강화하고 있다.

교과과정

	1학기		2학기	
	교양	전공	교양	전공
1학년	영어회화(1), 토목수학, 대학생활과진로설계	측량학(1), 기준점측량, 철근콘크리트(1), 토질역학(1), 기초토질실험(1), 응용역학(1), 수리학및실험(1), 토목재료학, 상수도공학		측량학(2), 설계측량, 철근콘크리트(2), 토질역학(2), 기초토질실험(2), 응용역학(2), 수리학및실험(2), 하수도공학, 토목재료실험, 제도및적산
2학년	영어회화(2), 창의적사고와문제해결	전산실습, 응용측량및시공측량, PS콘크리트, 응용토질역학, 토목시공관리, 구조역학, 구조실험, 응용수리학, 수문학, 심화토질실험	취창업포트폴리오인증, 창업실무	도로공학, 강구조공학, 전산구조물설계, 전산수자원설계, 기초구조물설계, 토목CAD, 현장실습

7) 전망

해외에서는 이미 스마트 건축이 활발히 이루어지고 있으며, 국내에서도 스마트 건축 도입을 위한 정책이 마련되고, 다양한 교육과정이 개설되고 있다. 여기에서 알 수 있듯이 스마트 건설은 건설산업이 앞으로 나아가야 할 방향이므로 향후 스마트 건설 전문가의 수요는 지속적으로 증가할 것으로 전망된다.

참고 도서

- ***스마트 건설과 3D 프린팅*** (최명기/국토일보)
- ***미래의 도시*** (사이언티픽 아메리칸 편집부/한림출판사)

아. 제로 에너지 하우스 건축가

1) 개요

제로 에너지 하우스 건축가는 제로 에너지 하우스를 건축하는 건축가로, 이때, 제로 에너지 건축물은 고성능 단열재와 고기밀성 창호 등을 채택, 에너지 손실을 최소화하는 '패시브(Passive)기술'과 고효율기기와 신재생에너지를 적용한 '액티브(Active)기술' 등으로 건물의 에너지 성능을 높여 사용자가 외부로부터 추가적인 에너지 공급 없이 생활을 영위할 수 있도록 건축한 빌딩을 이야기한다. 또는 소비성 에너지나 오염 물질이 나오지 않고 태양열 에너지나 풍력 에너지, 지열 에너지 등을 사용한 집을 예로 들 수 있으며, 채광, 환기, 단열이 잘 되어 있는 집을 말하기도 한다.

2) 하는일

제로 에너지 하우스 건축가는 제로 에너지 건축물을 건축하는 건축가로 패시브기술, 액티브기술, 신재생에너지 기술을 건축에 적용한다. 패시브 기술은 건축물 설계 시 별도의 기계장치를 활용하지 않고, 건물의 단열 및 형태를 활용해 에너지 손실을 절감하는 기술이며, 액티브 기술은 태양열, 지열, 풍력 등 자연에너지를 기계적인 시스템을 통하여 능동적으로 에너지를 생산하는 기능이다. 신재생에너지 기술은 건물에서 필요한 에너지를 신재생에너지로 자체 생산하는 기술로 이때 고려될 수 있는 에너지로는 태양열, 풍력, 지열 등이 있다.

3) 현황

가) 해외

글로벌 제로 에너지 빌딩 시장은 2026년까지 연평균성장률이 18.7%에 이르며 474억 달러(약 54조 5,337억원) 규모로 성장할 것으로 예상된다. 시장은 미국과 중국을 중심으로 빠른 속도로 성장하고 있다. 미국 제로 에너지 빌딩 시장 규모는 올해 62억 달러(7조 1,331억원) 규모로 추산된다. 현재 미국은 세계 시장에서 33.14%의 점유율을 차지하고 있다. 세계 2위 경제대국인 중국은 연평균 22.5%의 성장률을 보이며 2026년 시장규모가 42억 달러에 이를 것으로 보인다. 같은 기간 일본과 캐나다는 각각 연평균 16.3%, 16.9%로 성장할 것으로 예상됐다.

나) 국내

국토교통부는 온실가스를 감축하고 주거비 부담을 낮추기 위해 공동주택의 에너지 성능 기준을 높여, 2025년까지 공동주택의 에너지 성능을 에너지 효율등급 1++ 등급 수준으로 강화하는 것을 목표로 한다. 아울러 공동주택 에너지 자립률의 단계적 향상을 추진 중이다. 에너지 자립률은 건축물이 소비하는 전체 에너지 대비 태양광 등 신재생에너지 설비를 통해 건물 자체에서 생산되는 에너지의 비율을 뜻한다.

서울시도 건물에너지 효율화 사업(Building Retrofit Project, BRP)을 통해 지원에 나서며 에너지 효율 개선에 박차를 가하고 있다. 서울시에 따르면 전체 시의 온실가스 배출량 중 건물이 68.8%로 가장 큰 비중을 차지한다.

4) 흥미 및 적성

먼저, 건축사는 문화적인 현상을 관찰하고 창조적으로 탐구하는 것을 좋아하는 사람에게 적합하다. 특히 제로 에너지 하우스 건축가는 다양한 제로 에너지 기술을 건축물에 적용해야 하므로 창의력, 합리적인 사고, 공간 지각력이 요구된다. 또한 구조물의 설계, 변경 및 보수, 디자인 작업 등에 있어서 단순 노무를 하는 사람부터 고급 기술을 갖춘 사람들까지 다양한 사람들과 함께 일을 하는 경우가 많으므로 원만한 대인관계가 요구된다.

5) 교육과정 및 관련 자격

국토교통부와 한국에너지공단은 국내 제로에너지건축물(ZEB) 보급 활성화를 위해 건물에너지 해석 및 평가 가능한 ZEB 실무전문가 역량강화 지원 및 신규 인력양성을 위한 "제로에너지 Skill-Up 교육"을 운영하고 있다. 교육 대상은 제로에너지건축 및 건물에너지 해석에 관심이 있다면 누구나 가능하다.

6) 관련 학과 소개

제로 에너지 하우스 건축가와 관련된 학과는 건축학과, 건축공학과, 건축설비과, 신재생에너지과 등이 있다.

학과 들여다보기 : 고려대학교 일반대학원 건축사회환경공학과

건축사회환경공학은 도로, 교량, 철도, 터널, 공항, 항만, 수로 및 댐 등의 기간산업의 계획, 설계, 시공 및 감리를 담당할 뿐 아니라 최근에는 국·내외적으로 크게 대두되고 있는 상하수도, 폐수처리, 대기오염, 환경영향평가기법 등 각종 환경개선사업을 취급하는 학문인 '사회환경공학' 과 21세기 첨단과학 시대를 맞아 초고층 인텔리전트 빌딩의 건축구조설계, 시공 및 감리를 담당할 뿐 아니라 인간에게 기능성이 뛰어나고 예술적, 문화적 감각이 살아있는 최적의 삶의 공간을 창조하기 위한 제반 건축물을 연구하는 학문인 '건축공학' 으로 이루어져있다. 전공분야로는 7개 핵심분야인 구조공학, 건축구조공학 &시공 및 재료공학, 지반공학, 수자원공학, 환경공학, 교통 공학 및 GIS 분야, 기후 및 에너지공학을 갖추고 있으며, 이 분야들의 기본지식과 응용기술을 교육시키는 것이 고려대학교 건축사회환경공학부의 주요 교육목적이다.

교과과정

- Energy System

전공기초	심화전공
해양플랜트 구조 특론, 대기 물리학, 풍력발전 특론, 지표환경 변화, 에너지 나노화학특론, 에너지 저장변환 기술, 모델기반 설계 및 분석, 건물 성능 시뮬레이션 세미나	CO2포집 및 저장 기술, 지열에너지 이론과 활용, 태양전지 특론, 에너지 소재 분석, 수문 기상학, 수문 원격탐사, 기후와 지구환경, 빌딩에너지 특론, MEP 개론, 열공학

7) 전망

기후변화에 대비하여 제로 에너지 빌딩의 소요는 지속적으로 증가할 것으로 전망되는 가운데, 이를 위한 제로 에너지 하우스 건축가의 수요 또한 지속적으로 증가할 것으로 전망된다.

참고 도서

- ***살둔 제로에너지하우스*** (이대철/시골생활)
- ***제로에너지 그린리모델링*** (김학건 외 5인/주택문화사)
- ***넷제로 에너지 전쟁*** (정철균 외 2인/한즈미디어)

06

경영·컨설팅

6. 경영·컨설팅

가. 협동조합코디네이터

1) 개요

협동조합은 공동의 관심사와 목표, 이해를 가지고 구성된 인적 결합체이면서 동시에 경제활동을 하는 사업조직으로 소비자와 소상공인, 소규모 생산자 등이 자금을 출자해 조합을 만들고 공동으로 운영하는 형태의 조직이다. 일반 영리법인은 보유 주식의 수에 따라 권리의 크기가 달라지지만 협동조합은 조합원이 모두 동등하고 공평한 권리를 가진다.

협동조합이 제대로 기능하려면 다양한 기법과 장치들이 필요하다. 또한 정관, 규약, 규정에 구체적인 내용을 명시하고 그것을 합의하는 과정에서 여러 이해관계를 보이는 사람들을 조율해주는 역할을 해줄 사람이 필요하다. 이러한 업무를 맡는 사람이 바로 협동조합코디네이터이다. 아직까지 비정규직인 경우가 많고 수익이 높지는 못하나, 앞으로 협동조합이 성장할수록 실력 있는 코디네이터는 그에 따른 보상을 받고 안정적인 직업으로 자리 잡을 가능성이 크다.

2) 하는 일

협동조합코디네이터는 협동조합 설립부터 설립 이후의 경영, 회계, 인사, 홍보, 마케팅 등 전 분야에 대한 컨설팅을 제공하고 설립에 필요한 절차를 대행하는 직무를 맡는다. 협동조합을 설립하고자 하는 사람에게 정관, 창립총회 공고문, 의사록, 사업 계획서, 수입지출 예산서, 설립 동의자 명부, 출자금, 임원 명부, 임원 이력서 등 관련 서류를 검토하고 미흡한 부분을 수정·보완한다. 인가된 협동조합의 경영을 돕고, 협동조합 운영 중에 발생할 수 있는 문제를 해결할 수 있도록 한다. 또한 각 협동조합 간 협력 요소를 파악하고 자원 연계를 추진하여 건강한 협동조합 생태계를 도모한다. 협동조합 설립 이후에 사후관리 차원에서 교육 프로그램을 제공하기도 한다.

3) 현황

가) 해외

독일의 협동조합은 독일 GDP의 7%를 차지할 정도로 그 역할이 크다. 금융, 농업, 산업, 소비자 부분이 대표적이고 최근 에너지, 환경 분야의 협동조합도 설립되고 있다. 협동조합 사무소에서는 협동조합에 대한 평가, 신규 설립 상담 및 교육, 홍보, 정책적 로비 등을 수행한다. 협동조합코디네이터가 되기 위한 별도의 교육과정이나 자격제도가 있는 것은 아니나, 평가담당자는 반드시 독일 협동조합아카데미(ADG)에서 지정된 교육을 받아야 한다. 경영학이나 법학 전공자가 대부분이다. 석사 졸업자를 채용하는 편이며, 근무하면서 박사학위를 취득하는 사례가 많다. 임금수준은 석사 기준으로도 독일에서 높은 편에 속한다.

나) 국내

2014년 9월 기준 협동조합 설립건수는 총 5,601개로, 이중 일반 협동조합이 5,391개, 사회적 협동조합 185개, 협동조합 연합회 25개를 기록하고 있다. 현재 서울과 부산, 대구, 경기도 등 지역 권역별로 1개씩 총 16개의 정부 지원 협동조합 중간지원기관이 운영되고 있다. 이들 기관에서는 100~200명의 협동조합코디네이터가 활동하는 것으로 알려졌다.

기획재정부는 협동조합 설립·운영 지원을 위해 시·도별 '권역별 중간지원기관' 16개소를 운영하고 있으며, 이곳에는 평균 2명의 코디네이터가 근무하고 있다. 중간지원기관 종사자들은 서류검토, 인사-회계-법률자문 등 설립·운영에 관한 컨설팅은 물론 설립희망자교육 진행과 협동조합 홍보 등 코디네이터 역할을 수행한다. 그 밖에 일부 지방자치단체에서도 '협동조합 상담센터', '사회적경제 지원센터' 등 별도의 지원기관을 운영하고 있다.

4) 흥미 및 적성

협동조합코디네이터로 일하려면 협동조합의 원칙·특징·유형 및 사회적 가치에 대한 이해, 조직관리·법무·회계 등에 대한 전문지식, 사업모델 분석 및 마케팅 기법, 경영학 및 풍부한 사례 경험 등이 필요하다. 또한 코디네이터로서 교육과 상담을 수행할 수 있는 의사소통능력과 서류작성 등을 위한 사무능력도 중요하다. 사업에 대한 안목과 경영 및 인사에 대한 지식 역시 필요하다. 협동조합코디네이터는 개인의 이익보다 공동체적 가치나 사회적 가치를 중시해야 하며, 인간에 대한 풍부한 이해를 바탕으로 사람들을 성격을 빠르게 파악하고 의견을 조율할 수 있는 능력 또한 협동조합코디네이터에게 필요한 자질이다.

5) 교육과정 및 관련 자격

협동조합코디네이터가 되기 위한 민간자격증으로는 한국협동조합창업경영지원센터(KCDC)에서 진행하는 협동조합 교육과정이 있다. 또한 기획재정부와 한국사회적기업진흥원 역시 협동조합코디네이터 과정을 운영하고 있으며, 한국사회적기업진흥원과 쿱비즈협동조합, 부산사회적기업연구원, 성공회대, 한신대, 대구가톨릭대, 서울대경영대학원 등에서도 관련 교육을 진행하고 있다.

6) 관련 학과 소개

현재 우리나라에서 협동조합 관련 학과가 개설된 대학으로는 농협대와 성공회대, 한밭대가 있다. 이 중 성공회대에서는 석사과정으로 개설되어 있으며, 나머지 두 대에서는 학부과정이 설치되어 있다.

학과 들여다보기 : 성공회대 사회적경제대학원 협동조합MBA전공

성공회대 사회적경제대학원은 경제적 가치와 사회적 가치 양자를 조화롭게 추구하여 지속가능한 사회를 만들어갈 수 있는 패러다임을 추구한다. 협동조합MBA전공은 협동조합의 실무자와 활동가의 역량을 개발, 증진하여 우리나라 협동조합 발전에 기여하고자 개설된 전공이다. 협동조합의 인적결사체와 사업체로서의 이중성을 균형 있게 이해하는 실무자 및 현장중심의 교육으로 실제 협동조합의 문제를 해결할 수 있는 실무자를 양성하는 것이 목표이다.

교과과정

사회적경제개론, 협동조합경영학개론, MIS,조직/인사관리, 회계학, 마케팅관리, 재무투자관리, 생산관리, 경영전략, 협동조합론 등을 공부한다.

	경영학영역 필수	사회적경제영역 필수	일반선택
1학기	협동조합경영학개론 경영정보시스템	사회적경제개론	
2학기	조직/인사관리 회계학	협동조합론	
3학기	마케팅관리 재무투자관리		MBA전공선택 또는 타전공 선택 1과목
4학기	생산관리 경영전략		MBA전공선택 또는 타전공 선택 1과목

7) 전망

UN 총회는 2012년을 '세계협동조합의 해'로 지정하고 각국 정부에 협동조합 활성화에 적극 동참해 줄 것을 요청하였다. 이에 따라 전 세계적으로 협동조합의 설립과 운영을 지원하는 협동조합코디네이터의 직능이 확대되기 시작했다. 우리나라 역시 이러한 국제적 인식에 따라 2011년 협동조합기본법을 입법화하는 등 협동조합을 활성화하기 위한 다양한 방안들이 제시되었다.

협동조합코디네이터가 되면 협동조합 관련 사회단체나 현재 운영되고 있는 협동조합에 고용되거나 프리랜서로 일할 수 있다. 프리랜서의 경우 학교 일선에 방과 후 교실 강사로 활동하거나 지자체 프로그램에서 협동조합 관련 교육을 맡기도 한다. 정부 지원을 받는 협동조합 기관에 취업할 경우 평균 200만 원 정도의 월급을 받으며, 프리랜서 협동조합코디네이터의 경우 1회 강연 당 20~70만원의 강연료를 받는다.

참고 도서

- ***협동조합, 참 좋다*** (김현대, 하종란, 차형석/푸른지식)
- ***협동조합으로 기업하라*** (스테파노 자마니, 베라 자마니/북돋움)
- ***협동조합도시 볼로냐를 가다*** (김태열, 김현경, 우미숙, 전홍규/그물코)

나. 지속가능경영전문가

1) 개요

한 기업이 재무성과뿐 아니라 기업이 속한 사회에서 사회적 책임을 이행하여 기업의 지속적인 성장과 발전은 물론 가치를 높이는 것을 '지속가능경영'이라고 한다. 지속가능경영은 기업의 이익을 최고의 기업목표로 하는 기존의 기업 가치 외에 사회적 책임이나 공익적 기여를 중요시한다. 이는 기업 매출 증가, 이미지 제고, 브랜드 가치 향상, SRI 증가 등 경영지표에 갈수록 큰 영향을 미치고 있으며, 이로 인해 지속가능경영전문가의 필요성이 대두되었다. 지속가능경영전문가는 기업의 지속가능성장과 지속가능경영을 기획, 운영, 관리하는 경영전략을 수립하는데 도움을 주는 전문가를 말한다. 다양한 이해관계로 얽힌 정부와 소비자, 시민단체 사이에서 교류, 협업하여 기업과 사회를 잇는 가교 역할을 한다.

2) 하는 일

지속가능경영전문가는 기업의 경영에 영향을 미치는 환경문제, 사회문제, 기업 윤리 등을 종합적으로 고려해 지속가능성을 추구하기 위한 사업을 기획·개발·운영하는 일을 한다. 주로 기업의 지속가능경영 보고서를 발간하기 위한 기획, 작성, 검증 관련 자문 및 컨설팅을 하며, 보고서에 대한 제3자 검증 업무를 한다. 그 외에 정부의 지속가능경영 확산 사업을 진행하고, 개별 기업들의 지속가능경영 체계를 수립하는 프로젝트나 해외 사회공헌 활동을 개발하는 프로젝트에 참여하기도 한다.

넓은 의미에서 지속가능경영전문가는 경영컨설턴트와 유사한 업무를 수행한다. 전문지식을 토대로 기업경영을 자문하고 프로젝트 중심으로 업무를 수행하는 점은 기존의 경영컨설턴트와 다르지 않다. 다만 지속가능경영은 다양한 이슈들과 연계되어 있어서 인권담론, 공정경쟁, 환경과 사회에 대한 관점 등을 전반적으로 알아야 하고 다학제적인 접근이 필요하다는 점에서 차이가 있다.

3) 현황

가) 해외

UN, OECD 등 국제기구에서 지속가능경영 확산을 위한 글로벌 가이드라인들을 제시하는 등 지속가능경영은 글로벌 과제로 부상하고 있다. 이에 따라 지속가능경영을 실현하는 핵심 인재인 지속가능경영전문가는 전망이 밝은 직업으로 꼽힌다. 미국에서는 이 직업이 2020년까지 일자리 성장률 29% 이상, 일자리 기회 최소 10만개 이상, 고성장 산업의 유망직업 중 하나 이상에 해당할 것으로 전망하고 있다. 지속가능경영전문가로 활동하기 위해서 특별히 요구되는 자격은 없지만 미국의 NCCB 등에서 지속가능경영전문가라는 민간자격을 발급하고 있다.

나) 국내

우리나라의 지속가능경영전문가는 주로 기업체, 지속가능 관련 컨설팅 회사 및 협회 등 소속되어 활동하고 있다. 대기업의 경우 지속가능경영팀, 환경팀, 사회팀 등에 소속되어 업무를 수행한다. 국내 기업에서도 지속적으로 지속가능경영에 대한 수요가 증가하고 있는 만큼 지속가능경영 컨설팅 시장은 최근 몇 년 사이 크게 성장하고 있으며, 관련 전문가들에 대한 수요 또한 늘어나고 있다. 해외에서 사회공헌 활동을 진행하기 위한 내부 직원의 필요성 또한 늘어나고 있으며 중견 및 중소기업 등에서도 수요가 늘어나고 있다. 따라서 지속가능경영전문가의 채용은 점점 더 늘어날 것으로 예상되며, 이에 따라 지속가능발전협의회, 표준협회 등을 중심으로 지속가능경영 교육과정도 운영되고 있다.

4) 흥미 및 적성

영역 자체가 넓고 다양한 업무를 수행하기 때문에 기업의 사회적 책임, 공유가치창출, 사회적 경제 개발, 민관협력 등 주요 관심사를 중심으로 다양한 분야에 관심을 가지고 있어야 한다. 또한 계속해서 새로운 이슈와 주제들을 접해야 하는 직업이며, 사회 혁신이나 사회적 경제, 개발 쪽으로 직능이 확장되고 있으므로 새롭게 대두되는 주제를 빠르게 받아들이고 이해하고자 노력하는 자세가 필요하다.

5) 교육과정 및 관련 자격

지속가능경영전문가 관련 자격으로는 AA1000AS(해외자격증), 지속경영인증사 등이 있다. 그 외에 산업통상자원부에서 개설한 공유가치전문가 양성과정 등이 있다. 지속가능경영전문가로 활동하기 위해 요구되는 전공이 따로 있는 것은 아니나 경영학, 법학, 환경공학, 환경사회학, 개발학, 행정학 등을 전공하면 유리하다. 학사 이상의 학력이 요구되며, 관련 지식은 산업정책연구원, 지속가능경영원, 한국표준협회, 생산성본부 등 대학 및 지속가능경영에 대한 교육을 진행하는 교육기관에서 습득할 수 있다.

6) 관련 학과 소개

현재 우리나라에서 지속가능개발 관련 학과가 개설된 대학으로는 경희사이버대, 연세대, 영남대, 인하대 등이 있다. 이 중에서 경희사이버대와 연세대에서는 학부과정에 개설되어 있으며, 영남대와 인하대는 석사 과정이 개설되어 있다.

학과 들여다보기 : 인하대 경영대학원 지속가능경영학 전공

무한 경쟁의 기업경영 패러다임이 협력, 공동체, 환경을 중시하는 지속가능경영의 패러다임으로 옮겨지고 있다. 환경과 사회를 고려하지 않은 기업은 지속적인 성장 발전을 할 수 없을 뿐만 아니라, 도태 당할 수밖에 없다. 현재 국외 다국적 기업들은 지속가능경영을 핵심 가치로 여기며 실행을 옮기고 있음에도 불구하고 아직도 몇 개의 기업을 제외한 국내 기업들은 지속가능경영의 개념을 이해조차 하지 못하고 있는 실정이다. 세계적인 지속가능경영의 확산에 따라 산업계에서는 지속가능경영 전문 인력이 매우 필요한 실정이다. 본 학과는 지속가능경영 전문 인력을 양성하여 학계, 행정, 산업체 등 다양한 분야로 진출을 시켜 미래 성장의 핵심 인재로 육성하고자 한다.

교과과정

환경경영전략, 회계학개론, 청정생산관리, 지속가능마케팅, 환경정책과 규제, 전과정평가와 활용, 지속가능금융과 투자, CSR경영전략, 인사조직론, 에너지산업과 신재생에너지, 지속가능석 측정과 보고, 기후변화와 경영전략, 환경경영전략 세미나, CSR전략 세미나, 지속가능경영 사례분석, 지속가능경영best practice 등 여러 과목을 배운다.

	교과목명		
공통	CSR경영전략 CSR 회계와 보고 지속가능마케팅 지속가능금융과 투자 지속가능 SCM 환경정책과 규제 자원환경경제	환경경영전략 전과정 평가와 활용 기후변화와 경영전략 CSR 리더쉽 에너지산업과 신재생에너지 기후금융과 GCF 사회공헌 사례개발 및 분석	지속가능성 측정과 보고 글로벌 CSR전략 ESG 경영과 사례 ESG 평가 및 투자 사회적 가치와 비즈니스혁신 CSR 커뮤니케이션 전략
전공 선택	기후변화 비즈니스	CSR전략 세미나	기후변화전략 세미나 지속가능경영 Best Practice

7) 전망

지속가능경영 분야는 기존 기업의 사회적 책임 개념에서 공유가치 창출로 확산되고 있으며, 전 세계적으로 그 중요성이 대두되고 있는 만큼 앞으로의 전망이 밝다고 볼 수 있다. 국가적으로도 사회 혁신가 및 멘토를 양성하고자 다양한 정책과 교육과정이 마련되고 있으며, 기업 차원에서도 이 분야에 대한 수요가 증가하고 있다. 지속가능경영 전문가가 될 경우 기업체 지속가능경영 전담팀, 전문컨설팅회사, 지속가능경영 교육기관 등으로 진출한다. 대기업의 경우 지속가능경영팀, CSV팀, 환경경영팀, 사회공헌팀 등에 소속되어 일한다.

참고 도서

- ***원 리포트 1 report*** (로버트 에클스, 마이클 크르저스/세종서적)
- ***비즈니스 윤리와 지속가능경영*** (스콧 레이, 켄만 웡/연암사)
- ***기업의 사회적 책임, CSR 경영*** (다니모토 간지/시대의창)

다. 기업프로파일러

1) 개요

범죄과정을 과학적으로 재구성하고 이를 통해 범행동기와 용의자의 특징 등을 분석하는 범죄분석관, 이들은 범죄프로파일러이다. 범죄프로파일러는 범죄자가 어떻게 범행을 준비했고, 어떻게 범죄를 저질렀는지, 시신은 어떻게 처리했는지 등을 조사하고 분석한다. 그리고 이러한 분석 결과는 나중에 범죄자의 패턴을 분석해 범죄를 미리 예측하는데 활용된다. 이와 유사하게 기업경영 분야에는 '기업프로파일러'가 있다. 이들의 목적은 지금까지의 기업 행동이나 습관을 분석해 기업의 미래 행동을 예측하는 것이다. 특히 요즘처럼 기업환경이 급격하게 변화하는 때에는 미래에 어떤 전략을 세우고 경영할 것인지가 기업의 핵심 이슈가 됐다. 이에 따라 기업의 현재를 진단하고 미래의 방향을 제시하는 미래전문가, '기업프로파일러'에 주목하는 사람들이 늘었다. 더욱이 최근 빅데이터 분석 기법이 발달하면서는 새로운 경영 전략을 세우거나 새로운 기업이미지를 설정하고자 할 때 프로파일링 기법을 활용하는 사례가 늘고 있다.

2) 하는 일

기업프로파일링이란 지금까지의 기업의 행동이나 습관을 분석해 기업의 미래 행동을 예측하는 기법을 말한다. 기업프로파일러는 기업 프로파일러는 특정 기업이 새로운 이미지를 설정하고자 하는 경우 기업프로파일링 기법을 활용해 기업의 기존 시장전략을 분석하고 기업의 정체성을 새롭게 고안하는 일을 한다. 기업의 포지셔닝을 효과적으로 수행하기 위해 과거의 마케팅 전략을 분석한다. 또한, 기업 경영진·직원과의 회의를 통해 해당 업계의 시장상황에 대해 섬세한 분석도 수행한다. 기업 프로파일러는 자신의 아이디어와 콘셉트를 경영진에게 제시해야 한다. 이들의 직무는 기업의 행동패턴 가운데분석하려는 분야에 따라 달라진다. 크게 기업 정보 프로파일링, 조직 또는 조직문화 프로파일링, 세무회계 프로파일링 등으로 구분 할 수 있다. 직무를 더욱 세분화하면 최근에 관심이 높아지고 있는 빅데이터 분석 등이다. 특히 기업 내 빅데이터 분석은 기업 프로파일러의 직무에 해당한다고 볼 수 있다. 미래 예측을 위해 지난 마케팅 전략을 분석한다. 또 경영진 및 직원과의 회의를 통해 해당 업계의 시장상황을 섬세하게 분석하고, 그 결과를 토대로 기업의 미래 방향을 경영진에게 제시함으로써 기업의 새로운 정체성을 설정한다. 또 자신의 아이디어와 콘셉트를 경영진에게 제시하기도 한다.

- 기업의 포지셔닝을 효과적으로 이해하기 위해 과거의 마케팅 전략을 분석한다.
- 기업 경영진·직원과의 회의 등을 통해 해당 업계의 시장 상황을 분석한다.
- 분석 결과를 토대로 새롭게 고안한 기업의 미래 방향을 경영진에게 제시한다.

3) 현황

가) 해외

기업프로파일러는 외국에서도 아직 정식 직업으로 자리를 잡은 형태는 아니다. 때문에 별도의 교육프로그램이나 자격이 마련되어 있지 않다. 기획 부문의 직무에서 파생되었다고 할 수 있기 때문에 마케팅이나 커뮤니케이션 분야를 전공하거나 경영관련 교육을 받은 인력이 해당 업무를 수행한다. 아직까지는 기업체 내에서도 기존의 기획 방식을 활용하는 경향이 있고, 기업프로파일링 기법을 도입하는 경우에도 기존 방식과 접목하여 직무에 활용하기 때문에 온전히 세분화된 직업이라고 보기는 어렵다.

나) 국내

우리나라에서 기업프로파일링을 직무적으로 도입한 기업은 거의 없다. 아직까지 기업체 내 기획부문에서는 기존의 기획 방식을 활용하고 있고, 기업 프로파일링 기법을 도입하는 경우에도 기존 방식과 접목하여 직무에 활용하기 때문에 국내에서도 온전히 세분화된 직업이라고 보기는 어렵다. 기업 프로파일러는 기존의 전략, 기획, 마케팅 사무원의 직무에서 세분화·전문화된 직무이기 때문에 정확한 종사 인원을 파악하기는 힘들다. 이들은 기업의 전략기획부문이나 커뮤니케이션 대행사, 기업 프로파일링 전문기업의 컨설팅 분야에 종사한다. 컨설팅 분야에 근무하는 경우 고객 기업에 장기적으로 출장 나가 일하기도 한다.

4) 흥미 및 적성

논리적이고 분석적으로 사고할 수 있어야 하고, 다양한 정보에 관심이 많아야 한다. 특히 배경지식이 풍부하면서 인간의 행동을 맥락적으로 잘 이해할 수 있어야 한다. 사람에 대한 이해력이 풍부한 사람이 유리하다는 점에서 심리학적 지식이 중요하다. 또한 협상을 잘 수행하기 위한 전략적인 사고력도 필요하다. 마케팅과 브랜드에 대한 지식이 중요하며, 기업의 정체성을 새롭게 만들기 위한 커뮤니케이션 능력도 뛰어나야한다. 그리고 기업환경이 글로벌화됨에 따라 외국어 능력은 기본적으로 요구된다. 그 외에 경제학, 경영학, 산업 및 기술, 미래학, 심리학, 빅데이터 분석 등의 지식이 필요하다.

5) 교육과정 및 관련 자격

기업프로파일러로 활동하는데 필요한 자격증은 없다. 경영, 커뮤니케이션, 마케팅, 광고, 마케팅커뮤니케이션 전공으로 학사 및 석사 수준의 지식이 필요하며, 기업 경영에 필요한 지식이 요구된다. 때문에 경제학, 경영학, 산업 및 기술, 미래학, 광고학, 심리학 등을 전공하는 것이 유리하다.

6) 관련 학과 소개

현재 우리나라에서 광고 관련 학과가 개설된 대학으로는 남서울대, 동국대, 동명대, 서강대, 서원대, 숙명여자대, 신라대, 우석대, 중앙대, 청운대, 청주대, 한국외국어대, 한림대, 한신대, 홍익대 등이 있다.

학과 들여다보기 : 홍익대 광고홍보학부

홍익대 광고홍보학부는 창의적인 광고홍보 전문인 양성을 위한 특성화된 교육과정을 운영하고 있다. 즉 광고/홍보 기획 등의 이론 교육뿐만 아니라 광고/홍보 제작 및 디자인 등의 크리에이티브 실무 교육을 고려한 전인적 융합 교육과정으로 구성되어 있다. 이러한 이론과 실무의 상호 보완적인 교육과정은 '크리에이티브를 이해하는 기획자', '기획을 이해하는 크리에이터' 육성을 지향한다. 즉 통합적인 시각을 지닌 특성화된 광고홍보 전문인 양성을 목표로 한다.

교과과정

	교과목명	
	1학기	2학기
1학년	광고학개론, PR학개론, 광고디자인의 이해	커뮤니케이션 개론, 마케팅개론, 광고 크리에이티브
2학년	광고기획론, 프리젠테이션, 광고 PR조사, 매스커뮤니테이션, 광고심리학, PR글쓰기와 활용, 마케팅전략과 비즈니스모델	매체기획론, PR기획론, 설득커뮤니케이션, 카피라이팅, 세일즈프로모션, 인터랙티브광고
3학년	위기관리커뮤니케이션, 영상광고제작, 광고 PR기획실습, 글로벌마케팅커뮤니케이션	IMC, 데이터분석과 활용, 소비자행동, 브랜드전략, 창의적아이디어발상, 헬스커뮤니케이션, 옥외광고, 인쇄광고제작, 인터랙티브광고실습
4학년	인쇄광고제작심화, 소셜미디어, 통합캠페인1	영상광조제작심화, 마케팅PR과 기업가정신, 미디어윤리법제, 통합캠페인2

7) 전망

기업프로파일링 기법이 도입 초창기라는 점과 국내 경영컨설팅의 시장규모 등을 고려할 때, 아직까지 기업프로파일링만을 가지고 하나의 직업으로 정착하기에는 이른 면이 있다. 또한 기업프로파일러는 상당히 높은 수준의 지식(경제, 경영, 산업, 심리 등)이 필요하기 때문에 교육과정이 체계적으로 마련되지 않은 상황에서 개인이 준비하기에는 부담이 커서 국내 정착가능성은 당분간 높지 않을 것으로 전망된다. 다만 기업체 내 새로운 직무로서, 또는 기존 직업의 분화 등을 통해 직업화 될 가능성이 있고, 전문 컨설팅 회사에서 기업프로파일링 직무만을 전문적으로 수행하는 인력으로 나타날 가능성이 있다.

참고 도서
● ***이기는 사람은 악마도 설득한다*** (게리 네스너/라이프맵)
● ***비즈니스 프로파일링 기법*** (곽건/생존연구소)
● ***피터 드러커 강의*** (피터 드러커/랜덤하우스코리아)

라. 신사업아이디어컨설턴트

1) 개요

기업 차원에서 아이디어는 매우 중요하다. 기업에서는 혁신적인 아이디어를 내기 위해 아이디어에 열의와 에너지를 쏟고 있다. 그러나 아이디어를 내는 것 보다 더 중요한 것은 그 아이디어가 사업이 되도록 구체화 하는 것이다. 따라서 아이디어를 누가 내느냐보다는 모든 아이디어를 엮어서 사업성 있게 만들어가는 것이 더 중요하다고 할 수 있다.

부가가치의 창출요소가 노동, 자본, 지식, 정보 등에서 혁신적 기술과 창의적 아이디어로 이동하고 있다. 또한 인터넷이 급속히 발전하고 소비자의 욕구가 다변화하면서 이에 부응하는 사업과 직업도 다양한 형태로 나타나고 있다. 이러한 추세를 반영해 혁신적인 사업 아이디어나 기술을 발굴하고 이를 판매하거나 중개해주는 기업과 직업이 등장하고 있다. 신사업 아이디어 컨설턴트는 그러한 직업 중 하나이다.

신사업아이디어컨설턴트는, 막연한 아이디어를 명확하게 제공하는 일을 하는데, 그 중에서도 스타트업에 관련된 창업 아이템 관련 아이디어 또는 상품 및 제품으로 개발할 수 있는 아이디어와 관계된 방대한 DB자료들을 바탕으로, 우리나라에서 성공 가능할 수 있는 모델이나 아이템 및 창업으로 할 수 있도록 컨설팅 해주는 일을 한다. 성공 가능성이 있다고 판단되는 아이디어에 한해서 전문가 네트워크를 통해 투자, 개발, 시장출시, 판매 까지 대행을 해주기도 한다.

2) 하는 일

창업을 시작하려는 사람들에게 정보를 제공하고 새로운 아이템을 제안하는 등 창업의 과정을 도와주는 사람을 가리켜 신사업아이디어컨설턴트라고 부른다. 신사업아이디어컨설턴트는 시대의 흐름과 변화를 예측하고 소비자의 경향을 탐구해 새로운 시장을 개척하기 위한 새로운 아이디어나 모델을 발굴한다. 또 고객의 요구에 맞춰 신사업 관련 아이디어와 비즈니스 모델을 컨설팅하기도 한다. 쿨헌팅(Cool Hunting: 소비자 유행경향 마케팅 조사), 아이디어 스포팅(Idea Spotting: 탐색, 탐험, 탐구, 탐지, 탐방을 통한 아이디어 찾아내기 기법), 트렌드 와칭(Trend Watching: 시대의 흐름과 변화예측) 등을 고려하여 새로운 사업 아이디어를 조사 또는 발굴한다. 발굴한 아이디어와 모델은 국내 실정과 고객의 요청에 따라 가공되고 다시 개발되어 사업화가 가능한 새로운 아이디어 또는 사업 모델이 된다.

주요 고객은 예비 창업자, 벤처기업, 중소기업, 정부기관, 전국의 창업보육센터 및 창업 교육기관 등이다. 발굴된 아이디어는 컨설팅 보고서와 교육을 통해서 제공된다. 컨설팅 보고서에는 고객의 요청에 따라 마케팅 전략, 비즈니스 모델, 시장 분석 등의 전문적인 내용이 포함된다. 신사업아이디어컨설턴트가 하는 일을 정리하면 다음과 같다.

- 각종 조사와 연구를 통해 신사업 아이디어를 발굴.
- 신사업 아이디어 도출을 위한 시장을 분석.
- 아이디어를 발전시켜 창업이 가능하도록 컨설팅.
- 창업 등에 도움이 되는 홍보나 마케팅을 지도, 지원

신사업 아이디어 컨설턴트는 주로 창업컨설팅, 경영컨설팅 회사에서 근무하며, 창업컨설턴트와 비슷한 업무를 하지만, 새로운 아이디어와 기술, 사업 아이템을 발굴하여 새로운 사업을 추진하려는 사람들에게 판매한다는 점에서 다르다. 유행, 사회, 문화의 흐름과 변화를 읽어내고 이 안에서 사업 아이템을 우선 발굴한 후에 창업을 준비한다는 면에서도 기존의 창업컨설턴트와 차이점이 있다.

3) 현황

가) 해외

외국에서도 아직 신사업아이디어컨설턴트라고 부를만한 직업이 활성화 되어 있는 것은 아니다. 하지만 갈수록 치열해지는 경영환경에 따라 참신한 아이디어를 필요로 하는 기업이나 개인이 늘면서 혁신적인 사업아이디어나 기술을 발굴해 판매하거나 중개해주는 기업이 나타나고 있다. 일례로, 영국의 '스프링와이즈'는 전 세계에서 탄생한 새로운 비즈니스 아이디어 정보를 매일 온라인 사이트를 통해 공개하고 있다. 이 업체는 창업 관련 아이디어뿐만 아니라 신제품, 마케팅, 디자인 등 다양한 분야의 아이디어를 무료로 제공한다. 스프링와이즈의 스몰비즈니스 아이디어 분야는 전 세계에서 가장 많은 데이터베이스를 구축한 것으로 알려져 있으며, 세계 150여 개국 1만5,000명의 서포터즈로부터 정보를 제공받고 있다. 스프링와이즈 서포터즈는 전 세계 최대 규모의 신사업 아이디어 탐사 네트워크로, 신사업 아이디어 또는 사업 아이템뿐만 아니라, 각국의 최신 유행 정보를 공유하고 '스프링와이즈'로 전달하는 역할을 한다.

나) 국내

우리나라에는 신사업아이디어를 발굴해 제공하는 인력이 소수에 불과하다. 주로 창업컨설턴트가 업무수행 과정에서 신사업아이디어를 부가적인 서비스로 제공하고 있다. 신사업 아이디어 컨설턴트 업무만 담당하는 전문 직업인은 없다. 유사한 사업으로는 중•소기업청 산하 소상공인시장진흥공단에서 2007년부터 국내외 신사업 아이디어를 발굴해 사이트와 책자로 공개하는 사업이 있다.

경기불황과 창업을 원하는 사람들이 늘면서 신사업아이디어 발굴 서비스를 원하는 기업과 단체들이 나타나고 있다. 하지만 관련 회사는 이제 소수로 하나 둘 생겨나고 있는 중이며, 아직까지는 이 분야를 창업컨설팅이나 경영컨설팅 분야의 틈새 아이템으로 보는 경향이 있다. 그러나 정부의 첨단산업분야 육성을 위한 대통령 직속 '4차 산업혁명위원회'와 연계해 새로운 비즈니스 모델 발굴에 대한 욕구가 커지고 있어 이 사업의 잠재적 성장 가능성은 높다. 국내에 새로운 사업 아이디어를 제공하고 신사업을 컨설팅하는 기업체의 사례를 살펴보면, 이 기업은 신사업 아이디어뿐만 아니라 실제 존재하는 다양한 상품정보를

소개해 창업 정보를 제공하고, 아이디어 제품개발 플랫폼을 통해 아이디어 발굴 및 상품화, 창업 등에 도움을 주고 있다. 신사업 아이디어 컨설팅은 창업 컨설팅 및 기업경영 컨설팅 분야에서 틈새 아이템에 불과하지만 앞으로 지속적인 성장을 기대해 볼 수 있다.

4) 흥미 및 적성

신사업아이디어컨설턴트가 되려면 다양한 분야에 호기심이 많고, 새로운 것을 찾으려는 도전의식과 모험심이 뛰어나야 한다. 새로운 아이디어를 사업화하는 과정에서 필요한 홍보와 마케팅전략, 창업에 필요한 법과 행정 절차, 지적재산권 관리 방법 등의 실질적인 지식을 가지고 있는 것이 중요하다. 아이디어가 있으면 다른 사람들을 공감시킨 후 필요한 사람들과 함께 연결하고 만들어나가는 자세도 중요하다.

5) 교육과정 및 관련 자격

특별한 자격증이나 전공이 반드시 필요한 것은 아니다. 경영학을 전공하거나 창업 관련 교육을 받는 것도 좋지만, 혁신적인 기술과 창의적인 아이디어에 대한 끊임없이 탐구하는 열정과 호기심, 전망이 좋은 트렌드를 읽어내는 통찰력, 시장을 분석하는 능력이 필요하다. 사업의 전 과정을 이해해야 하며, 관련법 · 제도적 지식, 용역이나 제품의 개발, 마케팅과 관리, 지적재산권의 관리와 운영 등에 대해 종합적인 지식과 경험을 갖춰야 한다.

6) 관련 학과 소개

현재 우리나라에서 창업 관련 학과가 개설된 대로는 군산대, 대구대, 대전대, 세종사이버대, 우송대, 유원대, 조선이공대, 창원대, 한국교통대, 한국열린사이버대 등이 있다. 대부분 학부 과정이나, 일부 전문학사 과정이 개설된 곳도 있다.

학과 들여다보기 : 한국열린사이버대 창업경영컨설팅학과

창조경제시대, 정부중심의 창업지원예산이 막대하게 쏟아지고 한해 약 100만명이 창업에 도전하고 있지만 그 성공률은 그리 높지 않다. 무분별한 창업을 막고 창업을 제대로 준비하고 가이드를 해줄 전문가가 필요하다. 한국열린사이버대 창업경영컨설팅학과는 국내유일의 창업경영학사로서 창업 및 경영분야에서 컨설턴트로 왕성한 활동을 하고 있는 전문가들이 출강하고 있다. 창업컨설팅트랙과 경영트랙 과목을 수강할 수 있으며, 특히 온라인마케팅분야의 과목들이 본 학과만의 특색 있는 과목이다. 그 외 개인브랜드를 만들기 위한 단계별 프로그램과 점포컨설팅동아리, 온라인창업연구동아리, 비전강사동아리, 자격증동아리 등 여러 동아리가 활발하게 운영 중에 있다.

교과과정

	1학기		2학기	
	전공필수	전공선택	전공필수	전공선택
1학년	창업의이해와기업가정신, 경영학원론	창업경경성공사례, 소매유통경영전략, 경제학, 인사관리		프랜차이즈창업, 유망창업트렌드분석, 1인기업창업론, 마케팅관리론, 창업과창직
2학년		창업아이디어개발, 인터넷쇼핑몰창업, 벤처기술창업론, 소비자행동론, 마케팅조사, 입지및상권분석론		오픈마켓창업, 사회적기업창업, 웹컨텐츠기획실무, 점포마케팅실무, 유통관리, 국제경영학, 상가투자론
3학년 4학년		인터넷마케팅전략, SNS마케팅실무, 실전고객서비스전략, 창업경영컨설팅개론, 사회적기업가정신과 지속가능전략, 노사관계론, 경영분석, 경영전략, 점포개발론		창업상담사개론, 모바일비즈니스활용전략, 컨설팅사례연구, 회계세무권리, 서비스마케팅, 물류및공급체인관리, 투자론, 마케팅전략과사례, 소기업광고홍보실무, CEO경영심리학, 상가관리론

7) 전망

신사업 아이디어 컨설턴트는 창의적 아이디어가 부가가치의 원천이 되는 미래사회에서 발전 가능성이 높은 사업이라고 할 수 있다. 신사업 아이디어를 제공하는 컨설팅 서비스는 국내에 등장한지 얼마 되지 않은 사업으로 신사업아이디어컨설턴트도 새롭게 등장하고 있는 직업이다. 국내에서는 창업을 하고자 하는 수요가 많아 참신한 창업아이템을 찾으려는 사람들을 중심으로 수요가 나타나고 있다. 사람들이 원하는 창업아이템을 위해 좋은 아이디어를 내놓아야 창업을 원하는 사람들이 상담을 많이 받게 될 것이다. 하지만 신사업아이디어컨설턴트는 창업컨설팅만을 다루는 직업은 아니며, 전반적인 사업아이템을 다룬다는 점에서 창업컨설턴트보다는 폭넓은 활동을 기대할 만하다. 따라서 현재로선 이 분야 역시 신사업 아이디어가 필요한 영역으로 참신한 아이디어를 통해 직업의 안정화가 필요한 단계라고 할 수 있다.

참고 도서

- ***해적들의 창업 이야기*** (최규철, 신태순/비전비엔피)
- ***거꾸로 보면 패턴이 보인다*** (이지효/처음북스)
- ***전략의 힘*** (이선웅/라이온북스)

마. 대체투자전문가

1) 개요

과거에는 경제의 상승 추세로 인하여 많은 기업들과 나라들이 성장을 하여 주식과 채권으로 쉽게 수익을 올릴 수 있었지만 요즘에는 저성장으로 인하여 주식은 수익에 비해 위험성이 상당히 커졌으며, 채권은 안전에 비해 수익이 너무 낮아짐에 따라 대체투자가 새로운 투자방법으로 주목받고 있다. 대체투자란 주식과 채권의 전통적인 투자 상품(traditional investments)에 대해 상대적으로 쓰는 개념으로, 주식과 채권을 제외한 모든 투자 상품들이 대체 투자 상품에 해당된다. 예로는 부동산, 인프라(도로, 항만, 발전 등), Private Equity Fund, Hedge Fund등이 있다. 대체투자 자산의 발굴, 수익분석, 위험분석 등을 통해 합리적 투자 계획을 수립하고 최적의 수익을 확보한다. 대체투자전문가는 이러한 대체투자 자산을 발굴하고 수익분석, 위험분석 등을 통해 합리적 투자 계획을 수립하고 최적의 수익을 확보하도록 돕는 전문가를 말한다.

2) 하는 일

대체투자전문가는 주로 기관투자자에 고용되어 대체투자 자산의 발굴, 수익 분석, 위험 분석 등을 통해 합리적 투자 계획을 수립하고 최적 수익을 확보하는 일을 한다. 주식과 채권 등 전통적인 투자를 제외한 모든 투자를 의미한다는 점에서 뮤추얼펀드, 헤지펀드, 부동산, 사기업투자펀드, 벤처캐피탈, 원자재투자펀드 등이 모두 대체투자 상품으로 분류되며, 기존의 투자분석가 및 금융자산운용가와 유사한 업무를 수행한다. 대체투자전무가가 하는 일을 정리하면 다음과 같다.

- 경제예측, 거래량, 회사의 재무상태, 투자대상의 과거 성과나 주식·채권 및 기타 투자수단들의 장래 경향성과 같은 금융시장정보를 수집하고 분석한다.
- 투자계획을 수립하고 투자 포트폴리오를 모니터하여 최대한의 투자수익을 올릴 수 있도록 자산을 운용한다.
- 투자자들이 맡긴 돈을 가장 효율적인 투자계획을 세워 운용하고, 생기는 이익을 투자자들에게 다시 돌려준다.

주로 투자자문회사, 투자신탁, 신탁은행 등에서 활동하며 대체투자전문가로 별도 채용이 이뤄지고 있다. 우리나라에서는 주로 부동산 투자로 대체투자가 쏠려있는데, 예를 들어 대체투자본부 내 부동산운용팀에서 채용을 하고 있으며 이외에 금융회사 내 금융연구소 등에서도 활동한다.

3) 현황

가) 해외

금융시장 선진국인 미국의 경우 국내·외에 유입되는 엄청난 자금과 자원으로 대체투자 시장이 매우 크다. 미국의 경우 부동산을 비롯해 선박, 항공기, 태양열 등 각종 에너지

관련 대체투자 시장이 형성되어 활발한 거래를 보이고 있다. 때문에 각 종목별로 전문가 및 기업체가 형성되어 있고, 이에 파생된 각종 펀드 등의 금융상품이 다양하게 거래되고 있다. 대체투자전문가들은 대체투자 대상을 전문으로 다루는 투자운용회사에 소속되어 근무하는 편이다. 이에 따라 이직 역시 전문영역에 속하는 대체투자 대상을 중심으로 이뤄진다.

나) 국내

정확한 종사자 수는 파악되지 않으나, 주로 투자자문회사, 투자신탁, 신탁은행 등에서 활동한다. 규모가 큰 회사에서는 부동산운용팀과 같은 대체투자운영팀이 별도로 있으며, 대체투자전문가는 이러한 팀에서 활동한다. 대개 금융 관련 기업에 입사하여 증권시장을 분석하는 애널리스트로 활동하다가 대체투자팀과 같은 부서로 이동해 경력을 쌓는 경우가 많다. 국내에서 가장 큰 대체투자금은 국민연금기금 같은 연금기금에서 나오기 때문에 국민연금관리공단과 같은 곳에도 대체투자전문가가 활동한다. 또 원자재, 원유 등 대형제조업에서도 대체투자에 대한 분석을 하고 있어서 이곳에서도 별도 전문가 교육과정을 이수하고 활동하는 관련 직무자가 활동한다.

4) 흥미 및 적성

경영, 금융, 경제 등의 전문지식 및 부동산, 항공기, 선박, 태양광, 풍력 등 특정 산업 영역의 산업 변화와 투자 트렌드 공부가 중요하다.

5) 교육과정 및 관련 자격

공식화된 자격증은 없으며, 대학에서 경영이나 경제, 회계, 통계, 금융등의 관련한 학과를 전공하면 취업에 유리하다.

6) 관련 학과 소개

현재 우리나라에서 금융 관련 학과가 설치된 대학으로는 경희대, 공주대, 광주대, 목포대, 상명대, 상지대, 서경대, 서울대, 숭실대, 아주대, 영남대, 인하대, 전주대, 제주국제대, 중앙대, 한국방송통신대, 한림대, 한림대, 한신대, 한양대, 홍익대 등이 있다.

학과 들여다보기 : 영남대 경제금융학부

영남대 경제금융학부는 사회과학의 꽃인 경제학에 금융과 기업이라는 실용성이 가미된 곳으로, 50년이 넘은 전통을 자랑하고 있다. 미래사회에서 가속화되는 글로벌 경제의 통합으로 인한 변화에 대응하기 위해 세계를 무대로 하는 경제전문가, 금융전문가 육성을 목표로 하고 있다. 경제금융학부는 실사구시의 학풍에 따라 경제 및 금융의 여러 분야에 대한 철저한 이론적 기초와 함께 대내외적 경제 현실에 직접 적용할 수 있는 실무적 지식을 결합한 교과 과정을 운영하고 있다. 학생들은 크게 세 분야에 진출할 수 있는데 첫째는 은행, 증권, 보험 등 금융 분야이고, 둘째는 정부기관, 정부투자기관, 각종 공사 등에서 일하는 공무원분야이며, 셋째는 국내외 기업에서 활동하는 기업경영 분야이다. 이 세 분야에 잘 진출할 수 있도록 경제금융학부는 외국어, 컴퓨터, 금융실무, 기업경영기술 등에 관한 실용적 교육을 함께 제공하고 있다.

교과과정

- **교양과정(교양필수)**

	1학기	2학기
1학년	Practical English, 경제학의 이해, 기업회계의이해, 대학생활설계, 실용중국어1,	Academic English, 사회계열맞춤형글쓰기, 사회과학과 수학, 기가생활경제, 실용중국어2
2학년	취업설계	

- **전공과정**

	1학기		2학기	
	전공핵심	전공선택	전공핵심	전공선택
2학년	거시경제학, 경제통계분석1, 미시경제학, 수리경제학	경제학설사, 21세기 지식특강	거시경제학2, 경제통계분석2, 기업금융의이해1, 미시경제학2	노동경제학, 지역및도시경제학, 화폐금융론, 21세기지식특강
3학년	계량경제학	경제영어, 경제이슈의이해와토론1, 국제통화금융, 금융회계실무, 기업금융의이해2, 사회교육론, 창조경제론	금융시장과투자분석, 산업조직론	게임및정보경제학, 경제이슈의이해와토론, 국제무역론, 금융기관의분석 (종합설계), 사회교재연구및지도법, 재정학, 중국경제의이해, 창업설계 (캡스톤디자인)1, 현장실습(경제금융)
4학년	세계와한국경제	경제금융세미나, 경제정책론, 규제정제론, 보험경제학, 사회논리및논술, 중국의 지역경제, 창업설계 (캡스톤디자인)2, 파생금융상품의이해, 현장실습(경제금융)		기업경제학, 한국경제사, 환경경제학

7) 전망

주로 기관투자자들이 수익률 제고 및 투자 다변화를 통한 위험 분산 목적으로 대체투자 비중을 확대하는 추세이나, 아직까지는 전문 인력과 대체투자 상품 모두 부족한 상황이다. 또한 금융투자시장 규모가 금융 선진국들에 비해 크지 않은 상황이고, 경기불황의 여파로 대체투자시장이 급격히 성장하기는 어려운 현실이다. 다만, 전 세계적으로 대체투자시장이 확대되고 있기 때문에 다른 투자시장에 비해 상대적으로 시장 규모의 확대 및 일자리 창출이 가능할 것으로 보인다.

참고 도서

- ***대체투자 파헤치기 시리즈*** (이원희/북랩)
- ***대한민국 신 국부론*** (이찬우/스마트북스)
- ***위대한 투자가들*** (글렌 아널드/시드페이퍼)

바. 개인간(P2P)대출전문가

1) 개요

P2P(Peer-to-Peer) 대출은 은행과 같은 기존 금융 중개기관을 거치지 않고 온라인 플랫폼을 통해 다수의 개인들끼리 자금을 대출하고 차입하는 거래를 의미한다. 개인간(P2P)대출은 은행 등 금융권 대출에 어려움을 겪으며 사회안전망이 미치지 못하는 사각지대에 위치한 수요자들에게 자금을 공급해주는 방법의 일종으로, 개인간(P2P)대출전문가는 투자자와 수요자들에게 개인간(P2P)대출을 중개하는 사람을 말한다.

2) 하는 일

개인간(P2P)대출전문가는 대출을 필요로 하는 개인의 재산상황이나 신용등급매출 등을 분석하여 대출 가능한 금액과 금리를 설정하고 대출을 원하는 사람과 개인 투자자를 중개하는 역할을 맞는다. 개인간대출전문가가 하는 일을 정리하면 다음과 같다.

- 대출을 필요로 하는 개인이나 상점운영자의 재산상황이나 신용등급, 평판 그리고 매출과 관련된 자료를 분석한다.
- 대출 희망자에게 적용 가능한 대출 가능한 금액의 한도와 금리를 설정한다.
- 투자자에게 대출희망자와 관련된 정보(대출자의 목적, 대출자와 관련된 개인 정보, 투자수익률, 거치기간, 상환기간, 상환일, 상환방식 등)를 제공한다.
- 개인 간 투자를 중개할 수 있는 온라인 플랫폼을 구축한다.
- 대출상환 미이행의 상황이 발생할 경우를 대비하는 계획을 수립한다.

3) 현황

가) 해외

개인간(P2P)대출은 2005년 영국에서 처음 등장한 이후 미국과 유럽을 중심으로 빠르게 성장하고 있으며, 최근에는 중국에서도 개인간(P2P)대출을 이용한 개인간 대출거래가 활발하다. 처음에는 개인투자자와 개인차입자 간 대출을 중개했으나 최근에는 개인투자자와 기업 차입자 대출을 중개하는 등 다양한 방식으로 진화하고 있다.

나) 국내

국내 스타트업 중에도 개인간(P2P)대출업체들도 늘어나고 있다. 8퍼센트(8percent.kr)와 펀다(www.funda.kr)는 그러한 개인간(P2P)대출업체 중에 하나이다. 이런 업체들에 대한 기존 금융 규제 당국과 금융업계의 저항이 만만치 않다. 하지만 스타트업 등이 온라인으로 다수 소액투자자로부터 자금을 원활히 조달할 수 있는 클라우드 펀딩제도가 2016년 1월부터 시행되면서 온라인소액투자 중개업자는 자본금 5억 원을 가지고 등록만 하면 사업을 할 수 있는 법적 근거가 마련됐다.

4) 흥미 및 적성

개인간(P2P)대출전문가로 일하려면 금융과 IT를 융합한 지식과 전문성이 필요하다. 개인의 신용과 관련된 신용회사의 자료를 활용하거나 대출을 희망하는 소상공인의 매출 관련 자료 등도 분석해야하기 때문에 종사하는 사람들 중에는 금융권 전문가가 많다.

5) 교육과정 및 관련 자격

반드시 취득해야 하는 자격증은 없지만 금융과 관련해서 회계감사, 채무관리 등 규제에 대한 전문지식이 있으면 좋다. 한편 온라인 중개 플랫폼을 구축하는 데 필요한 절차 및 기술 등에 대한 지식을 갖추고 있으면 도움이 된다. 따라서 대학에서 경제, 경영 등 금융관련 전공을 하면 유리하다.

6) 관련 학과 소개

현재 우리나라에서 회계 관련 학과가 설치된 대학으로는 경기대, 군산대, 단국대, 대구대, 동덕여대, 동명대, 동의대, 배재대, 사이버한국외국어대, 서울디지털대, 서울사이버대, 서울여대, 서원대, 세명대, 세종사이버대, 수원대, 순천향대, 숭실대, 신라대, 아주대, 안동대, 장안대, 전북대, 전주대, 제주국제대, 제주대, 창신대, 창원대, 한국과학기술원, 한국방송통신대, 한국열린사이버대 등이 있다.

학과 들여다보기 : 숭실대 회계학과

숭실대 회계학과는 지식기반의 전문사회에 맞는 회계분야 인재를 양서하기 위하여 특성화 프로그램을 강화하여 부활시킨 학과이다. 회계학과는 숭실대의 교육이념인 진리와 봉사를 바탕으로 회계전문가를 양성하기 위하여 다양한 프로그램이 준비되어 있다. 이론과 실무간 균형 잡힌 회계전문가이면서 봉사의 리더십을 갖춘 국내외 리더로 양성하는 것을 비전으로 삼고 있다. 숭실대 회계학과는 비전2020 및 비전 달성을 위해 3C를 핵심가치로 추구한다. 전국 10권 회계사 배출인 CPA, 재학 중 회계 및 세무공무원 합격인 CIVIL SERVANT, 전국 5위권 세무사 배출인 CTA이다.

교과과정

- 교양과정 및 기초과정

	1학기		2학기	
	교양필수	전기	교양필수	전기
1학년	채플, 읽기와 쓰기, 영어회화1, 컴퓨터활용1(Excel)	경영학의 이해, 회계원리, 경제원론, 경영수리와통계	채플, 현대인과 성서1, 현대인과 성서2 (e러닝), 영어회화2, 컴퓨터활용2 (Power point)	경영학의 이해, 회계원리, 경제원론, 경영수리와통계, 재무회계 (전공선택 인증필수)
2학년	채플, Practical Reading & Writing			
3학년		비즈니스 커뮤니케이션		

- 전공과정

	1학기		2학기	
	전공선택 (인증필수)	전공선택	전공선택 (인증필수)	전공선택
2학년	재무관리, 조직행동론, 마케팅, 오퍼레이션매니지먼트, 경영정보시스템, Entrepreneurship, 재무회계	중급회계, 세법원리, 관리회계	재무관리 조직행동론, 마케팅, 오퍼레이션매니지먼트, 경영정보시스템, Entrepreneurship	중급회계2, 원가회계, 기업법, 세법개론1
3학년		회계감사, 세법개론2, 회계학연습, 원가관리회계연습		고급회계, 세무회계, 재무제분석표, 비영리회계
4학년		회계이론, 전산회계, 재무회계세미나		관리회계세미나, 제무회계세미나, 파생상품회계

7) 전망

금융 소외에 대한 해법의 하나로 사회적 관심이 높아지는 가운데, 개인간(P2P)대출전문가의 수요가 증가하고 있다. 금융 중개비용이 적게 들면서 사회적네트워크를 활용해서 차입자와 투자자 모두에게 유리한 이자율과 수익률을 제공할 수 있는 방법이기 때문이다. 특히 2016년 크라우드 펀딩제도가 시행되면서 이 분야는 더욱 주목을 받을 것으로 보인다. 창업을 한 소상공인 중 운영자금이 필요하지만 여러 상황 때문에 제1금융권에서 대출을 받지 못해 저축은행이나 사채 시장을 이용하는 사람이 줄어들 수 있도록 영리 목적, 창업 소기업에 대한 다양한 각도에서의 대출을 확대하기 위한 노력이 계속되어야 하는 상황에서 개인간(P2P)대출은 더 주목을 받을 전망이다.

참고 도서

- ***보노보 은행*** (노대명, 유병선, 문진수, 이종수, 곽제훈, 김승균, 박기범, 신민철, 안미보, 최희화/부키)
- ***빈곤을 착취하다*** (휴 싱클레어/민음사)

사. 공공조달지도사

1) 개요

공공조달이란 정부 및 정부기관의 필요에 따라 상품이나 서비스를 구매하는 것을 말한다. 공공조달지도사는 중소기업의 조달시장 진입을 도우면서 조달물자의 가격과 품질을 점검하며, 해외조달시장 진출 컨설팅까지 수행하는 민간 전문가다. 즉, 조달 컨설팅을 제공하고 해외 조달시장 진출을 지원하며 조달업무 위탁대행 등을 수행하는 역량 있는 민간 전문가를 말한다.

2) 하는 일

상대적으로 벤처·창업기업들의 조달시장 진입은 어렵다. 시장에 경쟁 제품이 없는 경우 입찰을 통한 계약이 불가능하고, 판매 실적이 없으면 공공기관에 납품이 힘들기 때문이다. 이에 공공조달지도사가 조달 가격을 검증하고, 제조물품의 안전검사, 검수 대행을 비롯한 종합적 조달 경영 전략을 제공하여 기업의 조달시장 진입을 지원하게 된다. 공공조달지도사의 직무를 살펴보면, 조달 컨설팅 제공, 해외조달시장 진출 지원, 조달업무 위탁 대행 등을 성공적으로 수행하는 일을 한다. 공공조달지도사는 5만여 공공기관과 34만여 조달업체가 참여하는 공공조달시장(약 120조원, 국가예산의 약 30%)에서, 창업 벤처기업 등의 조달시장 진출 컨설팅을 제공하면서 조달물자의 가격과 품질을 검증하고 해외조달시장 컨설팅도 수행한다. 자세한 업무를 정리하면 다음과 같다.

- 조달 컨설팅 제공 : 조달시장 진입 지원, 조달 관련 계약 체결 및 계약 관리, 중소기업의 조달경영 전략 제공, 민원·분쟁 사전 조정
- 해외 조달시장 개척 : 해외조달시장 현황 분석, 해외조달시장 진출 전략 도출·제공, 해외 전시회 참가 및 민관 협력 시장개척단 파견 지원, 각 해외 진출 지원 사업 조율 및 기관 간 협업 추진
- 조달업무 위탁 대행 : 조달가격 사전검증, 제조물품 직접생산 확인, 수요기관의 물품구매 분야 검사·검수 업무

3) 현황

가) 해외

해외 조달시장의 경우 2014년 기준 약 6.2조 달러로 이는 국내 공공조달시장의 약 50배에 달하는 블루오션이다. 특히 WTO 정부조달협정, 한미 FTA 등이 체결됨에 따라 해외 조달시장이 개방되어 우리나라 기업의 해외 진출에 대한 관심 또한 증대하고 있다.

기업이 포화된 국내시장을 넘어 해외시장으로 진출하는 것은 기업 측면뿐만 아니라 국가 측면에서도 정체된 경제를 해소할 당면 과제이다. 따라서 해외 조달시장을 분석하고 나라 별 맞춤형 전략을 수립하여 개별 기업 및 해외진출 지원 사업 수행 기관을 지원할 전문 인력이 절실하다.

나) 국내

조달시장의 전체 규모는 비교적 일정(110조원 내외)하지만 여기에 참여하는 중소기업은 2012년 24만개에서 2016년 33만개로 폭증하고 있다. 즉 조달시장에서의 중소기업 간 경쟁은 나날이 치열해지고 있는 실정이다. 치열한 경쟁에서 우위를 점하기 위해서는 조달시장에 대한 전문적 이해와 전략적 접근이 필수적이나 창업초기 기업, 장애인 기업, 영세 소기업 등 사회적 약자 기업은 이를 뒷받침할 전문 인력을 확보할 수 없어 경쟁에서 소외될 수 있다. 반면, 어느 정도 여력이 있는 기업은 자체적 교육을 통해 전문 인력을 양성한 후 경쟁에서 우위를 확보할 수 있어 이른바 '그들만의 리그'가 형성될 소지가 다분하다.

현재 몇몇 업체가 조달관련 컨설팅 활동을 하고 있지만 그들이 무슨 근거로 조달 관련 전문가로 활동하고 있는지, 조달환경은 제대로 이해하고 있는 것인지, 컨설팅 비용은 적정한 수준인지 등을 파악조차 할 수 없는 상황이다. 또한 조달관련 컨설팅 업체가 늘어나고 있음에도 불구하고 아래 표와 같이 조달관련 민원·소송이 증가하는 점을 고려하면 이들에게 체계적이고 전략적인 컨설팅을 기대하기는 어렵다. 이와 같이 공공조달시장에서 사회적 약자 기업을 보호하고 중소기업 간 발전적 경쟁을 유도하기 위해서 체계적·전문적 조달전략을 제공할 컨설팅 인력이 필요한 상황이며, 특히 전술한 바와 같이 공공조달시장은 국민의 세금으로 운영되고 국가 경제에 미치는 파급력도 크기 때문에 기존의 일반 컨설팅과 달리 어떤 확립된 기준과 자격 신설도 필요하다.

4) 흥미 및 적성

컨설팅을 맡은 회사가 성공적으로 조달 시장에 입찰할 수 있도록 돕기 위해서는 문제해결을 위해 새로운 전략을 생각해 내는 것이 중요하므로 혁신적이고 창의적인 성격을 가지고 있으면 좋다. 또한 다른 사람을 설득하고 협상하는 것이 주 업무인 만큼 리더십과 협상능력, 커뮤니케이션 능력이 중요하다. 또한 현재 상황을 잘 파악할 수 있는 분석적이고 냉철한 사고방식, 데이터 처리 능력 등을 함양하고 있는 것이 좋다.

5) 교육과정 및 관련 자격

관련 자격으로는 조달청과 고용노동부가 현재 함께 추진하고 있는 공공조달지도사 자격증이 있다.

6) 관련 학과 소개

현재 우리나라에서 경영학과가 개설된 대는 매우 많다. 경영학과도 대표적인 상과대학의 학과이기 때문에 상과대학은 공과대학과 마찬가지로 대부분이 개설되어 있다. 대부분의 대에 경영학과가 개설 되어 있다.

학과 들여다보기 : 용인대 경영학과

용인대 경영학과 에서는 국제화·정보화 시대를 맞이하여 급변하는 국내·외 경영환경에 적극적으로 대처할 글로벌 전문경영인을 양성하고 있다. 이를 위해 경영전문지식, 컴퓨터와 인터넷을 활용하는 최신경영기법, 비즈니스 외국어의 구사력을 높이고, 인터넷 관련 산업의 신경향을 받아들이고 있다. 또한 국제화·정보화를 넘어서 학문별 지식을 기반으로 한 지식융합의 시대에는 그 어느 때 보다 경영환경을 예측하기가 힘들 정도로 변화하고 있다. 이러한 급변하는 환경에서 기업이 생존하고 성장해 가는데 필요한 경영정책과 전략 및 운영방법 등에 관한 이론과 기법을 습득함과 창의적이고도 성실하게 노력하며, 나아가 서로가 상생할 줄 아는 진실한 인재 양성을 목적으로 하고 있다.

교과과정

- 전공 기초

	1학기	2학기
1학년	경제학원론, 회계원리	경영통계학, 마케팅원리

- 전공 과정

	1학기	2학기
2학년	생산운영관리, 인사관리, 재무회계, 광고론, 취업기업영어기초	경영전략, 재무관리, 소비자행동론, 취업기업영어심화
3학년	경영과학, 국제마케팅, 노사관계론, 세무회계, 취업실무영어기초, 국제재무관리, 경영학세미나, 경영분석, 창업실무영어기초	관리회계, 조직전략, 세무회계, 마케팅조사론, 조직행동론, 증권투자론, 서비스운영관리, 취업실무영어심화, 창업실무영어심화
4학년	경영과학, 국제마케팅, 노사관계론, 취업실무영어기초, 국제재무관리, 경영학세미나, 경영분석, 창업실무영어기초	관리회계, 조직전략, 세무회계, 마케팅조사론, 조직행동론, 증권투자론, 서비스운영관리, 취업실무영어심화, 창업실무영어심화

7) 전망

현재 지식경제부를 비롯한 대한무역투자진흥공사(KOTRA), 중소기업수출지원센터, 조달청 등의 정부기관에서는 한국 기업들의 정부조달시장 진출과 참여 확대를 위해서 기업들이 공급계약 체결할 수 있도록 각종 지원책을 아끼지 않고 있다. 아직까지 대한민국의 정부조달시장 점유율은 미국을 기준으로 0.0018%에 머물면서 0%대의 점유율을 보이고 있다. 그러나 세계적인 경기침체 이후 정부는 정부조달 참여희망기업에 대한 육성에 절차 및 세제 등 적극적인 지원책을 아끼지 않고 있으며, 기업들도 진출희망국가의 문화에 환경에 맞는 제품 및 기술 개발에 박차를 가하고 있다. 이렇게 공공조달시장이 활성화됨에 따라 그 전문가인 공공조달지도사 역시 발전 가능성이 무한할 것으로 기대된다.

참고 도서
- *지방자치단체 사회적 가치 구현을 위한 공공조달 프레임워크* (배성기/한국민간위탁경영연구소)
- *EU 공공조달 시장 진출가이드* (KOTRA/진한엠앤비)

07

상담·복지

7. 상담·복지

가. 정신건강상담전문가(자살)

1) 개요

정신건강상담전문가는 현대사회의 다양한 정신건강문제를 연구하고 정신건강증진을 위한 심리 상담활동을 하여 아동과 청소년 그리고 성인의 정신건강 문제를 다룬다. 최근 자살, 약물이나 도박 등과 같은 중독이 사회적 문제로 자리 잡고 있다. 특히 자살과 같은 경우 OECD 회원국 중 10년 이상 1위라는 불명예를 안고 있을 정도로 우리나라에서 많은 사람들이 스스로 목숨을 끊고 있다. 더욱이 젊은 청소년들과 노인 인구의 자살률이 증가하고 있다는 점은 자살에 대한 대책이 시급하다는 것을 단적으로 보여준다. 전문가들은 자살을 개인의 문제가 아닌 사회문제로 인식해야 한다고 말한다. 때문에 국가 차원에서도 자살예방 노력에 많은 노력을 기울이고, 국민의 소중한 생명을 지키는 자살예방 진문요원 양성에노 지속적인 지원을 하고 있다.

2) 하는 일

자살예방상담전문요원은 자살예방교육·연구·홍보 및 언론 관리와 전반적인 상담을 지원하고 자살유족 지원 서비스 등 사후관리까지 수행한다. 이들은 자살예방센터 등의 기관에서 상담과 교육 등을 담당하면서 사람들이 자살에 대한 생각에서 벗어나도록 돕는다. 대화를 통해 내담자를 심리적으로 안정시키고, 향후 지속적인 돌봄 서비스를 제공해 자살을 예방한다. 자살 상담의 특성상 위기 상황에 개입하는 경우가 많고 자살시도자에 대한 사후관리를 통해 재발을 막는 역할이 중요하다. 자살 위험이 있는 사람의 이야기를 듣고 관찰하며, 자살 위험성이 높다고 판단하면 의료기관이나 경찰에 연락해 실제 자살이 일어나지 않도록 조치하기도 한다. 자살예방을 목적으로 하는 교육도 담당한다. 일반 시민들을 대상으로 하는 교육의 경우, 사람들이 자살 상황을 확인하거나 위급한 상황에서 경찰에 신고하는 등 위기 상황에 개입할 수 있게 교육시킨다. 이외에 전문가를 대상으로도 교육을 실시한다.

3) 현황

가) 해외

일본에서 자살은 심각한 사회문제여서 국가 및 지방단체가 종합적인 자살대책을 세워 이를 방지하고 있다. 일본에서 자살예방상담가로 활동하기 위해 특별한 자격제도가 있는 것은 아니나 상담 및 사회복지 분야 전공자가 주로 진출한다. 미국에서는 보건복지 전문인력과 경찰 및 소방인력을 대상으로 자살예방 교육을 실시하고 있다. 미국에서 자살예방 관련 업무를 하는 직군을 포함하는 정신보건상담원(Mental Health Counselor)은 약 12만 8천 명(2013, O*Net)이며 연 중위 임금은 $40,580이다. 근무자의 62%가 석사학위자로 정신건강 상담 분야의 학위가 필요하고, 주에서 발급하는 정신건강 관련 자격증이 있어야 활동할 수 있다. 이 이외에도 각 국가에서 자살예방을 위한 제도와 전문기관이 마련되어 있으며 자살예방상담가들이 활발한 활동을 벌이고 있다.

나) 국내

우리나라는 10년째 OECD 국가 중 자살률 1위를 기록하고 있다. 이에 따라 2011년 정부는 '자살예방 및 생명존중 문화 조성을 위한 법률'을 제정하였다. 이 법에 따라 자살예방센터의 설치가 확대되고 있으며 관련 기관 및 협회도 활발한 활동을 벌이고 있다. 자살예방전문요원은 자살방지한국협회, 자살예방협회, 정신건강증진센터 내 자살예방센터, 생명의 전화 등에서 상담 전화 및 이메일 등을 통해 자살방지 상담 및 자살예방 사업을 수행한다. 이중 보건복지부와 지자체가 운영하는 정신건강증진센터는 총 212개소로 센터 내 자살예방센터에는 정신보건전문요원 자격을 갖춘 자살예방전문요원이 1000여명 넘게 활동하고 있다.

4) 흥미 및 적성

생명을 다룬다는 점에서 다른 사람의 삶을 이해하고 약자를 보호하는 마음가짐이 필요하다. 누군가의 생명을 살릴 수 있다는 책임감과 사명감을 가지고 있는 사람이여야 한다. 또한 전문가와 협업하는 경우가 많으므로 타인과 협력하는 자세가 필요하다. 또한 다양한 임상사례를 접할 수 있는 만큼 상황에 맞게 대처할 수 있는 유연한 자세가 필요하다.

5) 교육과정 및 관련 자격

자살예방전문요원이 되기 위해서는 정신보건임상심리사, 정신보건사회복지사, 정신보건간호사 등 정신보건전문요원 자격을 취득하는 것이 입직과 업무 수행에 유리하다. 또한 상담심리에 대한 전문지식과 더불어 일정기간 임상현장에서 지속적인 상담 경험을 쌓는 것이 매우 중요하므로 장기적인 관점에서 교육과 훈련을 준비해야 한다. 관련 학과로 사회복지학과, 심리학과, 간호학과 등이 있다.

6) 관련 학과 소개

현재 우리나라에서 상담심리학과가 개설된 대로는 건양대, 광주여자대, 동명대, 동서대, 서울한영대, 선문대, 영남신학대, 우석대, 인제대, 전주대, 조선대, 제주국제대, 한일장신대, 한동대, 한신대, 호남대, 호원대 등이 있다.

학과 들여다보기 : 전주대 상담심리학과

전주대 상담심리학과는 도움을 필요로 하는 내담자를 돕기 위한 전문적인 실천학문인 상담과 인간이해를 위한 기초 학문의 심리, 각각의 이론과 기법 교육을 바탕으로 맞춤 프로그램을 통해 현장 중심의 조력 전문가를 양성하는 학과이다. 상담과 임상분야의 이론 및 실습을 충실히 할 수 있는 학과 커리큘럼의 완비, 교수와 학생간의 활발한 의사소통과 인화는 전주대 상담심리학과의 강점이라고 할 수 있다. 이러한 내적 역량강화를 통해 졸업생들의 기본적 품성과 인격, 진로와 취업지도에 만전을 기울이고 있는 점 역시 장점이다.

교과과정

	교과목	
1학년	상담학개론, 건강심리학, 애니메이션일본어, 중급영문법, 발표와드라마, 초급프랑스어회화2, 초급독일어회화2 중급일본어회화1, 일본어강독	초급영어2, 중급영어2, 고급영어2, 초급중국어회화2, 중급중국어회화2, 영상중국어회화2, 프로그래밍(스크래치), 중급독해, 채플
2학년	가족상담, 성격심리학, 특수아상담, 발달심리학, 영유아교수방법론, 애니메이션일본어, 초급프랑스어2, 초급독일어2, 중급일본어회화2, 초급영어4	중급영어4, 고급영어4, 초급중국어회화2, 중급중국어회화2, 영상중국어회화2, 프로그래밍(스크래치), 프로젝트영어, 교육사회, 채플, 교육철학및교육사
3학년	상담실습, 놀이치료, 이상심리학, 부모교육및상담, 상담현장세미나, 프로그래밍(스크래치)	채플, 교육방법및교육공학, 교육행정및교육경영, 교육과정, 학교폭력예방의이론과실제
4학년	기독교상담, 캡스톤디자인	프로그래밍(스크래치), 채플

7) 전망

국가적으로도 자살예방의 중요성을 강조하고 있어 아동부터 성인 등 개인뿐 아니라 학교 및 기관에서 상담 및 치료, 교육에 대한 수요가 급증하고 있다. 이에 따라 자살예방에 대한 지식과 자격을 갖춘 전문 인력의 수요도 지속적으로 늘어날 전망이다.

참고 도서

- ***자살공화국*** (김태형/세창출판사)
- ***에밀 뒤르켐의 자살론*** (에밀 뒤르켐/청아출판사)
- ***왜 사람들은 자살하는가?*** (토머스 조이너/황소자리)

나. 정신건강상담전문가(중독)

1) 개요

중독이란, 습관성 질환으로 어느 한 가지에 빠져 그 행동을 반복함으로써 원치 않는 결과를 초래하는 것을 말한다. 중독이 위험한 이유는 중독에 빠져있는 시간만큼 현실에 있을 시간이 줄고, 내성과 금단증상이 생겨 더욱 더 중독에 의존하기 때문이다. 그러면 현실세계에서 정상적으로 기능하기 어렵고 삶의 의욕 또한 점점 줄어들게 된다.

최근에는 도박, 인터넷(게임, 채팅 등), 쇼핑, 종교, 운동 등 여러 가지 분야에서의 중독이 사회적 이슈가 되고 있다. 그중에서도 알코올, 마약과 같은 약물(물질)중독은 비교적 오래전부터 알려진 중독으로, 약물중독예방전문요원은 약물중독자와 그의 가족을 상담하고 이들의 재활을 돕는 역할을 한다.

2) 하는 일

약물중독예방전문요원은 약물중독으로 고통 받는 사람들을 대상으로 상담을 제공한다. 여기서 약물중독은 알코올, 마약 등 약물로 인한 중독을 말한다.

사회적응훈련이 필요한 약물의존 환자와 약물 남용자에 대한 재활훈련을 돕고 상담뿐 아니라 의료 연계서비스를 제공한다. 또한 환자의 약물 의존 정도를 평가하고 개입에 대한 계획을 세운다. 이때 다른 정신건강전문가나 의료전문가와 상담활동을 조정하기도 한다. 개인 상담뿐 아니라 중독자 가족 상담 및 집단 상담을 실시하고 관련 훈련 프로그램도 개발한다. 약물중독의 심각성을 알리기 위한 교육이나 강의를 하거나, 각종 캠페인과 행사를 기획하고 참여하기도 한다.

3) 현황

가) 해외

해외에서는 오래전부터 약물중독 문제를 심각한 사회문제로 인식하면서 전문 상담센터를 설립하고 전문가를 양성하고 있다.

영국의 경우 약물 및 알코올 중독전문가는 상담에서부터 평가, 위탁, 케어까지 다양한 업무를 수행한다. 미국의 경우, 약물 남용과 중독 치료를 중요한 공중보건 문제로 여기기 때문에 약물남용에 대한 치료비용을 연방정부, 주정부, 지방정부가 대고 있다. 또한 중독에서 벗어나게 하기 위한 약물치료와 행동변화 등 다양한 접근법을 활용하고 있다. 독일의 경우, 1969년 베를린에 최초의 중독상담센터가 설립되었다. 초기에는 마약 등 약물 및 알코올 중독 등에 대한 상담을 지원하였으나, 최근에는 게임, 컴퓨터 중독 등으로 상담범위를 넓혀가고 있다. 의사와 협업하여 치료를 병행하는 상담이 이뤄지며 인터넷, 전화, 면담으로 다양하게 진행된다.

나) 국내

우리나라 약물중독전문가들은 알코올상담센터나 중독전문병원 등에서 일한다. 현재 중독 상담 업무는 정신보건사회복지사, 정신보건임상심리사, 정신보건간호사 등의 자격 소지자가 주로 담당하는데, 양성과정 중에 중독에 대한 교육과정의 비중이 높지 않아서 관련 센터나 병원에서 일을 하며 전문성을 갖추게 되는 경우가 많다.

관련 기관으로는 보건복지부가 지방자치단체와 함께 운영을 지원하는 중독관리통합지원센터와 6개의 알코올 중독전문병원이 있다. 인력 현황은 센터마다 다르지만 평균 4명 내외의 전문가(정신과전문의, 정신보건간호사, 정신보건사회복지사, 정신보건임상심리사)가 배치되어 상담과 예방프로그램을 제공한다. 또한 알코올 등 중독문제를 예방하기 위한 음주운전자 및 음주범죄자 보호관찰 프로그램을 운영한다.

4) 흥미 및 적성

무엇보다 중독에 관한 편견이 없어야 하고 중독의 특성을 제대로 이해하고 있어야 한다. 타인을 잘 이해하고 협동심이 있어야 한다. 지속적으로 사람들과 교류해야하기 때문에 의사소통 능력이 중요하다. 또한 심리적 에너지 소진이 큰 직업인만큼 본인의 마음을 잘 컨트롤 하고 적절하게 환기시킬 수 있어야 중독자들에 대한 치료와 재활에 최선을 다할 수 있다.

5) 교육과정 및 관련 자격

약물중독예방전문요원이 되려면 관련 분야(심리학, 간호학, 사회복지학)의 학사 이상의 학력이 요구된다. 아직까지 약물중독에 특화된 자격증은 없지만, 정신보건전문요원(정신보건간호사, 정신보건사회복지사, 정신보건임상심리사), 임상심리사, 사회복지사, 간호사 등의 자격이 있으면 입직과 업무 수행에 유리하다.

전문지식이 요구되는 직업이므로 대학 및 대학원에서 관련 학과를 전공하고 중독 관련 교육과정을 이수하는 것이 좋다.

6) 관련 학과 소개

현재 우리나라에서 상담심리학 관련 석·박사 과정이 개설된 대학으로는 건양대 상담대학원, 경일대 보건복지대학원, 광신대상담치료대학원, 광운대 상담복지정책대학원, 동명대 복지산업대학원, 상명대 복지상담대학원, 서울한영대상담복지대학원, 서울한영대상담복지대학원, 전주대일반대학원, 조선대대학원, 중앙대 심리서비스대학원, 침례신학대 상담복지대학원, 침례신학대대학원, 칼빈대대학원, 한남대 사회문화·행정복지대학원, 한동대상담대학원, 호남대 일반대학원, 호서대 문화복지상담대학원 등이 있다.

학과 들여다보기 : 전주대 상담심리대학원

상담은 이러한 현대인의 마음을 위로하고 삶을 풍요롭게 만드는 인간과학이다. 전주대 상담심리대학원은 인간에 대한 관심과 열정을 가진 사람들이 전문상담자로 성장할 수 있도록 돕기 위해 설립된 학과이다. 그 역사는 대략 7년 정도로 짧지만 상담분야에서 중추적인 활동을 하시는 많은 인재들이 전주대 상담심리대학원을 거쳐 갔다. 상담학 실무에 관한 교육, 연구 및 훈련을 통하여 다양한 휴먼 서비스영역에서 전문적 자질을 갖추고 중추적인 역할을 수행할 수 있는 전문상담가 양성을 목표로 한다. 세부학과로는 결혼·가족상담심리학과, 아동·청소년상담심리학과, 진로·직업상담심리학과, 중독심리학과가 있다. 이 중 중독심리학과는 효과적인 중독 상담 및 치료, 재활훈련 등에 관한 학습과 실습, 전문성 증진을 통해 이론과 실제를 겸비한 능력 있는 중독 상담 전문가를 양성하는 학과이다. 뇌과학 이론과 실제·실습, 중독상담 이론과 기법, 중독 문제별 치료전략 및 개입방법 등을 공부한다.

교과과정

상담이론, 집단상담, 상담기법, 심리검사, 이상심리, 상담사례실습, 심리학개론, 직업정보와 직무분석, 중독상담이론, 중독상담실제, 중독의 뇌과학, 중독상담 프로그램 개발, 중독상담연구, 상담연구, 고급상담실습, 주제별세미나, 발달장애와 상담, 논문 등을 공부한다.

	공통과목	전공과목
1학기	심리학개론, 상담기법, 상담이론	
2학기	심리검사	중독상담이론, 상담연구
3학기	상담현장실습	중독상담실제, 중독의 뇌과학
4학기	이상심리학	중독상담연구, 중독상담프로그램 개발
5학기		고급상담실습, 주제별 세미나, 고급발달심리학

7) 전망

국내 알코올 중독자는 155만 명으로 추정되며, 알코올 중독률(18세 이상 성인 중 알코올 의존·남용자 비율)은 6.76%로 세계평균 3.6%의 1.8배 수준이다. 특히 '2010~2012년 알코올 중독 진료청구 현황(건강보험심사평가원)'에 따르면 알코올중독 진료청구 건수는 2010년 26만 6천 202건에서 2013년에 32만 8천 903건으로 23.6% 증가했다.

알코올 및 약물남용은 개인의 문제일 뿐 아니라 가족문제, 자살 등 다양한 사회적 문제를 야기한다. 알코올 중독의 경우 음주운전이나 취중폭력 등의 또 다른 사고로 이어지는 경우가 많아 사전 관리와 예방이 더욱 중요하다. 현대인들이 지친 몸과 마음을 달래기 위해 술을 마시면서 자신을 위로하는 경우가 많아졌다. 이런 과정이 반복되고 빈도고 잦아지면 중독으로 이어지게 된다. 알콜 중독은 사전에 방지해야 좋게 된다. 현대사회에 따라 정신건강상담전문가들이 현대인들의 상담을 해주게 되면서 현대인들의 편한 삶을 도와주게 된다. 바쁜 현대사회를 살아가는 현대인이 많은 만큼 정신건강상담사들 또한 많이 요구 될 것으로 보인다.

참고 도서

- ***중독자의 내면 심리 들여다보기*** (아놀드 루드비히/소울메이트)
- ***사랑하는 사람이 중독에 빠졌다면*** (제프리 푸트, 캐리 윌킨스, 니콜 코산케, 스테파니 힉스/소울메이트
- ***중독의 심리학*** (크레이그 네켄/웅진지식하우스)

다. 전직지원전문가

1) 개요

현재 우리나라는 이미 고령사회에 접어든 것으로 평가되나. 2026년에는 초고령 사회에 진입할 것으로 예측되며, 2050년에는 세계 제일의 고령 국가가 될 것으로 예상되고 있다. 이렇게 인간의 수명이 길어지면서 은퇴 후에도 계속 일을 하고 싶어 하는 사람이 늘었다. 그러나 경제침체와 함께 평생직장의 개념이 희미해지면서 최근 이직과 전직이 활발하게 이루어지고 있다.

전직지원전문가는 전직을 원하는 사람들에게 새로운 직업에 대한 정보나 지식을 제공하는 역할을 맡는 직업이다. 구직자의 경력, 적성, 능력을 고려하여 직업 컨설팅을 제공하고, 취업을 알선하여 궁극적으로 구직자가 성공적으로 전직할 수 있도록 돕는다. 사회가 변화함에 따라 이러한 전직지원전문가 역할이 점점 커져갈 것으로 기대되고 있다.

2) 하는 일

전직지원전문가의 주요 업무는 전직을 희망하는 구직자를 대상으로 성공적인 전직을 위하여 상담 및 취업교육서비스를 제공한다. 또한 경력 재설계를 위한 정보수집과 정보제공, 재취업 희망자들에게 취업알선과 진로지도, 심리나 적성 및 흥미 상담 등을 통하여 개인의 생활 방향 수립과 직업선택에 있어서 성공적으로 노동시장에 안착할 수 있도록 컨설팅을 하는 것이다. 이러한 직무를 통해 구직자가 퇴직에 대한 충격에 대비하고 퇴직 후 변화된 환경에 적응할 수 있도록 돕는다.

전직지원전문가는 상담을 통해서 구직자를 대상으로 다양한 표준화 검사를 통해서 자신의 성격, 경력, 학력, 능력, 장점 등을 객관적으로 인식할 수 있도록 한다. 그 후 직업시장을 분석하여 구직자에게 적합한 직업 정보를 제공하고, 구직자가 합리적인 직업 선택을 할 수 있도록 돕는다. 그 후 구직자가 새로운 일자리를 찾고 그 일자리에 적응할 수 있도록 도와준다.

3) 현황

가) 해외

선진국에서는 이직예정자와 퇴직자를 대상으로 한 전직 및 창업지원 프로그램이 일반화되어 있다. 미국의 경우, 70%가 넘는 기업이 고용조정 대상자들에게 전직지원 서비스를 제공하고 있으며, 일본은 민간 인재소개회사에서 근무하는 전직컨설턴트가 이직·퇴직 관련 상담 및 지원을 제공한다. 영국의 경우 정부의 직접적인 지원은 없으나 전국에 위치한 고용센터를 통해 취업알선 및 상담 업무를 제공하고 있다. 프랑스는 퇴직자에 대한 체계적인 지원제도를 갖고 있으며, 퇴직자에 대해 기업에서 전직지원 서비스를 제공하도록 법으로 의무화하고 있다.

나) 국내

우리나라에서는 1990년대 후반 외환위기 여파로 실업자가 급증하면서 금융권과 대기업을 중심으로 퇴직자에 대한 전직지원 서비스가 시작되었다. 2001년부터 전직지원장려금제도를 도입해 이직예정자나 퇴직자에게 전문 상담, 고용정보 제공, 취업 알선, 훈련 등을 지원하기 시작하였으며, 일부 기업에서 자체적으로 전직지원 서비스를 제공하기도 한다. 현재 전국 26개 중장년 일자리희망센터에서 약 100여 명의 상담사가 근무하고 있다.

4) 흥미 및 적성

책임감과 서비스정신이 필요하며, 적극적인 성향과 풍부한 인생경험이 필요하다. 또한 각종 상담에 관심이 많고 사람을 파악할 수 있는 분석력이 요구된다.

5) 교육과정 및 관련 자격

아직 국가공인 자격증은 없지만, 고용노동부에서 국가자격 신설을 준비하고 있다. 관련 민간자격으로는 한국아웃플레이스먼트연구소와 매일경제신문사에서 시행하는 퇴직관리사 자격, 한국경력개발협회에서 시행하는 퇴직컨설팅전문가 자격, 노사발전재단에서 시행하는 커리어컨설턴트 자격 등이 있다.

전직지원전문가가 되기 위해 반드시 이수해야 하는 전공이 따로 있는 것은 아니다. 다만, 직업과 상담에 대한 지식과 경험이 필요하기 때문에 심리학이나 사회복지학, 인적자원개발 및 관리, 평생교육학 등을 공부하면 유리하다.

6) 관련 학과 소개

현재 우리나라에서 인적자원개발 및 관리 관련 학과가 개설된 학교로는 경상대, 부경대, 숙명대, 연세대, 중앙대, 한국교원대 등이 있다. 하지만 모두 대학원 진학 후 석·박사 과정을 거쳐야 한다.

인적자원 개발 및 관리 학과가 아닌 평생교육관련 학과를 진학해도 유리하다. 하지만 평생교육관련도 대학원 진학하여 석·박사 과정을 거치는 학교가 대부분이다.

학부과정으로 평생교육관련 학과가 개설된 학교는 고려사이버대, 광주대, 국제사이버대, 대구대, 디지털서울문화예술대, 부경대, 부산디지털대, 서울디지털대, 서원대, 숭실대이며 나머지는 석·박사 과정이 개설되어 있다.

학과 들여다보기 : 숭실대 평생교육학과

평생교육학과는 평생교육의 이론과 실제를 학습함으로써 학습자 중심의 평생교육적 요구에 선도적으로 대응하고 이끌어 갈 수 있는 평생교육전문가 및 교육학자 등 교육계의 지도자를 양성하는데 목표로 한다. 기업연수기관, 보육기관 및 사회교육기관 등 각종 평생교육기관의 교수자로서의 실제적인 역할을 수행함과 동시에 다양한 교육 프로그램을 분석, 기획, 관리, 평가함으로써 교육의 효과성과 효율성을 제고하고, 실용적인 관점에서 연구와 개발을 수행함으로써 새로운 평생교육이론을 구축하도록 한다.

교과과정

- **전기과정**

	1학기	2학기
1학년	숭실인과평생교육, 평생교육강론, 평생교육자의셀프리더십	삶과교육, 평생교육프리젠테이션기법

- **전공과정**

	1학기	2학기
2학년	평생교육론, 리더십이론과실제, 평생교육과교육심리, 지역사회교육론	자기주도학습과 교수학습체제개발, 평생교육제도와정책의기초적이해, 창의성계발과 평생교육, 평생교육프로그램개발, 다문화교육
3학년	인적자원개발론, 성인학습자이해와교수-학습, 자기주도학습 연구개발 세미나, 평생교육방법론, 현장직무교육훈련 분석 및 개발	기억교육론, 노인교육개론, E러닝 개발과 적용, 경력개발과 조직개발, 평생교육경영론
4학년	자기개발과 셀프브랜드, 사이버교육론, 선발과 채용:구직, 교육조사	평생교육실습, 성인학습및상담, 기업교육의 요구분석, 교육훈련프로그램평가, 조직문화와 조직변화

7) 전망

의학의 발달로 평균 수명은 길어지고 은퇴를 하더라도 생계나 여가를 위해 지속적인 경제활동이 불가피하게 되었다. 또한 경제와 기술의 급속한 변화에 따라 자발적 또는 비자발적으로 직장과 직업을 자주 이동할 수밖에 없게 되었다. 이에 따라 전직지원전문가를 통해 이직과 전직에 도움을 받고자 하는 수요가 늘면서 이들의 역할도 커질 것으로 예상된다.

2014년 9월 발표된 '장년층고용·자영업자 대책'에 따르면 기업의 전직지원에 대한 책임성을 강화하고자 일정 규모 이상 기업은 전직 지원이 의무화된다. 해당 내용에 대해 고용노동부는 2016년에 고령자고용촉진법을 개정하고 2017년부터 시행할 계획이다. 또한 전직지원전문가 국가자격을 신설해 운영하고, 전직지원 서비스가 민간시장에서 활성화될 수 있도록 지원할 예정이어서 향후 일자리 증가가 기대된다. 전직지원전문가 종사자 수는 대략 500여 명 정도이고, 임금수준은 2,000~5,000만 원 선이다.

참고 도서

- ***전직지원 전문가 가이드북*** (알란제이. 피크만 / 생각나눔)
- ***춘추전직시대, 전직으로 당신의 인생을 환승하라*** (김대중 / 미래를소유한사람들)
- ***컬러 패러슈트*** (후루타 히데아키 / 가산출판사)

라. 이혼상담사

1) 개요

한국의 이혼율은 1950년대에 비해 2000년대 이르러 무려 13.6배나 증가했다. 특히 최근에는 그 증가율이 더욱 빨라져 아시아 최고 수준에 달한다. 이런 이혼율의 증가는 전문적인 이혼상담사 태동에 결정적인 배경이 되었다. 2012년 OECD 회원국 중에서 이혼율 세계 1위를 기록한 대한민국에서 이혼상담사는 수요가 큰 직업이다. 발전가능성과 일자리 창출 면에서도 결혼생활을 하는 모든 사람들이 잠재고객이 된다는 점에서 긍정적이다.

이 직업은 이혼을 권하는 직업이 아니며, 이혼 결정을 다시 생각하게 하는 것도 이혼상담사의 주요 업무에 속한다. 이혼위기에 처한 가정의 화합을 유도해 화목한 가정으로 돌아갈 수 있도록 하는 것이 궁극적인 목표이다. 그러나 원상태로 회복하기 어렵다고 판단되면 이혼 당사자 간에 최소한의 상처를 주면서 원만하게 이혼을 할 수 있도록 도와주는 직업이다.

이혼플래닝은 인생에서 가장 중요한 선택인 결혼과 그 결혼의 위기에서 발생하는
이혼의 문제를 연속적인 삶의 문제로 인식하고 그 현상들을 분석하여 해결점을
찾을 수 있게 하여 인생의 중요한 전환점에서 합리적인 삶의 계획을 세울 수 있도록 전문적인 지식과 경험을 토대로 조언해주는 일이라 정의할 수 있다.

2) 하는 일

이혼상담사는 이혼을 고려하는 부부를 대상으로 심리 상담과 법적 절차, 이혼 후의 재정문제나 양육문제 등을 상담하고 이혼과정에 필요한 전반적인 사항을 대행한다. 이혼상담사는 이혼의 위기에 처한 부부들에게 과연 이혼이 필요한 상황인지 진단해주고, 관계를 회복시킬 수 있는 기회를 제공한다. 충분한 상담 후에도 회복이 불가능한 부부는 경제적, 심리적 충격을 최소화하여 이혼을 준비할 수 있도록 조언해준다. 이때 재산분할, 친권, 양육권과 관련된 갈등을 조율하고 해결하며, 필요한 서류 등을 준비해 이혼과정을 대신 진행한다.

이혼과정에서 당사자들이 힘들어 하는 점은 불편한 감정임에도 서로 얼굴을 맞대고 대화를 해야 하는 일이다. 때문에 이혼상담사는 이혼하려는 부부들이 서로 대면하지 않도록 양측 사이를 오가며 서류를 전달하고 합의를 도출한다. 이혼한 다음에는 서로의 동선이 겹치지 않도록 주거지를 정하는 일도 조언하며, 여성 이혼자에게는 재취업에 필요한 사항을 돕기도 한다. 또 이혼 후의 심리치료와 자녀교육, 재혼까지 이르는 전 과정을 컨설팅하고 지원한다. 이혼 전문 변호사가 법적 분쟁 조정에 한정해 업무를 수행한다면 이혼상담사는 이혼까지 이르는 과정과 그 이후의 삶을 전반적으로 챙기는'이혼 컨설팅'을 수행한다. 이혼상담소 취업 및 창업, 변호사 사무실, 기업체 상담소 등에서 상담요원으로 활동할 수 있다.

3) 현황

가) 해외

이혼율이 높은 미국에서는 우리나라 이혼상담사와 비슷한 일을 하는 미국의 이혼지도사는 주로 재무적인 면을 중점적으로 서비스하며, 이혼 절차와 이혼 이후 삶에 대해 조언한다. 이혼지도사들은 이혼하는 커플의 재산 분할이나 자녀양육 등에 관해 전문적인 컨설팅을 제공하도록 훈련을 받은 사람들로 대부분 전문 교육을 이수하고 자격증을 취득한 전문가들이다.

일본에서는 이혼식 전반을 기획하고 진행하는 '이혼식플래너'가 있다. 이들은 이혼식이란 행사를 기획하고 코칭하며, 이혼식 진행 전 초대장 제작 및 배포, 이혼식 사회, 이혼식 장소 대관 등의 업무를 한다. 일본의 경우, 이혼식 대행 업무에서 더 나아가 이혼여행 상품 개발, 이혼한 커플의 중매 서비스에 이르기까지 사업영역을 확대하고 있다. 2013년 3월에 제1회 검정시험을 실시했고, 2013년 9월에 제2회 시험을 실시되었다. 최근에는 결혼식을 올린 곳에서 이혼식을 치르고 싶다고 요청하는 등 의뢰인들의 요구가 다양화, 구체화되면서 자질 향상이 요구되고 있다.

나) 국내

최근 이혼율이 급증하는 우리나라에는 아직까지 이혼을 체계적으로 준비하게 지원하고, 필요한 조언을 하는 업체가 거의 없는 편이다. 현재 이혼상담사가 활동하는 업체는 한 곳 정도가 대표적이며, 이곳에는 약 10명 이상의 이혼상담사가 활동하고 있다. 주5일 근무에 월 200~300만 원 수준의 임금을 받고 있다.

4) 흥미 및 적성

심리상담 관련 분야에 경험이 있거나 법률적인 지식을 소유한 자, 이혼을 경험한 40대 이상의 인생경험이 풍부한 사람이 적합하다. 이혼상담사는 한 가족의 치부까지 다 알 수밖에 없는 일이다. 때문에 비밀 준수 의무와 이에 수반되는 도덕심이 반드시 필요하다. 또 내담자와 개인적인 감정의 교류를 제어할 수 있는 자기감정조절 능력이 요구된다. 기본적으로 이혼을 고려하는 사람들을 대상으로 상담과 컨설팅을 진행해야 하므로, 심리상담, 심리치료 등의 지식이 있으면 도움이 된다. 법률적인 부분을 다룰 때가 많으므로 법률적인 지식도 큰 도움이 된다.

5) 교육과정 및 관련 자격

이혼플래너 양성과정이 민간에서 진행되고 있고 자격증 취득을 준비할 수 있다. 국가기간·전략산업직종훈련(신직업 특화 훈련과정)으로 훈련프로그램이 개설됨에 따라 강남대 산학협력단, 국제정보교육학원(주)에서 교육을 받을 수 있게 되었다.

6) 관련 학과 소개

현재 우리나라에서 가족 관련 학과가 개설된 대로는 경북대 일반대학원, 경희대, 경희대대학원, 계명대 정책대학원, 고구려대, 군산대, 군산대대학원, 대구가톨릭대, 대구가톨릭대대학원, 대구한의대 보건·복지대학원, 대전대 상담대학원, 백석대 상담대학원, 부산대, 부산대 일반대학원, 상명대 복지상담대학원, 서울대, 서울대 대학원, 숭의여자대, 신라대, 신라대 사회복지대학원, 연세대 생활환경대학원, 영남대, 영남대 일반대학원, 인제대, 인제대 일반대학원, 전북대 대학원, 전주대 상담심리대학원, 제주대 등이 있다. 주로 대학원 과정이 개설되어있으며, 학부과정을 운영하는 대학도 상당수 있다.

학과 들여다보기 : 대구가톨릭대 사회·복지학부 가족상담복지전공

대구가톨릭대 가족상담복지전공은 1952년 출범하였으며, 오늘날 복지사회 구현에 부응하는 전문능력과 국제사회에서의 경쟁력을 갖춘 가족복지의 전문가를 양성하는 것을 목표로 한다. 본 학과는 가족·청소년 복지·상담, 소비자상담, 고객만족 등에 관한 연구를 담당하게 될 인재를 양성하는 데 그 목적을 두고 있으며, 산학협력을 통한 실무중심의 교육·현장중심의 맞춤형 교육 등을 추구하고 있다. 본 학과에서는 가족상담트랙과 가족복지트랙 두 가지 트랙을 운영하고 있어 맞춤형 교육과정을 선택, 이수할 수 있다.

교과과정

- **전공과정**

	1학기	2학기
2학년	가족복지, 소비자트랜드읽기, 발달심리, 소비자학, 가족학	다문화이해론, 가계경제, 노인복지론, 가족관계학, 상담이론, 소비자상담, 소비자학, 가족학
3학년	가족생활교육및실습, 가계재무관리, 부모교육, 소비자교육, 청소년이해론	투자설계, 소비자의사결정론, 노인상담여가관리, 다문화가족사례관리, 가족상담, 가족상담봉사실습
4학년	건강가정현장실습, 은퇴설계, CS사례연구, 집단상담, 심리측정및평가	

7) 전망

우리나라 한 해 협의이혼 건수가 10만 건이 넘는 점을 고려했을 때, 직업적 전망은 밝다. 결혼 후 단 한번이라도 이혼을 고민해 보지 않은 부부가 별로 없다고 할 정도로, 이혼에 대한 전반적인 상담을 원하는 사람들도 늘고 있다. 이혼 위기에 놓은 부부들은 이혼과정에 수반되는 심리적, 법적, 재무적인 지식을 겸비한 전문가와 상담하며 이혼을 다시 한 번 고려해 볼 수 있다.

또 이혼상담은 이혼이 불가피한 부부들에게는 최소한의 경제적 손실과 심리적 피해를 줄일 수 있다. 한편, 현재 협의이혼은 심층적인 상담 없이 일정 기간만 지나면 이혼의사를 확인하고 이혼이 결정된다. 전문가의 견해에 따르면 우리나라에서 이혼율을 낮추려면 협의이혼을 접수하고 이혼결정이 나기 전에 이혼상담사의 상담을 받는 절차가 큰 도움이 된다고 제안한다. 이 점은 변호사법을 위반하지 않는 범위에 해당한다. 또한 협의이혼서 작성과 접수를 대행해주길 원하는 고객이 많아 이혼상담사가 대행 업무를 처리할 수 있게 될 경우 보다 안정적으로 시장에서 활동할 수 있을 것으로 보인다.

참고 도서

- ***내가 이혼전문 변호사다*** (박진영/지식공감)
- ***결혼의 심리학 이혼의 심리학*** (임성선/아름다운사람들)
- ***차라리 혼자 산다*** (이병철/투와이스)

마. 생활코치

1) 개요

모두가 세상이라는 무대에 처음 서 보기 때문에 인생을 살아가는데 아마추어를 자처한다. 우리는 도무지 알 수 없는 '인생'이라는 영원한 난제 앞에서 자주 넘어지고 때로 방황하며 종종 실수한다. 여전히 모르는 게 많은 우리는 삶을 살아가며 일어나는 크고 작은 문제를 두고 해답을 얻고 싶어 한다. 그리고 자신의 이야기를 들어 주며 문제를 해결하는데 도움을 줄 사람을 찾고자 한다.

이러한 해답을 찾는데 도움을 줄 수 있는 사람이 생활코치이다. 생활코치는 사람의 대인관계, 경력, 건강, 일과 삶의 균형, 자신감 등 자신의 상황을 스스로 제어하고 관리할 수 있도록 지원하는 전문가이다. 모든 사람에게 잠재력이 있다는 믿음으로 고객의 목표를 위해 도움을 주는 수평적 파트너로서 일방적 조언을 배제하고 스스로 질문하고 답을 찾을 수 있도록 안내하는 전문가이다.

2) 하는 일

생활코치는 코칭을 통해 인정, 칭찬, 지지, 격려 등을 함으로써 개인의 목표를 스스로 성취할 수 있도록 자신감과 의욕을 고취시키고 잠재력을 발휘하게 돕는 전문가이다. 여타의 카운슬러나 치료사들이 고객의 과거 경험에 초점을 맞춰 문제를 해결해 주는데 비해, 생활코치는 누구나 가지고 있는 잠재력을 끄집어내어 그것을 십분 발휘할 수 있도록 과거보다는 현재와 미래에 포커스를 맞춘다.

생활코치가 담당하는 코칭은 코칭의 성격과 영역에 따라 라이프 코칭, 비즈니스 코칭, 커리어 코칭, 학습 코칭 등이 있다. 각각의 코칭에 대해 자세히 설명하면 다음과 같다.

- 라이프 코칭 : 개인의 다양한 관심사에 따른 1:1 개인 맞춤 코칭 서비스를 제공한다. 단, 코칭 비용을 누가 지불하느냐에 따라 기업 코칭, 개인 코칭으로 구분하기도 한다. 기업 코칭은 CEO, 임원, 팀장 코칭으로 비용을 회사가 지불하고, 개인 코칭은 코칭을 받는 개인이 비용을 지불하는 경우이다.
- 비즈니스 코칭 : 조직의 성과 향상, 역량강화, 직무만족도 및 팀워크 향상 등 비즈니스와 관련된 이슈에 초점을 맞추는 코칭이다. 비즈니스 코칭은 외부의 전문 코치들이 코칭 서비스를 제공하는 익스터널 코칭(External Coaching)과 내부의 코치들이 서비스를 제공하는 인터널 코칭(Internal Coaching)으로 분류할 수 있다.
- 커리어 코칭 : 경력과 관련된 개인의 비전, 사명을 발견하고 가치를 실현하도록 하며 커리어 로드맵, 직무몰입, 전직, 이직, 경력 개발과 관리를 돕는다.
- 학습 코칭 : 아동과 청소년들에게 자기주도적인 공부 습관과 공부 방법을 체득하게 하며, 공부를 해야 할 이유나 삶의 목표와 비전, 자신에게 맞는 진학 및 진로 방향을 찾도록 돕는다. 또한 공부는 물론 삶 전반에 대한 스스로의 잠재력을 확인하고 개발하며, 부모나 친구와의 갈등을 극복하고 더욱 활기찬 삶을 살도록 돕는다.

3) 현황

가) 해외

미국의 경우 생활코치(라이프코치) 관련 협회나 아카데미에서 양성프로그램을 실시하고 있으며 교육 이수 후 자격을 부여한다. 교육시간은 기관과 심화과정 여부에 따라 다르지만 100시간 내외다. 대학에도 코칭전공 관련 교과과정이 개설돼 있다. 전 세계 코칭산업의 동향을 조사한 '2012 국제코치연맹 글로벌 코칭 스터디'에 따르면 세계 전문코치의 수는 4만7,500명, 코칭산업의 규모는 약 20억 달러로 추산되며 코치들의 평균 연 수입은 4만7,900달러로 나타났다.

나) 국내

우리나라에서는 관련 협회, 코칭센터 등에 고용돼 종사하거나 직접 창업해 활동히고 있다. 강의와 코칭을 겸하는 경우가 대부분이다. 일부 대기업에서는 내부에 라이프코칭센터를 설치해 직원들의 개인생활 전반에 대한 상담을 진행하고 인적성 검사와 다양한 강연 등을 제공하고 있다. 국내 정확한 종사자 수는 파악되지 않으나 미국의 국제코치연맹 서울챕터 회원수가 300여 명, 한국코치협회의 자격증을 취득한 인증코치만 1,219명에 달하며 이외에도 관련 협회 및 학회, 기관이 다수 존재한다.

생활코치는 일반적으로 코칭 관련 회사에 고용되어 활동한다. 직접 코칭 관련 업체 등을 창업해 운영하는 이들도 있다. 실제 생활코치로 활동하는 종사자 수는 약 200명 정도로 파악된다. 보통 코칭 시간당 약 10~20만 원의 비용을 받는데 이는 코칭의 전문성에 따라 달라질 수 있다.

비즈니스 코칭 분야에서는 이미 상당수의 대기업에서 전사적으로 코칭을 실시하고 있고, 중소기업 역시 중•소기업청에서 재정지원을 받아 코칭을 도입하고 있다.

퇴직한 베이비부머의 경우는 직업생활의 경력을 토대로 비즈니스 코칭, 즉 리더십 코칭, 기업전략 코칭 등의 영역으로 진출하기 유리하다. 이외, 다문화 가족이나 극빈층 또는 차상위계층 등을 대상으로 하는 사회공헌사업의 일환으로도 코칭이 활용되고 있다.

4) 흥미 및 적성

금전적인 만족보다는 코칭으로 자신과 다른 사람들의 성장을 통해 삶의 보람을 느낄 수 있는 가치관을 지닌 사람에게 적합하다. 또한 코칭의 세부 종류는 코칭의 영역과 고객의 성격에 따라 다양하므로, 각 분야의 전문적인 지식이 있는 퇴직자 등 경력과 연륜이 풍부한 사람이 유리하다. 하지만 요즘은 젊은 층에서도 코칭에 관심을 갖는 이들이 늘고 있어 열의만 있다면 전문성을 갖춰 누구나 코치가 될 수 있다.

5) 교육과정 및 관련 자격

관련 자격으로는 (사)한국코치협회에서 운영하는 코치인증자격제도가 있으며, 자격증을 취득하기 위해서는 일정 기준의 전문 코치양성교육과 코칭 실습을 받아야 한다. 인증시험은 1년에 6회 열리며, 현재 1회에 200여명에 달하는 지원자를 기록하고 있다. 자세한 내용은 홈페이지 자격인증 메뉴에서 확인할 수 있다.

코칭 관련 교육은 협회 및 평생교육원을 통해 쉽게 접할 수 있다. 한국코칭협회 등에서 교육프로그램을 운영하고 있고, 한국교육상담협회(부모교육코칭전문가), 지자체(예: 성북구 부모지원센터)에서는 부모코칭전문가 양성교육을 실시하고 있다.

대학에서 상담학, 심리학 등을 전공하면 유리하다. 다만, 비즈니스 코칭의 경우는 기업체에서 경영지원 등의 업무를 수행한 경험이 있으면 도전하기 적합하다. 일부 대학에 코칭 관련 교과목이 개설되어 있고 대학 내 평생교육원에서도 교육을 받을 수 있다(서강대, 국제문화대학원대, 아주대, 광운대, 평택대, 백석대, 연세대, 한국방송통신대학 등). 현재 유수의 대학들에서 코칭을 교양 과목으로 채택하고 있다.

6) 관련 학과 소개

현재 우리나라에서 코칭 관련 학과가 개설된 대로는 강원대 정보과학ㆍ행정대학원, 개신대학원대, 경성대 교육대학원, 공주교육대교육대학원, 광운대교육대학원, 국민대경영대학원, 남서울대 일반대학원, 디지털서울문화예술대, 백석대 교육대학원, 숭실대 교육대학원, 숭실사이버대, 중앙대 심리서비스대학원 등이 있다. 대부분 석·박사 과정이나, 숭실사이버대와 디지털서울문화예술대에서는 학사 과정을 개설 중에 있다.

학과 들여다보기 : 디지털서울문화예술대 상담코칭심리학과

디지털서울문화예술대 상담코칭심리학과는 국내 대학과정에서 유일하게 코칭개념을 도입한 상담심리학과로서, 심리학 이론과 방법을 근거-기반으로 상담과 코칭의 실제적 기술을 습득하고 이를 활용해 일반인은 물론 연예스포츠 및 문화예술 분야에서도 응용할 수 있도록 한다. 사회적으로 힐링(healing)과 성장(growth)은 갈수록 강조되고 있어 상담과 코칭은 미래사회에도 각광받는 분야이다. 따라서 관공서, 학교, 기업, 사회단체, 창업 등 다양한 분야에서 상담 및 코칭 전문가 또는 지도자로 진출할 수 있다.

교과과정

- **전공과정**

전공기초	전공심화
코칭심리입문, 코칭의실제, 발달심리학, 성격심리학, 이상심리학, 상담이론과실제, 심리검사, 학습심리학, 예술심리치료이론과기법, 연구방법론, 정신건강론, 라이프코칭	상담실습, 놀이치료, 미술치료, 아동(청소년)상담, 드라마치료, 진로상담, 독서코칭, 범죄심리학, 상담사례연구, 가족치료, 표현예술동작치료, 군경상담학, 음악치료, 인간중심 및 동기강화상담, 인지행동치료(CBT), 전문강사코칭, 집단상담, 커리어코칭, 부모교육코칭, 연예스포츠심리코칭, 임상심리학, 중독상담, 리더십코칭, 산림생태치유, 학교폭력상담, 비드니스코칭, 조직심리학, 재난및피해상담

7) 전망

코칭은 과거보다 미래, 부정적인 측면의 문제 해결 보다는 긍정적인 미래의 꿈과 비전에 초점을 맞춘다. 때문에 보다 나은 삶을 살고자 하는 사람들의 욕구가 커지면서 더 각광을 받을 것으로 보인다. 현재도 비즈니스 코칭 분야에서는 이미 상당수의 대기업에서 코칭을 전사적으로 실시하고 있고, 중소기업 역시 중소기업청에서 재정지원을 받아 코칭 프로그램을 도입하고 있다. 전문 코치들은 개인 또는 코칭회사에 소속되어 활동하거나 코칭회사의 협력 코치로서 활동하기도 한다. 또는 기업에 소속되어 활동하기도 한다. 또한 다문화 가족이나 극빈층 또는 차상위계층 등을 대상으로 하는 사회공헌사업의 일환으로도 코칭이 활용되고 있어 공공 및 기업 부문에서의 코칭 수요는 계속해서 늘어날 것으로 예상된다.

개인 부문에서도 고령화가 급격하게 진행됨에 따라 노인 계층의 삶의 질을 개선시키기 위한 코칭 수요가 늘어날 것으로 예상된다. 학습 코칭, 부모 코칭, 부부 코칭, 커리어 코칭, CEO 및 임원 코칭 등 각 분야의 코칭 수요도 지속적으로 증가할 것으로 보인다.

생활코치는 나이의 제한 없이 계속할 수 있는 직업이며 오랜 경험이 있는 코치는 더 높은 수준의 코칭을 할 수 있다는 특성이 있다. 따라서 코칭문화가 정착되면 수익 면에서도 개선될 가능성이 있으며, 코칭분야가 세분화되면서는 각 분야의 전문성을 갖춘 인력에 대한 수요도 커질 전망이다.

참고 도서

- ***코칭의 정석*** (이동운/뷰티플휴먼)
- ***라이프 코칭 가이드*** (로라 휘트워스/아시아코치센터)
- ***코칭 바이블*** (게리 R. 콜린스/IVP)

바. 정신대화사

1) 개요

핵가족화로 인한 이웃과의 단절, 급속한 사회변화, 학력지상주의, 청년실업, 구직자의 심리적 부담, 사교성 없는 성격, 사고나 재해피해 등 여러 가지 요인으로 마음이 쓸쓸하고 고독한 사람들이 늘어나고 있다. 정신대화사는 사회 및 가족관계의 변화에 따라 인간관계가 소원해 지고 있는 현상에 주목해 등장한 직업이다. 물질적인 풍요만으로는 채울 수 없는 인간의 고독을 전문적인 지식과 기능, 그리고 진심에 입각한 '따뜻한 대화'로 덜어주는 역할을 담당한다. 이로 인해 인생은 살아갈 가치가 있다는 것을 느끼도록 돕고, 보다 행복하게 생활하도록 정신적으로 지원한다.

2) 하는 일

정신대화사는 따뜻한 마음과 전문지식을 갖고, 고독감과 정신적 고통을 겪고 있는 사람들에게 다가가 따뜻한 대화를 통해 상대의 마음에 공감함으로써 삶의 보람을 느끼며 보다 행복한 생활을 누릴 수 있도록 지원하는 정신적 방문 케어 전문가다.

집단따돌림 등으로 인한 등교거부 학생, 가족과 선생님, 구조조정으로 자신감을 상실한 사회인, 재해의 충격을 극복하지 못한 이재민, 노인 요양시설 등에서 생활하며 삶의 의욕이 없는 고령자, 간병에 지친 보호자, 말기암 선고를 받고 슬픔에 빠진 환자, 실연의 충격에서 벗어나지 못하고 있는 젊은이, 이밖에 정신적 돌봄이 필요한 모든 사람이 정신대화사의 서비스 대상이다. 정신적 보살핌이 필요한 사람들을 대상으로 약 처방이나 정신요법과 같은 의료행위를 실시하는 것이 아니라 따뜻한 대화를 통해 삶의 무게를 덜어주고 삶에 대한 희망을 부여한다. 즉, 대화상대가 필요한 사람들과 진심으로 대화를 나눠 마음의 상처를 치유하는 정신적 서비스를 제공한다. 의뢰인이 원하는 장소로 찾아가 대화를 통해 정신적 케어를 실시한다는 것이 특징이다.

정신대화사는 임상심리사나 개호복지사와는 직업적 성격이 다르다. 임상심리사는 마음과 정신적으로 병을 갖고 있는 사람들을 치료하는 데 집중한다. 개호복지사는 전문적 지식과 기술을 갖고 신체 또는 정신장애로 인해 일상생활에 지장이 있는 사람들에게 목욕, 식사 등의 개호서비스를 하고, 개호에 관한 지도업무를 담당한다. 반면, 정신대화사는 따뜻한 대화와 관심으로 정신적 위안을 주는 업무에 집중한다.

정신대화사는 단순 자원봉사자가 아니라 전문지식과 기술을 습득한 전문직이어서 의뢰인의 신뢰가 높은 편이다. 병원, 학교, 고령자 시설 등에 파견돼 일하며, 개인주택으로 외근을 나가기도 한다. 정신대화사가하는 일을 간단히 정리하면 다음과 같다.

- 서비스 대상자와 진심으로 대화하며 마음의 상처를 치유하는 정신적인 서비스를 제공한다 .
- 따뜻한 대화와 관심으로 정신적인 위안을 준다.

- 병원, 학교, 고령자 시설 등으로 파견되거나 개인주택을 방문해 근무한다.
- 서비스는 개인이 직접 의뢰하거나 지자체, 기업, 단체가 의뢰하여 이뤄지기도 한다.

3) 현황

가) 해외

정신대화사는 일본멘털케어협회가 파견업무를 위탁하는 이들에게 부여하는 자격 명칭으로, 자원봉사가 아니라 보수를 받는 활동이다. 정신대화사가 되려면 몇 단계를 거쳐야 한다. 우선 멘털케어협회가 주최하는 멘털 케어 스페셜리스트 양성강좌를 수강해 자격을 얻어야 한다. 정신대화사 전형시험에 합격한 뒤 협회와 업무위탁계약을 체결함으로써 자격증이 교부되며, 협회의 의뢰, 즉 파견형식으로 의뢰인에 대한 정신적 케어활동을 수행한다. 정신대화사 자격증 취득을 위한 시험은 협회의 실천과정을 수료하고 협회가 주최하는 파견업무에 참가를 희망하는 경우 시험을 볼 수 있다. 정신대화사로 일하는 사람의 연령층은 고교생부터 70대까지 매우 폭 넓고, 여성도 다수 활동한다. 이들은 의뢰인이 원하는 개인주택, 병원, 학교, 양로원, 개호·복지시설 등에 파견돼 일을 한다.

나) 국내

우리나라에는 현재 노인들을 위해 말벗도우미로 활동하는 자원봉사자가 있다. 사회공헌사업의 일환으로 기업에서 말벗서비스를 제공하는 경우도 있다. 정부차원에서 독거노인의 생활을 관리하고 고독사를 막기 위해 콜센터 상담원이 주 2~3 차례 전화로 안부를 확인하고 자원봉사자들이 직접 노인을 방문해 돌봐주는 서비스를 실시한 바 있다. 경남 창녕소방서에서는 홀로 사는 노인의 주거안전을 위한 안전지킴이 및 말벗도우미 서비스를 운영 중이다. 이 외에도 장애인이나 새터민을 대상으로 한 말벗도우미, 투병 중인 환자들을 위한 말벗도우미 등이 있지만 대부분 자원봉사 활동으로 사회공헌의 성격을 띠고 있다.

4) 흥미 및 적성

따뜻한 대화를 통해 정서적인 위로와 안정을 지원한다는 점에서 타인의 이야기를 경청하고 공감하는 능력이 무엇보다 중요하다. 또한 청소년부터 노인에 이르는 사람들과 대화하며 소통해야 하므로 상대방을 편안하게 하는 배려심이 필요하다.

5) 교육과정 및 관련 자격

정신대화사에 한정된 자격증은 없다. 임상심리사, 사회복지사, 정신보건 전문요원 등의 유사 자격이 있으면 일을 배우고 활용하는데 도움이 된다. 사회복지사, 임상심리사, 정신보건전문요원(정신보건간호사, 정신보건사회복지사, 정신보건임상심리사)과 같은 자격증을 취득하거나 관련 분야에 경력이 있으면 유사한 지식이나 기술을 업무에 활용할 수 있다. 전문적인 상담기법, 대화기법, 심리학적 지식, 복지정책 등에 대한 이해와 지식이 필요하다.

6) 관련 학과 소개

현재 우리나라에서 사회복지학과가 개설된 대로는 많은 학교 들이 있다. 대부분의 학교에서 사회복지학과를 사회과학대로 분류하여 개설한 학교가 많다.

학과 들여다보기 : 숭실대 사회복지학부

숭실대 사회복지학부는 오랜 역사와 전통을 기반으로 사회복지 실천분야의 선두주자로 손꼽히고 있다. 우수한 교수진을 통해 심도 있는 사회복지 교육을 제공하고 있습니다. 특히 2010년부터 학과제에서 학부제로 재편하면서 임상과 정책·행정 분야를 아우르는 균형 잡힌 교육을 제공할 수 있게 되었다. 사회복지사의 정체성을 확립하고 현장실습 강화 및 학교와 실습기관의 연계성을 강화하여 인류번영과 국가, 사회 및 교회의 복지를 이끌어 가는 사회복지 지도자의 양성을 목표로 한다. 국제 사회에서 활동할 수 있는 글로벌 리더가 될 수 있도록 다양한 프로그램을 운영하고 있다.

교과과정

- **교양 및 전기과정**

1학년에서 3학년 과정 중에 채플 수업이 교양필수로 지정 되어 있다.

	1학기		2학기	
	교양필수	전기	교양필수	전기
1학년	창의적사고와글쓰기, 영어1, 숭실인의역량과 진로탐색1	사회복지론, 자원봉사론	현대인과성서1, 창의적사고와 독서토론, 영어2, 섬김의리더십, 한반도평화와통일	인간행동과 사회환경, 사회문제론, 다문화사뢰의이해
2학년			숭실인의역량과 진로탐색2	

- **전공과정**

	1학기	2학기
2학년	가족복지론, 사회복지정책론, 아동복지론, 의료사회복지론, 장애인복지론	사회복지정치경제론, 사회복지실천론, 사회복지사료분석론, 정신보건사회복지론, 청소년복지론
3학년	교정복지론, 사회복지실천기술론, 사회복지조사론, 프로그램개발과평가, 중독문제와사회복지실천, 사회보장론	노인복지론, 사회복지법제, 사회복지실무실습, 지역시회복지론, 학교사회복지론, 사례관리론, 비교사회복지
4학년	사회복지행정론, 사회복지현장실습1, 산업복지론, NGO와국제사회복지, 상담실기, 사회서비스정책	복지국가론, 사회복지세미나, 사회복지윤리와철학, 사회복지현장실습2, 집단사회복지실천론, 사회복지와모금, 가족상담

7) 전망

정신대화사는 아직까지 수요가 큰 편은 아니다. 우리나라에서도 사회공헌활동이나 자원봉사 차원으로 유사한 서비스가 제공되고 있어 정식 직업인이 존재한다고 보기 힘들다. 하지만 개인주의 성향이 강해지면서 가족, 동료, 친구가 있어도 자신의 속내를 시원하게 말하지 못하는 사람들이 늘고, 고령화 추세와 청소년 자살률 증가, 핵가족화, 물질만능주의 등으로 사회가 각박해지면서 정신대화사를 필요로 하는 수요가 늘어나고 있다. 특히, 독거노인과 관련해서 정신대화사의 필요성이 높이 평가될 수 있다.

정신대화사는 주로 요양병원, 사회복지기관, 청소년상담기관, 교소도 등으로 진출할 수 있으며, 전문 서비스를 갖추고 창업도 가능하다.

참고 도서
● ***나 같은 늙은이 찾아와줘서 고마워*** (김혜원/오마이북)
● ***관계의 99%는 소통이다*** (이현주/원앤원북스)

사. 노년플래너

1) 개요

의료기술이 발달하면서 노화를 늦출 수 있게 되었고, 같은 세월을 살아도 훨씬 젊은 육체와 정신을 갖고 살아갈 수 있게 되었다. 그렇게 우리는 인생 100세 시대를 맞았다. '100세 시대'라는 말이 시사하듯 우리나라는 고령화 사회로 나아가고 있다. 평균수명은 82세로 10년 전에 비해 4.5세나 늘어났으며, 80세 이상 인구의 비중은 세계 2위이다.

평균수명이 점점 증가하면서 사람들은 노후에 안정적이고 건강한 생활을 보내기 위해서 노후 준비에 관심을 갖게 되었다. 준비된 이에게는 축복이지만, 그렇지 못한 이들에게는 고통이나 형벌이 될 수도 있기 때문에 노년생활에 대한 준비는 매우 중요하다. 그래서 주목받는 직업, 노년플래너는 노년기에 접어든 노인이 삶을 행복하게 꾸릴 수 있도록 전문적이고 체계적으로 돕는 역할을 한다.

2) 하는 일

노년플래너는 노년기에 이른 노인들이 노후를 아름답고 건강하게 보낼 수 있도록 건강, 일, 경제관리, 정서관리, 죽음관리, 자살예방 등의 업무를 전문적으로 조력하여 보다 건강하고 아름답게 남은 인생을 보낼 수 있도록 이끌어주는 역할을 한다. 때문에 자신의 노년기를 설계하며 학습한 플래닝 기법 등을 다른 사람들과 공유하기도 한다.

이들은 고객의 생활수준과 가족상황, 건강상태 및 미래계획 등을 파악하고 적합한 노후생활을 유지할 수 있도록 상담한다. 건강하게 장수할 수 있는 방법을 제시하고 스스로 죽음을 관리할 수 있도록 돕는다. 유산 상속, 유서 쓰기, 존엄사에 대한 내용 등을 제공함으로써 누구에게나 공포로 다가오는 죽음에 대해 사전에 준비해 죽음을 당당하고 의연하게 맞이하도록 돕는다.

한편, 노후를 행복하게 보낼 수 있도록 전문적인 조언을 해주기도 한다. 재테크 등 자산을 관리하는 법, 건강을 유지하는 법, 자손들과 건강한 인간관계를 유지하는 법 등 성공적인 노후 준비를 위한 조언을 제공한다. 노년플래너가 하는 일을 정리하면 다음과 같다.

- 건강하게 장수할 수 있는 방법을 제안한다.
- 스스로 죽음을 계획하고 관리할 수 있도록 돕는다.
- 유산 상속, 유서 쓰기, 존엄사에 대한 내용 등을 제공해 죽음에 대비할 수 있게 한다.
- 노후를 행복하게 보낼 수 있도록 전문적인 조언을 해준다.
- 자산관리법, 건강유지법, 인간관계 유지법 등 성공적인 노후 준비를 위한 조언을 제공한다.

3) 현황

가) 해외

현재 미국, 일본 등의 선진국 등에서는 복지 분야가 발전된 만큼 '노년플래너' 라는 직업은 사회적으로도 정착화 되어 있었다. 미국은 노년플래너가 의료나 상담서비스 능력을 갖추고, 죽음을 당당하고 의연하게 맞이할 수 있도록 도와주는 업무를 수행하고 있다. 의료지식과 상담능력을 갖춰야 하므로 작업치료사, 재활상담사, 등록간호사, 사회복지사, 전문상담사, 심리학자, 물리치료사, 척추교정의사, 간호사, 특수교육전문가, 언어치료사 등 상담서비스나 건강과 관계된 종사자들이 주로 이 업무를 담당하고 있다.

미국의 노년플래너는 시간당 80달러에서 150달러의 임금을 받고 있으며 서비스를 원하는 고객들이 많지만, 이에 대한 직업 인프라가 아직 부족한 직업으로 평가받고 있는 만큼 미래의 진출가능성이 큰 직업이다.

나) 국내

우리나라의 경우 '노년플래너'라는 직업이 새로 등장하였기 때문에 미국, 일본 등의 선진국들과 같이 활성화가 되어있지는 않다. 현재 우리나라에서는 '노년플래너' 라는 뚜렷한 직업이 없기 때문에 경로당, 노인대학을 다니며 자원봉사, 심리 상담을 하는 등 구체적인 직업군으로 분류되지 않고 타 업무들과의 연계를 통해 이루어지고 있다. 따라서 구체적인 직업화로 도약할 수 있도록 정부차원의 노력이 필요하다. 현재 노년플래너들은 상담이나 교육(강의) 활동을 주로하기 때문에 노인복지관, 실버타운, 노인교실, 요양보호시설, 보건소, 주민자치센터, 구민회관, 노인전문병원 등 노인의 건강과 교육을 담당하는 기관의 의뢰를 받아 활동하고 있으며, 노인복지 관련 상담소를 개설해 운영하기도 있다. 대부분은 중년층이고 협회나 단체와 연계해 강의 요청이 왔을 때 강의나 상담을 하는 수준으로 활동하고 있다. 기본적으로 강의 활동 등이 많기 때문에 고정적인 수입 면에 있어서는 다소 아쉬운 점이 있다. 그럼에도 불구하고 여건은 점차 좋아질 전망이다. 노인복지관, 사회복지관, 학교 등에서 활동하는 노년플래너의 경우, 월 150~200만 원가량의 수익을 올리는 경우도 많다.

4) 흥미 및 적성

노년층에 대한 이해와 상담분야 지식, 풍부한 인생경험이 중요하다. 때문에 퇴직한 중년층, 심리상담사 자격 보유자, 강의 경력자 등이 일을 하는데 적합하다.

5) 교육과정 및 관련 자격

2015년 기준 국가기간·전략산업직종훈련(신직업 특화 훈련과정)으로 노년플래너 훈련과정이 개설됨에 따라 강남대 산업협력단, 시니어파트너즈 평생교육원에서 교육을 실시한 바 있다.

민간자격으로 '노년플래너' 자격증이 신설되어 자격 취득 과정을 통해 전문지식을 배울 수도 있다. 민간 교육기관에서 실시하는 자격 취득 교육과정을 살펴보면, 고령화 사회와 노인 이해, 노후 관리, 아름다운 노화, 노인자살 예방, 시니어 상담, 존엄사, 장례문화 등이 포함되어 있다.

노년플래너가 되기 위해 특별한 전공이나 학력 등이 요구되는 것은 아니나, 상담심리, 노인상담, 사회복지 관련 전공을 하면 일을 시작하고 수행하는데 도움이 된다.

6) 관련 학과 소개

현재 우리나라에서 노인 관련 학과가 설치된 대학으로는 건양사이버대, 경주대, 경희사이버대, 남서울대, 대구한의대, 부산가톨릭대, 부산디지털대, 서울사이버대, 숭실사이버대, 한국체육대, 한림대 등이 있다.

학과 들여다보기 : 한림대 노인복지학전공

사회복지학은 산업화와 현대화에 따른 가족 및 아동문제, 노인문제, 청소년 비행문제 등 많은 사회문제들의 해결방법을 연구하고, 이를 실천하는 학문으로 개인 심리적, 사회구조적인 문제가 속출하는 현대사회에서 반드시 요청되고 그 필요가 확산되어 가는 현재 이상적인 사회 추구를 구체화시키려는 과학적이고 체계적인 학문이다. 한림대 사회복지학부는 변화하는 사회에 대응하여 사회구성원의 복지 향상을 위해 정부, 공공기관, 국내 및 해외 사회복지기관에 종사 할 사회복지 전문 인력을 양성하는데 교육목적을 두고 있다.

교과과정

- **전공과정**

	1학기		2학기	
	전공필수	공통전전	전공필수	공통전선
1학년		사회복지개론		인간행동과사회환경
2학년	사회복지발달사	사회복지행정론, 지역사회복지론	사회문제론, 아동복지론, 장애인복지론	사회복지실천기술론, 사회복지조사론
3학년	사회보장론, 프로그램개발과평가, 빈곤과사회, 청소년복지론, 의료사회사업		사회복지자료분석론, 노인복지론, 노인사례관리론	사회복지현장실습1, 사회복지법제
4학년	복지국가론, 사회복지현장실습2, 가족복지론, 가족정책론, 가족상담및치료, 청소년지도방법론, International-Social Welfare		사회복지윤리와철학, 노인의료보장론, 노년심리학, 노인정신건강론, 노년생리락, 사회서비스경영론	사회복지세미나

7) 전망

우리나라 80세 이상 인구의 비중은 세계 2위로, 고령화 속도가 빠른 국가로도 유명하다. 현재를 사는 노년층은 과거 자녀교육과 더불어 내 집 마련을 위해 일하며 노후를 제대로 돌보지 못한 세대가 많다. 때문에 정서적인 고독이나 소외감을 비롯해 경제적인 문제로 힘들어 하는 경우가 많다. 이러한 모습을 보며 노년생활에 대한 준비를 중시하는 풍토가 형성되고 있다.

고령화 시대에 노후생활을 안정적으로 유지하려면 가족, 건강, 생활유지 등을 고려한 노후 대비가 필요하며, 이런 서비스를 전문적으로 받고자 하는 수요가 늘어날 전망이다. 특히 건강문제뿐 아니라, 연금이나 저축 등으로 재정적인 준비를 하는 방법, 죽음을 맞거나 죽음 이후에 발생할 문제를 미리 대비하는 방법 등 다방면의 문제를 조언할 노년플래너를 찾는 사람들이 늘어날 전망이다.

'노년플래너'의 미래성은 사회복지사자격증을 겸해야 생길 것으로 보여진다. 현재 우리나라의 경우 '노년플래너'라는 직업이 국가공인자격증으로 인정되지 않고 민간자격증으로 발급되기 때문에 어르신들 혹은 보호자분들께 '전문성'에 있어 설득력이 낮을 것으로 예상된다. 이러한 문제를 해결하기 위해서는 사회복지기관과의 협력이 필요하다. 기존의 인프라 풀을 구축한 사회복지기관과의 협력이 이뤄진다면 노인복지관, 실버타운, 노인교실, 요양보호시설, 보건소, 주민자치센터, 구민회관, 노인전문병원 등 노인의 건강과 교육을 담당하는 모든 기관에서 다양하게 활동이 가능하게 될 것이다.

참고 도서

- *2020 하류노인이 온다* (후지타 다카노리/청림출판)
- *인생 후반, 어디서 뭐하며 어떻게 살지?* (이성동/좋은책만들기)
- *노후준비의 함정* (조영석/북포스)

아. 진로체험코디네이터

1) 개요

우리나라 청소년들이 고민하는 문제를 조사해본 결과 성적, 적성, 직업 등의 순으로 나타났다. 직업을 선택하는 데 있어서 본인의 진로에 대해 진지하게 고민하고 진로를 선택하여 여러 경험을 해 보는 것은 굉장히 중요하기 때문에, 현재 우리나라는 중학교 자유학기제를 실시하고 있다. 자유학기제 동안 학교는 학생에 맞는 체험 처를 발굴하고 학생들에게 진로체험 기회를 주는 것이 바람직하나, 다양한 기업 및 사업자의 참여가 이루어지지 않아 학생들의 직업체험 기회는 절대적으로 부족한 상황이라고 한다. 이런 배경에서 직업 체험 처를 발굴하고, 직업 멘토 등의 매칭을 돕는 진로체험코디네이터의 역할이 중요해지고 있다.

2) 하는 일

진로체험코디네이터는 학생이 관심 있는 직업이 무엇인지 파악하여 해당 직업 분야의 기업 또는 사업장을 찾아 학생들이 원하는 직업체험을 할 수 있도록 체험 기회를 발굴한다. 또한 관련 프로그램을 기획하는 역할을 하며 방문 예약접수부터 스케줄링, 직업 멘토 매칭 등 직업체험에 필요한 제반 업무를 수행하기도 한다. 진로코디네이터가 하는 일을 정리하면 다음과 같다.

- 학교 등 직업체험 요청 관계자 등과 체험일정, 체험내용 등을 논의한다.
- 직업체험 프로그램을 기획하고 개발한다.
- 체험을 필요로 하는 학생을 대상으로 기업 내 직무 등을 소개하는 프로그램을 운영한다.
- 필요 시 학교에서 진로체험과 관련된 직업 등에 대해 강의하기도 한다.

3) 현황

가) 해외

외국에서는 직업체험 활동이 중요하다는 인식에 따라 사회적으로 학교와 사업체 직업체험 활동의 연계가 잘 되어 있는 편이며, 영국과 독일, 미국은 물론 가까운 일본에서도 진로체험 코디네이터가 활발하게 활동하고 있다. 유치원과 보육원부터 초·중·고교에서 커리어 교육을 하는 등 진로교육 등을 중요하게 여기고 있기 때문이다. 핀란드, 독일, 아일랜드의 경우 기업 내에 직업체험 활동을 전담하는 인력이 있어 교육청이나 학교 등에서 직업체험을 요청하면 학생 모집 및 배치와 관련된 업무는 인사팀에서 담당하고, 그 밖의 교육은 각 팀에서 담당하는 형식으로 직무에 따라 각 팀으로 배치해 일을 체험해볼 수 있게 돕는다. 아일랜드에서는 1년 동안 직업탐색을 하는 '전환학기제'를 실시하는데, 이 기간 동안 직업체험 활동이 활발하게 진행되고 있다. 호주에서도 대형 사업체를 중심으로 직업체험을 제공하는데, 체험은 주로 인사팀 및 교육 훈련 팀이 주도한다.

나) 국내

우리나라에서 활동하는 진로체험코디네이터들은 주로 지자체 및 교육청 등이 협력해 설치한 진로직업체험지원센터에서 활동하고 있다. 그 외에 기업체의 사회공헌팀 및 인사팀, 교육팀이나 은행의 금융교육센터에서 진행하는 체험활동 관리자도 있다. 그러나 운영하는 프로그램이 직업체험보다는 교육프로그램에 치중되어 있어 진로체험코디네이터의 역할과는 다소 차이가 있다. 향후 정부가 진로직업체험지원센터를 운영하며 센터를 중심으로 해당 직업을 육성할 계획이어서 당분간은 지자체 및 교육청에서 운영하는 진로직업체험지원센터가 진로체험코디네이터의 주요 진출 분야가 될 것으로 보인다.

4) 흥미 및 적성

무엇보다 중요한 것은 학생들을 이해하고 공감할 수 있는 능력이다. 또한 직업체험처를 발굴하고 체험자와 사업장을 연결해야 한다는 점에서 의사소통능력이 중요하다고 할 수 있다.

5) 교육과정 및 관련 자격

직업상담사, 청소년상담사 등 업무와 관련된 자격증 을 보유하거나 이를 활용해 유사한 교육 및 상담 분야에서 활동한 경험이 있으면 업무 수행에 유리하다. 전공에 크게 구애받는 분야는 아니지만 교육학, 청소년학, 심리학, 사회복지학, 사회학 등 사회과학을 전공하면 유리하다. 업무 성격상 기업체와 연계할 일이 많기 때문에 경영학을 전공하는 것도 좋다.

6) 관련 학과 소개

현재 우리나라에서 청소년 관련 학과가 설치된 대학으로는 경기대, 광주대, 동의대, 명지전문대학, 서울여자대, 서정대, 성균관대, 순천향대, 총신대, 칼빈대, 평택대, 한국방송통신대, 한려대, 한서대, 호서대 등이 있다.

학과 들여다보기 : 명지대 청소년지도학과

명지대 청소년지도학과는 청소년 문제를 조사하고 청소년지도에 관한 구체적인 방법을 학문적으로 체계화하고 유능한 청소년 지도자를 양성하고자 1991년 11월7일 한국 최초로 신설되었다. 청소년지도학은 교육학, 심리학 등을 기초로 설립되었으며, 특히 사회교육학의 방법론을 많이 원용하였다. 학부에서는 전공을 따로 나누지 않으나 구체적인 연구 분야는 청소년지도학분야, 사회교육학분야, 청소년지도행정 분야 등으로 나누고 있다. 명지대 청소년지도학과는 1995년 한국 대학 중 최초로 청소년지도자 양성기관으로 문화체육부 장관으로부터 지정을 받았으며, 1996년에는 한국 최초로 대학원 청소년 지도학과에 박사학위 과정이 신설되어 현재에 이르고 있으며 우수한 인적자원을 양성하여 청소년지도학의 학문적 기틀을 마련하는 산실의 역할을 수행하고 있다.

교과과정

	1학기	2학기
1학년	청소년지도학1	청소년지도학2
2학년	발달심리, 교육행정론, 레크리에이션 활동	청소년심리및상담, 청소년문화
3학년	청소년기관실습1, 상담이론과실제, 청소년기관운영론, 가족상담, 청소년리더십론, 철학적사고와청소년지도, 진로상담	청소년기관실습2, 청소년활동, 청소년육성제도론, 집단상담, 성격심리, 사회조사 및 프로그램 평가방법, 청소년지도 사례연구, 심리측정 및 평가
4학년	청소년지도방법론, 청소년 문제와 보호, 청소년 프로그램 개발 및 평가, 부모교육, 청소년 상담과정과 실제	청소년복지론, 청소년과 지역사회, 청소년 지도자론, 특수아 상담, 심리검사

7) 전망

2016년 자유학기제가 전면 시행되고 직업체험 활동을 원하는 학교 및 단체가 늘어남에 따라 진로체험코디네이터로가 직업으로서 뿌리내릴 가능성이 높아지고 있다. 또한, 정부가 교육청 및 지자체 별로 진로직업체험지원센터를 설치해 운영하면서 이곳에서 활동할 인력 수요가 늘어날 것으로 보인다. 뿐만 아니라 기업의 참여를 확대하기 위해 각종 직업체험 캠페인을 전개하고, 기업의 직업체험 우수사례를 발굴, 보급하고 있어 향후 기업들의 참여가 늘면 전망이 더 밝아질 것으로 보인다.

참고 도서
- ***꿈의 수업 자유학기제, 아일랜드에서 찾다*** (양소영/미디어숲)
- ***진로교육, 아이의 미래를 멘토링하다*** (조진표/주니어김영사)
- ***리 아이 진로 학교보다 부모가 먼저다*** (헤더 카펜터/샘터사)

08

행정·법률·인사

8. 행정·법률·인사

가. 분쟁조정사

1) 개요

사람들은 살아가며 가족, 이웃, 직장, 공공기관 등 모든 곳에서 갈등 상황과 직면하게 된다. 삶의 불청객으로 끼어드는 이 수많은 문제들로 인해 법적 소송은 시시비비를 가리는 대표적인 해결 방법이 돼왔다. 그러나 재판 과정 중에 소요되는 시간과 비용의 문제 또한 무시할 수 없는 실정이다. 이제 사람들은 당사자 간의 합의를 통해 갈등을 해결하는 방법을 고민하기 시작했다.

우리나라의 경우 사회갈등으로 인한 경제적 손실은 연간 82조원에서 246조원에 달하는 상황이다. 사회갈등 수준은 OECD 27개국 중 2번째로 심각하다. 2010년 한국갈등해결센터기 한국인의 갈등의식을 조사한 결과에 따르면 갈등 해결방식이 '힘의 논리로 처리 된다'는 인식이 61.7%로 가장 많았다. '갈등의 원인을 찾아 근본적으로 해결 한다'와 '양보나 타협으로 해결 한다'는 각각 18.5%, 15.8%로 상대적으로 낮았다.

이 고민의 선봉에 서 있는 사람들이 바로 분쟁조정사다. 분쟁조정사는 일종의 대안적인 갈등 해결 방법으로, 중립적 위치에서 양측의 당사자들이 모두 납득할 수 있는 타협점에 도달하도록 돕는 역할을 한다. 법정 소송이 아니라 당사자 간의 합의나 전문가 등 제3자를 통해 조정과 화해를 시도해 갈등을 해결하는 것은 사회적 비용을 줄일 수 있으며 성숙한 사회를 실현하는 방법이다. 그러나 아직 분쟁조정의 제도적 역량이나 문화적 규범이 부족한 현실이다. 이러한 배경에서 분쟁조정사의 역할과 직업적 가치가 주목을 받고 있다.

2) 하는 일

분쟁조정사는 분쟁이 발생했을 때 재판 전에 중립적인 제 3자의 입장에서 이를 중재·조정·알선하여 분쟁 혹은 갈등상태에 있는 이 때 특정 조정안을 제시하는 것이 아니라 대화를 통하여 분쟁당사자들이 스스로 해결책을 찾아 분쟁을 해결하도록 돕는다. 분쟁조정사는 당사자들이 자율적으로 합의를 만들어 나가도록 촉진하고, 당사자 일방에 치우침이 없어야 한다. 또한 분쟁조정사는 갈등을 당사자들이 자율적으로 해결한다는 원칙하에 갈등 해결 과정을 진행하는 진행자, 촉진자, 도우미의 역할을 수행하는 전문가다. 즉 법원에서의 판결과는 달리 조정은 당사자들의 합의 결과에 대해 강요하지는 않는다. 대신에 분쟁조정사는 당사자들이 원활한 대화를 통해 협상을 진행할 수 있도록 유도한다. 서로의 필요 사항·가치·감정 등을 이해할 수 있도록 돕고, 손상된 관계를 회복하며, 문제해결에 필요한 창의적인 대안을 개발하도록 당사자들을 유도해야 한다. 분쟁조정사가 하는 일을 정리하면 다음과 같다.

- 분쟁의 양측 당사자들로부터 조정에 대한 동의를 구한다.
- 조정날짜를 조율하는 등 사전준비를 진행한다.
- 조정에서는 당사자들이 원활한 대화를 통해 협상할 수 있도록 유도한다.

- 조정 결과에 따라 당사자들이 조정합의서에 서명하도록 한다.
- 당사자들이 자율적으로 합의를 만들어 나가도록 촉진한다.
- 당사자 일방에 치우침이 없이 합의를 이끌게 지원한다.
- 갈등해결 과정에서 당사자들이 원활한 대화를 통해 협상을 진행할 수 있도록 유도 한다.
- 문제에 필요한 창의적인 대안을 개발한다.
- 조정에 대한 동의와 사전준비, 동의서 서명 등 조정과정을 진행·대행한다.

3) 현황

가) 해외

미국은 갈등조정 혹은 대체적 분쟁해결(Alternative Dispute Resolution, 이하 ADR)의 발상지라 불릴 정도로 현재 이 분야가 활성화되어 있다. 미국의 조정사 자격제도는 국가 차원의 통일된 기준이 없고, 조정사가 주로 속해 있는 단체 및 기관의 내부규정에 의거한 자격요건을 따르고 있다. 미국 내에서 대체적 분쟁해결 서비스를 제공하는 중재인(Arbitrator), 조정가(Mediator), 알선인(Conciliator) 등의 종사자 수는 약 6,520명으로 추산된다(2012년 5월 기준). 이들의 평균연간 수입은 약 77,200달러이며, 시간당 평균 임금은 37.12달러이다. 실제로 조정사는 중재나 알선을 겸하는 경우가 많다.

캐나다는 미국과 유사한 갈등조정사 제도를 운영하고 있다. 하지만 미국과 마찬가지로 국가공인 자격이라기보다는 조정사로 훈련을 받고 경험을 쌓아 활동할 수 있도록 자격을 인증하는 시스템이다.

일본은 2007년 4월 1일부터‘ 재판 외 분쟁해결 절차의 이용촉진에 관한법률’을 시행하며, 대체적 분쟁해결이 재판과 함께 분쟁해결 수단의 하나가 될 수 있도록 종합적인 기반을 마련한 바 있다. 영국은 1986년 울프경에 대한 접근보고서(Lord Woolf's Access to Justice Report, 1986)에서 민사절차법(CPR; Civil Procedure Rules, 1999)의 법원 규칙에 대체적 분쟁해결을 언급하고, 소송 전 프로토콜(Pre-action Protocols)을 도입하였다. 호주에서도 2008년부터 개별공인조정인증국(RMAB; Recognized Mediation Accreditation Board)에 소속된 Approval Standards와 Practice Standard 방식으로 조정사 제도를 운영하고 있다.

나) 국내

우리나라는 꽤 오래전부터 법원 내에 의료, 소비자보호, 상사분쟁, 노사분쟁, 금융분쟁, 건설분쟁, 가사분쟁 등 민사조정 제도가 도입되어 운영되고 있지만, 일반인에게 조정을 통한 갈등해결은 잘 알려져 있지 않은 편이다. 또한 우리나라에서는 변호사 자격이 없는 자가 돈을 받고 분쟁조정이나 중재를 할 경우, 변호사법에 위반되기 때문에 민간부문에서의 분쟁조정은 불가능하다.

다만, 갈등해결이나 조정의 필요성을 느끼고 있는 사람들이 많기 때문에 일부 기관에서 '협상조정전문가과정', '갈등관리조정전문가 과정'같은 갈등조정 교육훈련 프로그램을 실시하고 있다. 정식 자격제도를 운영하는 것은 아니며 유사한 분야 종사자를 대상으로 실무에 활용하기 위한 내용으로 진행되고 있다.

4) 흥미 및 적성

분쟁조정사는 사람 사이의 갈등을 해소해주는 일을 한다. 그러므로 사람 사이에서 어느 한쪽으로도 치우치지 않고 중립적인 입장에서 해줄 수 있는 사람이 하면 좋다. 중립적인 위치에서 법에 맞춰 분쟁 혹은 갈등을 해소 시켜야 한다. 분쟁조정사는 아직 전문직업은 아니지만 분쟁조정사를 위해서 법학 관련 공부를 하면 유리 할 것이다.

5) 교육과정 및 관련 자격

조정중재협회·한국갈등관리조정연구소·평화를 만드는 여성회 부설 갈등해결센터 등 민간 기관에서 해외의 분쟁조정사 자격 인증 제도를 그대로 도입해 훈련 프로그램을 진행하고 있다.

6) 관련 학과 소개

현재 우리나라에서 법학과가 개설된 대로는 경기대, 경남대, 경상대, 군산대, 단국대, 대전대, 덕성여자대, 동국대, 명지대, 목포대, 성균관대, 성신여자대, 숭실대, 아주대, 안동대, 전주대, 제주국제대, 조선대, 창원대, 청주대, 한경교, 한국방송통신대, 한림대 등이 있다.

학과 들여다보기 : 단국대 법학과

단국대의 법학교육은 1947년 대학설립과 동시에 법정학부 법률학과가 개설됨으로써 시작되었으며, 그동안 범정대학 법학과, 법과대학 법학부, 사회과학대학 법학전공, 사회과학대학 법학부 등의 명칭을 거쳐 2005학년부터 다시금 법과대학으로 개편되어 제2의 도약을 위한 새로운 발걸음을 내딛게 되었다. 단국대 법학과는 법학의 이론적 연구와 아울러 능력있는 법률전문가 양성에 역점을 두고 있다. 또한 인간의 존엄과 가치를 바탕으로 인간의 자유와 권리 보장 및 법의 기본이념을 깊게 인식하고 나아가서는 올바른 법해석과 정의로운 법적 소양을 갖춘 법학도를 길러내어 민주사회의 실현에 기여하도록 한다. 그 결과 사법시험을 비롯한 각종 자격 및 임용시험에서 다수의 합격자를 배출하여 많은 졸업생들이 법조계에서 활동하고 있다.

교과과정

- 기초 및 법학소양 과정

	1학기		2학기	
	학과기초	법학소양	학과기초	법학소양
1학년		민법총칙1, 법학입문, 헌법총론	민법총칙2, 기본권론	형법총론1, 법학멘토링
2학년	법철학, 상법총칙, 채권총론, 행정법총론1	법학멘토링		

- 전공과정

	1학기		2학기	
	전공필수	전공선택	전공필수	전공선택
2학년	국제법1	영미법, 형법총론2, 권력구조론	국제법2, 채권각론, 회사법1, 행정법총론2, 형법각론1	국제거래법, 법사학, IT정보보호법
3학년	노동법1, 물권법1, 민사소송법1, 행정구제법	형사정책, 환경법, 회사법2, 국제분쟁해결절차법, 불법행위법, 지식재산권법, 형법각론2, 취창업전공세미나1	행정법각론, 형사소송법1, 헌법소송법	가족법, 국제통상법, 노동법2, 물권법2, 민사소송법2, 어음수표법, 사회보장법, 디지털콘텐츠법, 취창업전공세미나
4학년		국내인턴십1&2(법학),국외인턴십1&2(법학), 경제법, 국제사법, 보험·해상법, 형사소송법2, 민사집행법, 국제법세미나, 형법세미나, 미디어법, 경찰법, 법문서작성, 과학기술법, 법의학		국내인턴십1&2(법학),국외인턴십1&2(법학), 법사화학, 부동산공법, 세법, 민법세미나, 헌법세미나, 상법세미나, 모의재판, 국제인권법, 전자상거래법, 민사분쟁사례연습, 형사소송법연습, 노동법세미나

7) 전망

다른 나라와는 달리 우리나라의 경우 법률 사건에 대한 조정, 화해 서비스의 제공은 변호사법의 위반 문제와 부딪혀 분쟁조정사 직업을 도입하는데 현재로써는 한계가 있다. 따라서 분쟁조정사가 일정한 직업군으로 인정받기 위해서는 화해, 중재, 조정 등의 대체적인 분쟁 해결 지원 자격을 변호사로 한정하는 제도를 개정할 필요가 있다.

분쟁조정사 직업의 도입은 갈등 공화국(OECD 국가 중 '사회갈등지수' 5위)이라는 오명을 안고 있는 우리나라를 변화시킬 수 있을 것이다. 앞으로 분쟁조정사가 직업으로서 도입된다면 현재보다 통일된 교육 양식이나 표준을 갖춰 전문 자격 제도의 추진과 함께 전문인으로서 자격 요건이 명확히 규정되리라 예상된다.

참고 도서

- ***갈등 해소와 대체적 분쟁 해결*** (김영욱/이화여자대출판문화원)
- ***갈등조정의 ABC*** (장 뿌아트라스, 피에르 르노/굿인포메이션)
- ***갈등조정, 그 소통의 미학*** (신창현, 박홍엽, 김동영, 김용성, 박수선, 신자은/굿인포메이션)

나. 직무능력평가사

1) 개요

국가직무능력표준, NCS(National Competency Standards)란 바로 산업현장의 직무를 수행하기 위해 필요한 지식·참고 도서·태도를 국가가 산업부문별·수준별로 체계화한 직무명세서이자 인재양성지침서를 말한다. 현재 국내 모든 직업 훈련과정에 NCS적용을 추진하고 있는 상황이다. 직무능력평가사는 바로 국가 차원에서 NCS 도입 및 적용이 확대됨에 따라 그 필요성이 논의되고 있는 직업이다. NCS 활용이 확산되면 교육훈련생의 교육훈련 성취결과를 정확하게 평가할 직무능력평가사 도입이 반드시 필요하게 된다.

2) 하는 일

직무능력평가사는 한 개인이 특정 산업이나 직업에서 요구되는 직무 수행 여부를 평가하고, 직업훈련, 자격 등과 관련된 일을 수행하는 사람들 및 훈련생을 지원하고 평가하는 일을 한다. 이를 통해 정규교육기관, 훈련기관, 사업장 등에서 직업훈련, 자격 등과 관련된 일을 수행하는 사람들 및 훈련생을 효과적으로 지원하고 평가한다. 직무능력평가사의 일을 자세히 설명하면 다음과 같다.

- 직무능력 평가를 위한 계획을 수립하고 평가 증빙자료를 수집한다.
- 평가방법·도구 등을 선택해 직무능력 평가를 실시한다.
- 평가결과에 대해 제공하고, 피드백을 실시한다.
- 경력개발경로를 설계하고 개별 맞춤형 교육과정을 설계, 교육훈련을 실시한다.
- 재직자에 대해서는 직무능력수준의 수직적 이동이 가능하도록 상위 수준의 교육훈련을 제안하고, 재평가 및 경력개발경로의 보완·개선을 실시한다.

3) 현황

가) 해외

호주, 영국, 미국에서는 직업교육훈련 평가사 자격인증제를 운영하여 개인별 직무능력 평가, 맞춤형 경력개발경로 설계 등 직업교육 훈련에 대한 종합적인 서비스를 제공하고 있다.

미국의 평가사 자격인증제도는 미국 상무부소속 NIST(National Institute of Standard and Technology)에서 운영하며, ISO/IEC 17011, ISO/IEC 19011, ILAC G11 지침에 따르고 있다. 여기서는 다음 세 종류의 직무능력평가사(Assessor)를 인증하고 있다. 또한 영국에서는 국가표준원 부속인 B S I (British Standards Institution)에서 평가사 자격을 인증하고 있다. 여기서는 ISO 9001:2008, ISO14001 지침을 따르며, 능력단위별로 평가사를 인증한다.

나) 국내

국내에는 아직 직무능력평가사라 부를 수 있는 직업 및 자격이 없다. 그러나 우리나라에서도 국가직무능력표준 활용이 확산되면서 교육훈련생의 유형·수준을 정확하게 평가하여 훈련과정과 매칭 시켜주는 직무능력평가사 도입이 필요한 실정이다.

이에 따라 2016년, 정부는 직무능력평가사 역할·직무·자격 등을 제도화하는 방안을 마련하기로 했다. 이는 2015년 연구된 '평생직업능력개발을 위한 역량평가사 양성 및 제도화 방안 연구'를 기반으로 수립되었다. 또한 한국폴리텍대학·한국참고 도서교육대 등과 연계하여 인력을 양성하고, 직무능력평가 자격제도 신설도 검토 중이다.

NCS가 기업체 인사 및 직업훈련 등에 전면적으로 적용되면 기업체 인사부서 및 직업훈련기관 등에서 전문영역을 구축하고 활동할 수 있다. 현재 NCS 기반 채용 및 교육 등의 인사 업무가 재편되고 있어 관련 직무에 종사하는 현업 종사자를 중심으로 직무능력 평가에 대한 학습을 하고 있으나 아직까지 전문성이 확보되어 있는 상태는 아니다. 다만, 직무능력 표준화 및 평가 등에 대한 부문이 NCS 관련 사업으로 수행되고 있다.

4) 흥미 및 적성

산업현장에 대한 이해도가 높고, 직업교육훈련 참고 도서와 지식을 개발 및 전달할 수 있는 사람에게 적합한 직업이다. 보통 기업 현장교수 등이 별도 마련되는 교육을 받은 후 직무능력평가사로 활동한다.

5) 교육과정 및 관련 자격

공식화된 자격증은 없지만, NCS에 대한 이해가 필수이다. 직무능력평가사는 일단 '교육훈련 전문가'라는 넓은 범위에서 인적자원 개발 및 관리, 교육 관련 전공을 공부한다면 업무를 수행하는 데 도움이 된다.

6) 관련 학과 소개

현재 우리나라에서 인사·인적자원 관련 개설된 대로는 경상대행정대학원, 부경대 교육대학원, 부경대대학원, 숙명여자대 여성인적자원개발대학원, 연세대 교육대학원, 중앙대 글로벌인적자원개발대학원, 중앙대 대학원, 한국교원대 교육정책전문대학원, 전북대 경영대학원 등이 있다. 모두 석·박사 과정으로 학부과정에서 인사나 인적자원 관련 학과가 개설된 학교는 없다.

학과 들여다보기 : 연세대 교육대학원 인적자원개발전공

연세대 교육대학원은 현존하는 우리나라 교육대학원 중 가장 오랜 역사를 지니고 있는 교육 기관으로 1967년 3월 설립 이래 '진리와 자유'의 건학 이념에 따라 실력 있고 열정적인 교육자를 양성하고 있다. 연세대 교육대학원은 교육 현장이 요구하는 교육 전문가와 지도자의 역량을 강화시키는 현직교육기관이며, 미래의 교사를 준비시키는 교원양성기관으로 현재 22개 전공 분야를 운영하고 있다. 그 중 인적자원개발전공은 산업교육에 대한 기본적인 철학을 함양하고 산업체·기업체에서 이루어지는 산업교육에 대한 이론과 실체를 탐구함으로써 학습자 개인의 삶의 질을 높이고, 산업조직·기업조직의 생산성을 향상시키며, 나아가 국가와 사회의 발전을 주도할 창조적 리더로서 산업인적자원개발 전문가를 양성하고 배출하는데 그 목적이 있다.

교과과정

전공필수	전공선택		교직
인적자원개발론, 인적자원개발 연구방법론, 성인학습이론, 조직학습과 학습조직, 배움의 HRD:인문학적이해, HRD와 기업윤리	성인심리학, 기업교육프로그램개발 실습, 평생교육기초, 인적자원개발프로그램 평가, 직업 및 경력상담, 인적자원개발세미나, 리더십의 이론과 실제, 수행공학 세미나, 인적자원개발 요구분석, 인적자원개발 전략과 기획, 기업문화와 교육, HRD의 현장연구, HRD 개발과 연구, 교육훈련프로그램개발, 기업교육통계분석	국가인적자원개발정책, 기업교육방법, 인적자원개발컨설팅, 인적자원개발사례연구, 원격교육활용론, 직업윤리와 교육, 일터학습세미나, 인적자원개발의 경제학, 지식경영과 기업교육, 인적자원개발강독, 경력개발의 이론과 실제, 조직개발의 이론과 실제, 외국의 인적자원개발 사례, 일의 교육학	인적자원개발연구 자료분석

7) 전망

직무능력평가사의 도입이 바로 관련 일자리 확대로 이어지기는 어렵다. 그러나 현재 고용노동부를 직무능력평가사 자격 제도화 방안을 구체화하고 있고, 여러 기업에서 NCS에 기반한 교육 및 훈련, 선발·채용 등이 이루어지고 있다는 점, 직업능력심사평가원이 설립되는 등 NCS를 활용하는 사례가 늘어나고 있다는 점으로 미루어 볼 때 직무능력평가사의 직무 확대가 기대된다. 직무능력평가사는 NCS 적용과 직접적인 관련이 있는 기업체 인사부서, 직업훈련기관 등으로 진출할 수 있다

참고 도서

- *체계적 직무분석 방법론* (최영훈/플랜비디자인)
- *NCS기반 교육과정개편 실무 매뉴얼* (두하우컨설팅/두하우컨설팅)
- *조직의 능력을 끌어올리는 인적자원관리* (존 P. 코터, 마커스 버킹엄, 존 카첸바흐, 다니엘 골먼 등 / 매일경제신문사)

09

문화·여가

9. 문화·여가

가. 문화여가사

1) 개요

경제발전과 소득증가로 인해 여가시간이 늘어나면서 문화·여가 활동을 통해 삶의 질을 향상시키고 행복을 누리고자 하는 사람들이 늘어나고 있다. 이러한 추세에 따라 여가시간을 효율적으로 사용하여 최대의 즐거움을 누릴 수 있도록 여가생활 전반을 계획하고 문화생활에 관한 정보를 제공해주는 문화여가사라는 직업이 생기게 되었다. 문화여가사란 문화·여가 분야에 전문성을 가지고 관련 서비스를 기획·제공하고 정보를 전달하는 사람을 말한다.

2) 하는 일

문화여가사란 여가생활을 원하는 사람들에게 개인별로 적합한 여가 스케줄을 만들어 주고, 지역 문화자원을 활용할 수 있도록 여러 프로그램을 기획하며, 문화·복지·여가에 관련된 정보를 제공하고, 문화예술 사업을 컨설팅하고 기획을 지원하는 등의 업무를 수행하는 직종이다.

한 개인, 가족, 동호회뿐 아니라 지역사회나 기업, 단체 등을 대상으로 여가, 레저, 복리후생 등과 관련된 현황을 조사한 뒤 조언하기도 한다. 특히 문화여가 생활에서 소외되거나 제대로 정보를 얻을 수 없는 사람들에게 문화 복지와 여가에 대한 정보를 제공하고 안내하여 이들이 여가생활을 누릴 수 있도록 돕기도 한다. 이들은 지역의 문화 자원과 개인을 연계하며 지역 예술가와 문화예술단체를 활성화하기 위해 문화 자원·주민·예술가가 함께할 수 있는 프로그램을 기획하기도 한다. 또한 정부의 문화•복지 정책을 전달하거나 지역의 문화·여가 사업을 관리하고, 각종 문화여가 프로그램에 대한 홍보와 현장 모니터링도 한다. 그 외에 문화예술 사업을 컨설팅하고 기획·지원하고, 정년을 마치고 퇴직한 사람들에게 노후를 어떻게 보내면 좋을지에 대해 조언하는 역할을 하는 등 직무영역이 넓은 편이다.

3) 현황

가) 해외

미국, 캐나다 등 선진국에서는 이미 개개인의 상황과 개성에 따라 여가시간을 보내는 방법을 개발하고 조언하는 여가생활개발사가 활발히 활동 중에 있다. 일본 역시 여가시간을 의미 있게 보내려는 사람들에게 컨설팅을 제공하고, 여가 계획을 세워주는 문화여가사가 활발히 직능을 수행하고 있다. 일본의 문화여가사는 주로 지방자치단체에서 여가를 주제로 한 행사를 진행하거나 여가 관련 상담을 제공하는 업무를 맡곤 한다. 이들은 기업의 의뢰를 받아 행사를 계획·진행하거나 지역사회나 기업, 단체 등의 여가, 레저, 복리후생등과 관련된 현황을 조사한 후 조언하는 역할을 맡기도 한다.

나) 국내

국내에서도 여가생활을 즐기고자 하는 가치관이 확산되고, 수요자 중심으로 문화 영역의 패러다임이 변화하면서 개인의 상황과 개성을 고려한 맞춤형 문화여가 설계의 필요성이 높아지고 있다. 이러한 변화에 따라 문화생활 전문가의 필요성이 높아지고 있다.

국내에서 문화여가사는 기본적으로 주민자치센터, 시·도청 및 시·군·구청, 문화·복지시설, 지역문화재단 등에서 문화·여가 관련 전문 서비스 제공자로 일하고 있으며, 이 외에도 지역 문화원, 수련원 및 각종 전시장과 공연장에 배치되기도 한다. 문화여가사가 하는 업무는 기존의 레크리에이션 강사와 매우 비슷하지만, 레크리에이션 강사는 하나의 행사에 국한해 일회성의 레크리에이션을 운영하는 경우가 많지만, 문화여가사는 하나의 테마를 정해 새로운 여가 프로그램을 찾고 개발한다는 차이가 있다.

4) 흥미 및 적성

책임감과 끈기를 갖추고 다른 사람의 상황과 문제를 잘 파악하여 적절한 방안을 제시해 줄 수 있는 능력을 가져야 한다. 고객을 상대하고 사람을 만나는 일을 좋아하는 외향적인 사람에게 적합하며, 진정성, 사명감과 전문성, 서비스 정신을 겸비하여야 한다. 문화여가에 관해 관심과 흥미가 높고 활동적이어야 하며, 다양한 프로그램을 개발해 진행해야 하므로 다른 사람을 이끄는 통솔력과 조직력이 있어야 한다.

5) 교육과정 및 관련 자격

국내에 공인된 문화여가사 자격증은 아직 도입되지 않았으나 민간 자격으로 문화복지사·여가관리사·문화관광지도사·문화복지상담사·여가문화설계사·여가관리기획사·여가문화지도사 등이 있다.

관련 전공으로는 유아교육과, 이벤트과, 직업치료과, 지역개발학과, 체육교육과, 컨벤션산업과, 항공서비스과, 해양스포츠학과, 선교과, 가정관리학과, 가족복지과, 간호과, 건강관리학과, 관광경영과, 레크리에이션과 등이 있다. 그러나 꼭 특정 학과를 전공해야 진출할 수 있는 것은 아니다.

6) 관련 학과 소개

현재 우리나라에서 레크리에이션, 이벤트, 관광경영 관련 학과가 개설된 학교로는 대구미래대, 서일대, 경기대, 경주대, 동서대, 한국영상대, 한림국제대학원대, 홍익대, 경남대, 경동대, 계명대, 공주대, 광주대, 남서울대, 세종대, 수원대, 순천향대, 신라대, 신안산대, 안양대, 우석대, 전주대, 제주대, 제주한라대, 호남대 등이 있다. 대부분 학부과정이 개설되어있으며, 일부 대학원 과정이 개설되어 있는 학교도 있다.

학과 들여다보기 : 서일대 레크리에이션과

여가, 레크리에이션에 대한 이론적 수업을 통하여 올바른 개념을 정립하도록 하며, 실제 활동을 통하여 개인의 삶의 질 향상은 물론 보다 밝고 명랑한 민주시민을 양성하는데 목적을 두고 있다. 21세기 여가레크리에이션 문화를 이끌어갈 리더를 양성하기 위해 사회에서 필요로 하는 전문적인 지도자교육을 위해 현장 중심의 레크리에이션 지도능력 배양하고, 여가 및 레크리에이션 분야의 전문적인 자질을 함양하여 취업 기회 도모하며, 이벤트 및 기획 분야 산업분야의 취업을 위한 전문성 확보 및 공연 및 예능 부분의 진출 가능성 확보를 위한 다양한 교육의 시도를 교육목표로 삼고 있다. 레크리에이션을 전공하는 학생이나 지도자는 각기 독특한 재주와 기능을 갖게 되는데, 가장 큰 특징은 개성이 독특하고 자기 표현(self-ex pression)의 욕구가 강하다는 점이다. 또한 항상 밝고 명랑하며, 긍정적인 사고를 갖게 된다는 점을 특징으로 들 수 있다.

교과과정

1학년과 2학년은 본과과정, 3학년과 4학년은 전공심화과정으로 이루어져 있다. 두 가지로 나누어서 소개하겠다.

- **전공 본과 과정**

	1학기	2학기
1학년	연기지도1, 캠프지도1, 수예공작지도1, 청소년프로그램개발평가, 유아활동지도	스피치커뮤니케이션지도2, 레크스포츠지도2, 개인지도2, 캠프지도2, 댄스지도2, 연기지도2, 수예공작지도2, 응급처치, 집단지도, 현장실습1
2학년	생활음악지도1, 이벤트프로그램개발1, 노인복지레크리에이션, 게임지도3, 타악퍼포먼스, 레크관리, 이벤트MC지도1, 레크현장실습2, 레크스포츠지도3(진로지도)	댄스지도3, 게임지도4, 생활음악지도2, 기악지도, 이벤트프로그램개발2, 이벤트MC지도2, 졸업공연실습, 카운슬링지도, 레크리에이션 진로상담, 이미지연출, 공연연출

• **전공 심화 과정**

	1학기	2학기
3학년	여가정책론, 레져스포츠, 리더십개발, 기업레크리에이션, MC심화1, 생활댄스지도1, 연기워크샵1, 청소년심리및상담	여가정책론, 레져스포츠, 리더십개발, 기업레크리에이션, MC심화1, 생활댄스지도1, 연기워크샵1, 청소년심리및상담
4학년	여가론세미나, 캠프운영, 이벤트현장실습1, MC심화2	이벤트현장실습2, 실용체조, 영상제작실습, 청소년문화

7) 전망

과거에는 여가생활 분야를 단순히 오락이나 게임의 영역으로 생각했었지만, 패러다임의 변환으로 인해 하나의 산업으로서 그 가능성이 확대되고 있다. 그러나 아직까지는 효율적으로 문화여가 생활을 누리는 사람들이 적은 편이며, 문화생활에 소외된 계층도 많은 상황이다. 이에 따라 문화 역시 복지의 차원에서 모든 계층의 사람들이 누릴 수 있도록 하는 여러 정책들이 발의되고 있는 실정이다. 향후 방침에 따라 복합형 문화 커뮤니티센터의 조성이 늘어나고, 이에 따라 문화여가사의 활동도 활발해 질 것으로 기대된다. 문화여가사가 될 경우 지방자치단체, 문화시설, 사회복지시설 등에서 활동할 수 있다.

참고 도서

- ***시간 편집자*** (최석호/MBC C&I)
- ***여가 고수의 시대*** (김성민, 김은솔 / IWELL)
- ***노는 만큼 성공한다*** (김정운/21세기북스)

나. 기업컨시어지

1) 개요

현대사회로 접어들면서 사람들의 삶의 질이 많이 향상되고 있다. 그런 배경에서 복지문화에 대한 관심도 높아지고 있고, 시간을 효율적으로 관리하는 일도 중요해지고 있다. 기업도 이런 부분에 관심을 쏟으면서 자체적으로 시간 효율성을 높이고, 직원들의 복지문화 개선을 통해 업무 효율성을 극대화하려는 시도를 하고 있다. 기업컨시어지는 이런 배경에서 등장한 직업이다.

'컨시어지(Concierge)'는 유럽의 중세시대에 성(城)을 지키며 초를 들고 안내하는 사람인 'le comte des cierges'에서 유래한 말이다. 컨시어지는 호텔업계에서 '호텔에서 투숙객이 필요로 하는 서비스를 제공하는 사람'을 뜻하는 말로 먼저 알려졌다가 최근에는 여러 분야에서 '고객이 필요로 하는 최상의 서비스를 제공하는 사람'의 의미로 여러 분야에서 두루 사용되고 있다. 특히 리조트, 백화점, 금융업계 등에서 'VVIP를 대상으로 하는 서비스를 제공하는 사람들' 등을 뜻하는 말로 쓰이고 있다.

2) 하는 일

기업컨시어지는 기업의 직원들이 갖는 업무스트레스를 해소하고 효율성과 생산성을 내기 위해 하는 여러 가지 일들을 대행해준다. 기업컨시어지의 업무는 컨시어지를 필요로 하는 기업의 요구사항에 따라 조금씩 달라진다. 예를 들어, 기업의 효율적인 관리와 운영을 위해 필요한 경영, 투자 관련 정보를 제공하거나 기업 이벤트 기획과 실행 등을 돕기도 한다. 때론 워크숍 장소나 해외 출장을 위한 호텔 및 항공편 등을 조사하기도 한다. 중요한 바이어를 접대할 때 바이어를 섭외하고, 통역을 돕는 기업 컨시어지도 있다.

기업컨시어지가 하는 일은 경영정보 제공부터 워크숍 장소 섭외까지 기업이 효율성을 내고, 직원들의 업무능력을 향상시킬 수 있도록 하는 여러 분야에 걸쳐 있다. 기업에 필요한 최상의 서비스를 시스템화하여 국내외 VIP의전, 출장, 멤버십 파티, 공연, 전시, 교육, 여행, 호텔, 스포츠/골프 등의 분야에서 기업의 시간과 비용을 절약해 준다. 주요 역할을 살펴보면 기업/팀의 업무스트레스를 해소하고 효율을 개선하여 생산성을 향상시키는 업무, 회식장소, 워크샵 장소 섭외, 해외 출장을 위해 호텔, 항공편 등을 조사, 국내외 중요한 바이어와의 의전, 식사, 접대 장소 섭외, 해외의 중요한 바이어에게 좋은 선물을 할 수 있는 방법을 찾음, 통역, 세미나 장소 섭외 등을 한다.

3) 현황

가) 해외

기업컨시어지는 미국, 영국 등 선진국에서는 이미 활성화된 직업이다. 특히 미국에서 기업컨시어지로 활동하는 사람은 대부분이 대학졸업자로 호텔이나 행사나 연회 관련 음식을 제공하는 케이터링 업체 등에서 일한 경험을 바탕으로 활동한다.

미국에서는 기업컨시어지로 종사하는 사람 수가 2010년 기준 2만 명 정도로 많다. 미국 임금정보업체(indeed.com)의 자료를 보면 2013년 8월, 이들의 평균임금은 3만 9,000달러 수준이다. 미국 O*NET의 자료를 보면, 지금 추세로 치면 앞으로 10년(2010~2020)사이에 이 분야에서는 7,400개의 새로운 일자리가 발생할 것으로 보인다.

나) 국내

기업컨시어지는 기업컨시어지 전문 서비스 업체 등에서 활동한다. 우리나라에서는 아직 기업컨시어지 서비스 수요가 많지 않아 기업컨시어지 전문 서비스 업체가 많은 편이 아니다. 다양한 컨시어지 서비스 중 하나로 기업체를 대상으로 하는 컨시어지 서비스가 있는 게 일반적이다. 기업컨시어지 서비스는 충분히 필요하지만 아직까진 기업컨시어지 서비스에 대한 인식이 부족한 편이다. 시간 절약 등 서비스의 효과를 생각하기 보다는 비용이 들어간다는 점을 부담스러워하는 경향이 강하다.

4) 흥미 및 적성

일관성, 창조성, 통찰력, 분석력 등이 필요한 일이며 고객과의 상담이 주가 되기 때문에 깔끔한 이미지의 소유자에게 적합하다. 활동적이면서도 차분한 말투로 고객의 요청을 신뢰감 있게 수행할 수 있어야 한다. 문제해결 능력, 정보처리 능력 등이 필요하고, 외국 바이어를 만나는 일도 있어 외국어 능력 등도 중요하다. 기본적으로 서비스를 제공하는 업무를 하기 때문에 서비스 정신도 필요하다. 성격이 밝고 긍정적이며, 새로운 사람을 만나는 것을 좋아하는 외향적인 성격이 좋다.

5) 교육과정 및 관련 자격

기업컨시어지가 하는 일의 범위가 워낙 넓기 때문에 특별히 전공 제한은 없다. 호텔 매니지먼트를 공부하면 도움이 된다.

6) 관련 학과 소개

현재 우리나라에서 호텔관광 관련 학과가 설치된 대학으로는 경기대, 경남대, 광주대, 국제대, 극동대, 남서울대, 대구대, 디지털서울문화예술대, 배재대, 세종대, 수원대, 신라대, 영산대, 전주대, 제주국제대, 제주한라대, 한국관광대, 한국국제대, 한남대, 한서대, 한양여자대, 한중대, 호원대 등이 있다.

학과 들여다보기 : 대구대 호텔관광학과

1982년 신설된 대구·경북 최초의 관광학과로서 세계화와 전문화를 고려하여 관광사업론, 관광개발론, 여행사경영론, 호텔경영론, 컨벤션산업론 등의 교육과정을 통해 급증하는 관광산업 인력수요에 부응하고, 급변하는 지구촌의 관광산업 환경변화에 대응하는 관광경영 관리자로서의 자질을 함양하기 위해 체계적, 구체적, 전문적인 교육을 하고 있다. 대구대 호텔관광학과는 세계화·정보화 시대에 부응하는 관광경영인의 양성, 지역사회 발전에 이바지할 수 있는 전문 관광인 양성, 건전한 관광활동에 기여하는 전문인 양성을 목표로 하고 있다.

교과과정

- **교양과정**

	1학기	2학기
1학년	DU비전설계, DU실용영어1	DU실용영어2
2학년	DU진로설계	

- **전공과정**

	1학기		2학기	
	전공필수	전공선택	전공필수	전공선택
1학년	호텔경영론, 관광학원론			Hospitality산업론, 여가학개론
2학년	관광법규	식음료경영론, 관관심리학, 프랜차이즈경영론, 호텔관광일본어입문, 호텔관광영어, 관광자원론, 관광경제론		와인학개론, 관광여행영어, 호텔객실관리, 호텔관광일본어회화, 관광산업창의설계, 관광마케팅, 여생하경영론, 국제관광과교통문화
3학년		호텔관광소비자행동론, 호텔정보시스템, 관광서비스영어, 복합리조트산업론, 관광이벤트론, 호텔관리회계, 외식산업경영론		호텔주장서비스관리론, 관광교육론, 클럽리조트경영론, 컴벤션산업론, 호텔관광인적자원관리, 호텔관광광고론, 국제관광영어, 호텔인사조직론
4학년		관광경영실무론, 관광교재연구및지도법, 호텔사업계획, 관광취업설계, 관광조사방법론, 관광정책론, 호텔관광서비스론		관광자원해설론, 외식창업론, 호텔연회기획실무, 산업체현장실습, 관광논리및논술

7) 전망

현재는 외국계 기업을 중심으로 수요가 많은 편이고, 앞으로 임직원 복지에 대한 관심 등이 커지고 있다. 기업별로 VVIP 고객을 대상으로 차별화된 서비스를 제공하려고 하는 때라 대기업 등에도 컨시어지 담당 파트가 생기고 있기 때문에 컨시어지처럼 맞춤형 서비스를 이용하려는 시장의 요구는 더욱 늘어날 전망이다. 따라서 대기업, 공공기관 등으로 수요가 확대될 것으로 기대된다.

참고 도서
● ***사랑의 메신저 컨시어지*** (마에다 요시코/한언출판사)
● ***완벽한 서비스는 어떻게 탄생되는가*** (리 코키렐/갈매나무)

다. 레저선박시설전문가

1) 개요

소득수준이 향상되면서 관광·레저 문화가 점차 대중화 추세에 놓이자 요트, 모터보트 등의 선박을 즐기는 이들도 과거에 비해 늘어나고 있다. 이에 따라 '마리나 운영원', '레저선박 운항사', '레저선박 정비수리원' 등 다양한 직업군도 각광받고 있다.

마리나란 스포츠 또는 레저용 요트, 모터보트 등의 선박을 위한 항만, 항로, 정박지, 방파제, 계류시설, 육상 보관시설 등의 편의를 제공하는 시설뿐 아니라 이용자를 위한 클럽하우스, 주차장, 호텔, 쇼핑센터, 위락 시설과 녹지공간 등을 포함한 넓은 의미를 가리킨다.

삶의 질 향상과 더불어 해양 휴양시설과 레포츠에 대한 수요가 생긴 우리나라도 이와 같은 발전 양상을 보이면서 관련 분야의 직업 종사자도 증가하게 되었다. 레저선박시설(마리나)전문가로는 마리나운영원, 레저선박운항사, 레저선박정비수리원 등이 있다.

2) 하는 일

레저선박시설(마리나)전문가는 마리나 항만시설 및 선박의 운항, 정비, 관리 등 마리나산업 각 분야의 종사자를 포함한다. '마리나운영원'은 선박의 승선과 하선을 돕기 위해 띄워놓은 부유체인 폰툰, 육상 계류장 등을 점검하고 유지보수하며, 요트·보트의 이동 및 계류, 이안 및 접안을 통제하는 등 고객이 안전하게 보트를 이용할 수 있도록 관리한다.

- 선석(berth)의 점유 현황을 점검하고 가용한 선석 수를 최적 수준으로 유지할 수 있도록 보트의 등록, 임대 및 계약을 관리한다.
- 보트 소모품인 연료, 윤활유, 배터리의 판매 및 재고량을 확인하고 보트 연료의 주문 및 급유를 담당한다.
- 폰툰과 육상 계류장을 점검하고 유지·보수한다.
- 마리나의 소화시설을 점검하고, 사고의 최소화를 위한 예방 조치를 취한다.

'레저선박운항사'는 레저선박을 운영하거나 대여업으로 이용되는 레저선박의 운항을 대행한다.

- 레저선박 운항시간, 운항수역 등을 확인하고, 선박의 안전점검, 연료확인, 기상 상태 확인 등 안전운항에 필요한 조치를 한다.
- 항해도, 나침반, 레이더 및 기타 항해 보조기기를 사용하여 선박의 속도를 조절하고 항로를 지시한다.
- 항해등, 나침반, 야간 조난신호장비, 통신기기, 전등, 구명부환, 소화기 등 의장품을 점검한다.

'레저선박정비수리원'은 안전운항을 위한 레저선박 기계의 수리점검 및 선박의 외형 유지보수를 담당한다.

- 선저와 프로펠러, 러더 등의 상태를 확인하고 따개비나 수포를 제거하고 방수처리를 한다.
- 선대에 올려 수리와 점검이 끝나면 도색 작업을 통해 요트의 수명을 연장시킨다.
- 레저선박의 엔진을 비롯한 주요 기계와 장비를 주기적으로 점검·정비한다.

3) 현황

가) 해외

미국·유럽 등은 일찍이 마리나 산업이 발전하여 해양레저 선진국으로 자리 잡았다. 세계해양산업협회에 따르면 2013년 기준 전 해양 세계 레저 선박 수는 2,900만 척, 시장 규모는 500억 달러 수준에 이르며, 이 중 북미와 유럽이 시장의 85% 이상을 점유하는 것으로 나타났다. 아시아에서는 중국이 급성장하여 2020년경에는 세계시장 점유율의 25%에 이를 것으로 전망하고 있다.

마리나 수를 보면 전 세계 23,000여 개 중 90%가 북미와 유럽에 위치하고 있고, 아시아에서는 일본이 570개로 가장 많다. 최근 중국에서도 신흥 마리나 국가 관광전략으로 마리나 확충을 가속화하고 있다. 이와 같이 선진국들은 마리나 산업을 선점하여 지속적으로 확대·발전시켰으며, 향후에도 해양레저 산업을 이끌기 위해 보다 차별화된 전략을 수립하고 있다. 일본의 경우 레저선박 계류공간의 확충과 어촌지역의 활성화를 목적으로 피셔리나(Fish+Arena)사업을 추진하고 있다. 피셔리나는 시설을 총칭하며, 고베의 피셔리나가 대표적이다. 또한 2009년 아시아 최고 마리나, 올해의 요트 클럽(Asia Boating Award)에 선정된 싱가포르의 'One°15 Marina Club'은 회원 수 4,000명에 약 270여 척 규모의 수상계류시설과 육상계류시설 및 숙박시설 등을 갖추고 있다.

해외에서는 마리나 산업의 발전과 더불어 관련 분야의 종사자가 많이 활동하고 있고, 전문 인력의 양성을 위해 지속적인 노력을 하고 있다. 영국해양협회(British Marine Federation)와 호주마리나산업협회(Marina Industries Association)는 국제마리나교육기관(Global Marina Institute)을 설립하여 국제적인 마리나 관리자 과정과 마리나 운영관리원학교 등 교육·훈련 과정을 개설하고 있다.

나) 국내

해양수산부에 따르면 국내 요트·보트 보유척수가 2007년 3944척에서 2014년 1만2985척으로 3.3배 증가하고, 면허 취득자수도 같은 기간 6만5758명에서 15만3559명으로 2.3배 증가할 만큼 해양스포츠·레저에 대한 수요가 늘어나고 있다. 이에 따라 관련 직업인 마리나전문가도 수요가 늘어나고 있다.

국내에서 활동하고 있는 마리나 산업 종사자 중 2014년 해양수산부가 인증한 전문 인력 양성과정을 통해 배출된 숫자는 소수에 불과하다. 그렇지만 전문 인력이 2013년 2,256명에서 2014년 3,399명으로 늘어나고 있는 추세이며, 2017년에는 1만 256명, 2020년에는 1만 4,256명에 다다를 것으로 전망된다. 2014년 12월 기준 국내 운영 중인 마리나는 총 32개이다. 2015년 3월 기준으로 요트·보트 등 선박 등록대수는 1만 8,988척이고, 요트 및 보트 조종면허 취득자 수는 15만 3,704명이다.

현재 요트선수 및 요트 판매, 임대 관련업 종사자 중 마리나운영원으로의 경력채용이 주를 이루고 있으며, 마리나 관련 업체 등에서 근무하고 있다. 임금수준의 경우 호텔 등의 서비스직 임금 수준으로 급여가 낮은 편에 속한다.

4) 흥미 및 적성

물과 레저를 좋아하고 관련 시설의 경험 및 참고 도서를 갖춰야 한다. 마리나운영원의 경우 서비스업에 종사했거나 리조트 또는 호텔 등에서의 경력이 있다면 유사경력을 인정받을 수 있다. 레저선박운항사의 경우 요트선수로 활동한 경력과 외국 마리나 시설에서의 경험이 있다면 진입에 도움이 될 수 있다. 기본적으로는 고객을 상대하는 업무가 많아 매니저급 이상은 사회 전반에 대한 다양한 지식을 필요로 한다.

5) 교육과정 및 관련 자격

레저선박시설(마리나)전문가는 마리나 항만 및 항만시설 등으로 진출한다. 특히, 레저선박운항사의 경우 반드시 선박운항에 대한 전문자격을 갖추어야 한다. 마리나는 해양과 관련되어 있기 때문에 조선해양학과, 해양스포츠학과 등과 연관되어 있으며, 시설 자체는 호텔, 리조트와 같은 서비스업 성격을 띠고 있어 호텔경영학과, 마케팅학과 등 다양한 학과와 전공분야에서 진입할 수 있다.

6) 관련 학과 소개

현재 우리나라에서 해양스포츠학과가 설치된 대학으로는 부경대, 한국해양대, 한서대 등이 있다. 이 중 부경대는 학부과정을, 한국해양대는 대학원 과정을 개설하였으며 한서대는 학부과정과 대학원 과정 모두 개설되어 있다.

학과 들여다보기 : 한서대 해양스포츠학과

한서대 해양스포츠학과는 다양한 해양스포츠 분야에서 필요로 하는 현장지향형 전문 인재를 양성을 목표로 두고 있다. 해양 특성화 교육시설 중 해양스포츠 교육원은 해양스포츠 전문 인재 양성을 위한 이론교육과 맞춤식 현장 교육이 이루어질 수 있도록 교육시설이 갖추고 있다. 해양스포츠학과의 재학생은 교육원의 다양한 교육시설을 통해 해양레저 지도자와 해양레저 산업분야의 전문가, 마리나 등의 운영요원이 될 수 있도록 교육한다. 교육프로그램은 세계화 시대에 맞는 해양스포츠 전문가 양성을 위해 해양레저스포츠 선진국인 미국, 일본, 뉴질랜드 등과 학술교류를 통한 교육 프로그램을 실시한다.

교과과정

	1학기	2학기
1학년	해양스포츠학개론1, 체육학개론, 해양레저법론, 해양영어1, 스포츠잠수1, 딩기요트1	생활체육지도론, 해양학개론, 동계스포츠, 해양영어2, 스포츠잠수2, 딩기요트2
2학년	운동생리학1, 해양스포츠안전관리, 해양수영, 해양기상학1, 카누및카약1, 수상스키및보드, 요트1, 스포츠잠수3, 동력수상레저1, 모험스포츠1	건강교육론, 해양네비게이션론, 수상인면구조1, 해양기상학2, 카누및카약2, 수상스키및보드2, 요트2, 스포츠잠수4, 동력수상레저2, 모험스포츠2
3학년	운동학습1, 스포츠지도자론1, 트레이닝론, 윈드서핑1, 장비제작실습1, 장비관리실습1, 산업잠수1, 캠프1, 카이트서핑1, 낚시1	스포츠사회학, 발육발달론, 마리나관리론1, 윈드서핑2, 장비제작실습2, 장비관리실습2, 산업잠수2, 캠프2, 카이트서핑2, 낚시2
4학년	마리나실습1, 해양레저관광실습1, 해상현장실습1	마리나실습2, 해양레저관광실습2, 해상현장실습2

7) 전망

우리나라는 동남아와 동북아를 연결하는 허브이자 크루징 루트로서의 입지 여건을 갖추고 있어 마리나 산업분야의 발전가능성이 높다. 또한 정부의 선진 해양관광레저산업육성 정책으로 마리나 관광 활성화 여건이 개선됨으로써 해양레저 분야 전문 인력의 수요가 늘어나고 있어 마리나 산업의 발전과 함께 관련 직업군에 대한 발전가능성 또한 높다고 볼 수 있다.

따라서 관련 종사자의 마리나 관련 업체, 레저선박의 제조·유통·정비·운항 분야 등으로의 진출이 더욱 활발해질 것으로 보이며, 앞으로 마리나 선박의 대여·보관·계류·수리·정비·청소관리, 마리나 선박 또는 시설에 대한 분양, 회원모집, 마리나 선박 운항 대행, 마리나 교육, 클럽하우스 운영, 마리나 항만의 개발 및 운영, 마리나 관광, 레저선박의 제조·유통·정비·운항 등과 관련하여 기존 업무보다 확장하여 다양한 활동을 할 수 있을 것으로 보인다.

참고 도서

- ***요트와 보트*** (김천중/미세움)
- ***마리나와 해양관광산업*** (김천중/백산출판사)
- **꿈의 도전, 요트로 세계여행** (허광음/들메나무)

라. 미디어콘텐츠크리에이터

1) 개요

1인 미디어란 1인 크리에이터가 다양한 주제의 콘텐츠를 생산하고 이것을 온라인 플랫폼을 통해 다수의 이용자와 공유하는 것을 일컫는다. 과거 텍스트 중심이었던 1인 미디어는 스마트 기기의 보급화 이후 동영상 등 멀티미디어 형태로 제공되는 1인 미디어로 변화하고 있다.

구글의 유튜브나 국내 아프리카TV 등 UGC(User-Generated Contents) 서비스는 개인의 신변 잡기식 동영상을 공유하는 단계에서 벗어나 전 세계인을 대상으로 하는 1인미디어의 유통채널로 주목 받고 있다. 또한 UGC 서비스를 통해 자신이 직접 제작한 동영상을 적극적으로 유통하는 이용자들을 지칭하는 1인 미디어 크리에이터라고 한다. 특히 UGC 서비스는 실시간 상호작용으로 정보의 공유와 확산속도가 빠르기 때문에 1인 미디어는 국내뿐만 아니라 세계적인 현상으로 떠오르고 있다.

2) 하는 일

미디어콘텐츠크리에이터는 유튜브 아프리카TV 등 인터넷상의 다양한 동영상 플랫폼에 자체 제작 동영상을 정기적으로 게재하고 일정한 구독자를 확보한 동영상 창작자를 의미한다. 게임, 푸드, 뷰티, 키즈, 엔터테인먼트 등 컨텐츠 종류의 제약은 없으며 지속적이고 정기적으로 플랫폼에 영상을 올리는 일을 한다. 영상 컨텐츠 기획, 촬영, 편집, 업로드, 시청자들과의 커뮤니케이션 등의 업무를 맡으며 이를 관리하는 기획사 개념의 MCN산업도 등장했다.

3) 현황

가) 해외

유튜브를 시작으로 인터넷 상에서는 다양한 동영상 플랫폼들이 속속 모습을 드러내기 시작했다. 많은 크리에이터들이 이러한 플랫폼으로 이동하면서 1인 미디어 시청자와 영향력은 빠르게 성장해왔다. 올해 전 세계 인터넷 동영상 광고 시장 규모 가 162억 달러(약 19조원)로 전년 대비 29% 늘어날 것으로 예상했으며, 이후에도 20% 가 량 성장할 전망이다. 인터넷 동영상 시청자 수는 2017년 7억 3,200만 명으로 지난 2012년에 비해 두 배로 증가할 것으로 전망 되며, 시장 규모도 230억 달러가 넘을 것으로 기대되고 있다. 미국의 경우 역시, 동영상 광고비 집행금액이 2012년 이후로 연평균 22.4%의 성장률을 보이며 규모를 키워나가고 있다.

나) 국내

현재 국내에서는 CJE&M, 아프리카TV, 트레져헌터 등이 가장 대표적인 1인 미디어 콘텐츠 플랫폼으로 CJ E&M의 다이아TV는 총 650개의 1인 크리에이터 팀을 보유하고 있다. 이미 알려진 대도서관·쿠쿠크루·영국남자 등 유명 1인 미디어 다수가 CJ E&M의 파트너다. CJ E&M 파트너들의 채널 합산 유튜브 구독자 수는 3,600만 명에 이르렀으며, 월간 총 조회수도 8억 2,000뷰를 돌파했다. 트레져헌터의 경우, 150명의 크리에이터를 보유하고 있으며, 양띵을 비롯해 악어, 김이브를 통해 게임·뷰티·라이프스타일 중심의 콘텐츠를 생산하고 있다. 트레져헌터는 방송에 필요한 전문 교육과 스튜디오 제공, 콘텐츠 홍보, 저작권 관리 등을 통해 창작자들의 편의를 제공하며 1인 미디어 지원 사업에 공을 들이고 있다.

4) 흥미 및 적성

인터넷 방송의 경우 처음부터 유명세를 타기는 어려우므로 1년 이상 꾸준히 동영상을 올리면서 고정 시청자를 모으는 과정을 거쳐야 한다. 따라서 미디어콘텐츠크리에이터가 되기 위해서는 무엇보다 꾸준함과 끈기, 성실성이 매우 필요하다고 볼 수 있다. 또한 뛰어난 화술, 재미있는 컨텐츠를 개발할 수 있는 창의력과 기획력, 그리고 시청자들과 소통하는 커뮤니케이션 참고 도서가 뛰어날 경우 유리하다.

5) 교육과정 및 관련 자격

미디어콘텐츠크리에이터가 되기 위해서는 기본적으로 영상편집학과, 방송제작과, 영상영화과, 시각디자인학과 등 영상에 관련된 학과나 미디어 콘텐츠 제작 학과, 방송학과, BJ학과 등에 진학하는 것이 좋다. 최근에는 서울문화재단이나 지역 미디어센터 등에서 콘텐츠크리에이터 교육과정을 개설하기도 했다.

6) 관련 학과 소개

현재 우리나라에서 미디어 관련 학과가 설치된 대학으로는 가천대, 건국대, 경희사이버대, 고려대, 광운대, 국민대, 극동대, 대구대, 동국대, 동서대, 상명대, 성신여자대, 숙명여자대, 순천향대, 이화여자대, 중앙대, 청운대, 한국방송통신대, 한국외국어대, 한라대, 한림대, 한세대, 한양대, 협성대 등이 있다.

학과 들여다보기 : 한양대 미디어커뮤니케이션학과

한양대 미디어커뮤니케이션 학과는 1963년에 신문학과로 설립된 이래로 국내 커뮤니케이션 분야에서 가장 오랜 역사를 가진 학과 중 하나이다. 2011년부터 학과 이름을 신문방송학과에서 미디어커뮤니케이션 학과로 변경하여 급변하는 미디어 환경과 다양한 커뮤니케이션 현상을 포괄적, 융합적으로 연구하고, 이론과 실무를 균형있게 접목한 교육 프로그램을 통해 커뮤니케이션 환경의 변화를 선도할 수 있는 전문 인력 양성에 주력하고 있다. 미디어커뮤니케이션 전공자들에게는 인간과 사회에 대한 깊은 관심과 다양한 학문 분야를 가로지를 수 있는 넓은 시야가 요구된다. 결국 미디어커뮤니케이션학을 공부한다는 것은 학문 간의 벽을 넘고 현상들 간의 연결을 통해 복잡한 커뮤니케이션 현상에 대한 분석력과 통찰력, 그리고 연관된 현실적 문제들의 해결책을 찾아내는 능력을 키우는 것을 의미한다. 커뮤니케이션학과를 공부하면 언론사 및 방송사, 광고대행사, PR 대행사, 기업 홍보부서를 포함한 커뮤니케이션 관련 직종과 정부, 공공기관, 그리고 기업의 인사 및 기획 부서를 포함한 다양한 분야에 진출하고 있다

교과과정

- **기초필수과정**

	1학기		2학기	
	기초필수	전공핵심	기초필수	전공핵심
1학년	말 과 글, 과학기술의철학적이해, 미디어커뮤니케이션의이해, 커리어개발1&2, 미디어읽기와 보기			커뮤니케니션과사회
2학년			글로벌리더십(HELP2), 전문학술영어	
3학년			비즈니스리더십(HELP3)	
4학년			셀프리더십(HELP4)	

- **전공과정**

	1학기		2학기	
	전공핵심	전공심화	전공핵심	전공심화
2학년	광고론, 인간커뮤니케이션, 미디어글쓰기, 신문론, 한국언론사, 미디어의이해, 광고기획제작	영상언어의이해	광고기획제작, 매체계획론, 방곤혼, 영상문화, 인터넷취재작성, 전자출판 제작	매스컴론, 취재보도론
3학년	디지털미디어와문화, 미디어 논술과 작문, 보도사진실습, 스피치커뮤니케이션, 언론연구조사방법	PR론, 방송편성, 커뮤니케이션발달사	매체비평, 매체효과, 미디어현장교육, 방공제작, 신문제작	디지털미디어의이해, 리더십커뮤니케이션, 미디어콘텐츠와문화, 언론제도, 여론과캠페인
4학년	언론법제, 커뮤니케이션연구지도 캡스톤디자인1	글로벌커뮤니케이션 이론및과제, 미디어영상산업	정치커뮤니케이션, 조직커뮤니케이션, 커뮤니케이션연구지도캡스톤디자인2	비판커뮤니케이션, 언론학특강

7) 전망

현재 활동 중인 미디어창작자크리에이터들 중 일부는 이미 전문 방송인 못지않은 실력으로 인정을 받고 있다. 또한 모바일 환경이 좋아지고 새로운 영상 콘텐츠에 대한 사람들의 요구가 커지면서 많은 구독자를 가진 예비 창작자들도 늘어나고 있다.

MCN 영상 콘텐츠의 인기는 소재나 표현방식에서 기존 지상파 방송에서 볼 수 없었던 새로운 문법의 개성 있는 콘텐츠라는 점에 있다. 게다가 출연자들이 유명 연예인이 아닌, 일반인이라는 점도 시청자들에게 친근함을 전달하는데 일조한다. 따라서 MCN 콘텐츠를 제작할 때 기존 방송 영상의 제작방식을 고수한다면, 경쟁력을 갖기 어렵다. 하지만 아직도 창작자를 꿈꾸고 영상을 공부하는 많은 이들은 기존 방송의 제작방식을 답습하려는 경향이 많아서, MCN 영상에 특화된 전문 인력들의 양성이 필요한 시점이다. 또한 현재 이들의 작업을 취미로 여기는 인식이 강하기 때문에 직업으로의 정착을 위해서는 대중적 인식 전환이 필요하다.

참고 도서

- ***1인 미디어 시대, 영향력 있는 BJ, 유투버를 꿈꾼다*** (윤서영/커리어북스)
- ***1인 미디어 당신의 콘텐츠를 캐스팅하라!*** (김건우/인포더북스)
- ***옆집 순이가 안방에서 10억 번 사연*** (박경배, 김치수, 김영지, 박연정, 박주연, 신슬아, 이진원/TWIG)

마. 크루즈승무원

1) 개요

크루즈선이란 호화여객선을 말한다. 배 안에 대형식당, 연회장, 수영장, 게임장, 공연장, 카지노 등을 갖추고 있다. 내부에는 각종 샹들리에와 명화로 장식돼 있다. 객실은 호텔급이다. 바다 건너 주요국을 방문하는 국제적인 관광이 크루즈 관광의 전형이다. 크루즈승무원은 이러한 크루즈선에 탑승한 고객들에게 다양한 편의와 서비스를 제공하는 직무를 수행하는 사람을 말한다. 비행기에서는 스튜어디스가 있듯이 크루즈에도 승무원이 상주하고 있어 식음료, 바, 호텔, 엔터테인먼트, 투어 분야에서 전문 서비스를 제공하는 역할을 한다.

2) 하는 일

크루즈승무원은 승객에게 직접적인 서비스를 제공하는 스태프부와 호텔부 승무원으로 나뉘어져 활동한다. 스태프부는 선상활동과 스포츠, 엔터테인먼트, 게임, 강연 등을 기획, 총괄하며 때론 직접 공연하기도 하므로 예체능적 재능이 많이 필요하다. 호텔부는 갑판과 엔진 부서를 제외한 크루즈 전체를 관리 및 감독하는 중추적 부서에요. 여기에는 승객의 객실을 관리하는 객실승무원, 공용 공간의 청결을 담당하는 퍼브릭승무원 외에도 식음료 및 바, 주방, 하우스키핑, 면세점, 기념품매장 등에서 근무하는 레스토랑매니저, 웨이터, 웨이트리스, 와인스튜어트와 뷔페 담당, 스낵 담당 등의 승무원이 있다.

3) 현황

가) 해외

미국의 경우 크루즈산업 관련 일자리는 대략 14만개에 달하며, 유럽 역시 관련업종은 22개, 고용 인력은 18만 7,000여 명에 이른다. 유럽에서 크루즈산업에 종사하는 사람들은 대부분 계약직으로 채용되며, 임금은 담당 업무나 경력 등에 따라 차이가 크며, 근무부서에 따라 별도의 팁이나 커미션이 지급되기도 한다. 매번 계약에 따라 임금이 달라지며, 일반 승무원이라면 대략 연봉 1,200만~3,000만 원 정도이다. 한·중·일을 중심으로 한 아시아 크루즈 여행 산업은 2010년 이후 비약적으로 성장하고 있다. 한국을 방문한 크루즈선은 2013년에는 443회 기항에 72만 명이 방문해 2009년에 비해 기항횟수로는 4배, 여행객수로는 10배가 증가하였다. 아시아 지역에서 크루즈 관광 산업이 비약적으로 발전한 것은 단연 중국이다. 2010년 46만 명이던 중국의 크루즈 관광객은 2014년엔 100만 명을 훌쩍 넘었다. 이렇듯 관광 크루즈 산업이 발전하면서 크루즈승무원의 역할도 커질 것으로 기대된다.

나) 국내

우리나라는 3면이 바다로 둘러싸인 해양국가로서 많은 관광목적지를 가지고 있음에도 아직까지 크루즈 관광이 크게 활성화되어 있지 않는 상황이다. 따라서 현재 크루즈승무원으로 종사한다면 해외 크루즈선에 취업하여 활동하고 있는 경우가 대부분이다. 2012년 하모니 프린세스호의 경우 외국인 승무원 200명을 포함하여 373명의 한국인 승무원을 고용했으며, 로얄캐리비안크루즈, 코스타크루즈 등 해외 메이저 선사들이 한국인 크루즈승무원의 채용을 확대하고 있는 상황이다.

4) 흥미 및 적성

크루즈승무원이 되기 위해서는 언어 구사능력이 가장 중요하다. 우선 중급이상의 영어능력을 갖추어야 한다. 또한 한국인 승무원은 한·중·일 코스에서 투입될 가능성이 크므로 일본어와 중국어를 할 줄 알면 매우 유리하다. 또한 고객을 응대하는 직업이기 때문에 봉사정신, 단정한 외모와 화술이 요구된다. 항상 밝은 미소와 친절하고 상냥한 태도를 가져야 합니다. 또한 다양성을 인정하고 상대를 이해하려는 기본적인 마음가짐이 필요하다.

5) 교육과정 및 관련 자격

관광 분야의 전공자나 경력자가 입직에 유리하며 전문대학 이상의 학력 혹은 이에 준하는 전문교육을 받으면 도전할 수 있다. 또한 어문계열 전공자도 경험을 쌓으면 입직이 가능합니다. 크루즈선마다 요구하는 인력이 다르기 때문에 그 때마다 기준이 달라질 수 있다.

6) 관련 학과 소개

현재 우리나라에서 크루즈 관련 학과가 설치된 대학으로는 경기대, 대경대, 세경대, 인천재능대 등이 있다. 이 중 경기대는 관광전문대학원을 개설하였으며, 대경대는 학사과정과 전문학사과정을 모두 개설하고 있다. 세경대와 인천재능대는 전문학사 과정이다.

학과 들여다보기 : 대경대 관광크루즈승무원과

대경대 관광크루즈승무원과는 크루즈카지노·식음료·엔터테인먼트 전공과 국제 크루즈 승무원전공으로 전공이 나뉜다. 대경대 관광크루즈승무원과는 교육과학참고 도서부 정규대학 중에서는 국내 최초로 개설된 학과로써 현재 가장 많은 크루즈승무원을 배출한 학과이다. 국내 최고의 관련 업체들과 공동으로 교육하고 운영하는 시스템을 통해 학생들은 학교와 산업체에서 교수와 산업체 관리자들의 지도 아래 철저한 실무 중심의 교육을 받고 있다. 현재 100여명이 넘는 졸업생들이 크루즈승무원으로서 활동하고 있으며, 이들은 세계 최고 크루즈선사인 카니발크루즈, 로얄캐비리안크루즈, 프린세스크루즈, 코스타크루즈, MSC크루즈, 스타크루즈 등에 근무하고 있다.

교과과정

- **국제크루즈승무원전공 과정**

공통과목	전공과목
관광학개론, 크루즈개론, 호텔관리론, 관광법규, 영어회화(1.2.3.4), 서비스매너, 이미지메이킹, 국제매너, 커뮤니케이션스킬, 호텔식음료실무, 조주음료론, 칵테일 조주실습, 레크리에이션 실습, 마술, 현장실습	크루즈영어(일어), 크루즈산업론, 크루즈식음료실습, 크루즈 연회실습, 크루즈 객실관리업무, 마술 I II, 레크리에이션실습, 칵테일실습, 바리스타 실습, 크루즈 CO-OP실습 등

7) 전망

크루즈 산업은 부가가치를 창출하는 융·복합 산업으로 고용창출 효과와 더불어 해운, 조선업, 관광, 문화, 예술 등 타 산업으로 파급효과가 크고 한 번 배를 타면 수천 명이 움직이기 때문에 크루즈 이용객에 의해 창출되는 경제적 효과가 매우 크다. 정부는 2020년까지 연간 200만 명의 국내외 크루즈관광객을 유치하겠다는 전략을 세웠다. 특히 국내 크루즈선사를 육성해 10척을 운항시키겠다는 야심 찬 계획을 갖고 있다. 이럴 경우 크루즈 승무원 8400여명이 필요할 것으로 전망된다.

참고 도서

- ***나는 크루즈 승무원입니다*** (홍자연/미래의창)
- ***해양관광과 크루즈산업*** (김천중/백산출판사)
- ***크루즈 100배 즐기기*** (이주연/랜덤하우스코리아)

바. 커머스 크리에이터

1) 개요

최근 코로나19로 이커머스 시장이 확대되면서 개인이 독자적으로 상품을 기획하고 제작, 판매하며 새로운 가치를 만들어내는 시대가 다가왔다. 최근에는 1인 방송 플랫폼을 중심으로 활동하는 유명 크리에이터를 '인플루언서'라고 일컫으며 인플루언서의 영향력이 강한 코스메틱 업계에서는 뷰티 크리에이터를 보유한 MCN기업의 크리에이터의 팬덤을 활용해 MCN 플랫폼 사업/MCN 마케팅 사업/MCN 커머스 사업 등을 전개하려는 노력들이 더욱 커지고 있다.

2) 하는일

커머스 크리에이터는 온라인 플랫폼과 마케팅에 대한 이해를 바탕으로 상품의 기획과 함께 뉴미디어 채널을 통해 라이브 방송과 파냄까지 실행한다. 이에, 커머스 크리에이터는 영상 기획 단계부터 상품 판매를 염두하고 콘텐츠를 제작한다.

3) 현황

가) 해외

2021년 미국의 라이브커머스 시장 규모는 110억 달러이며 2023년에는 260억 달러에 이를 것으로 예상했다. 라이브커머스 급성장에 소매업체를 비롯한 미국의 많은 기업이 라이브 스트리밍 시장에 뛰어들고 있다. 라이브커머스 인기 상품은 의류(35.6%), 화장품(7.6%), 신선식품(7.4%), 전자기기(4.6%), 가구(3.6%), 자동차(0.2%) 등으로 집계됐다. 미국의 대형 백화점 Nordstrom은 미용, 가정용품, 의류 등 다양한 카테고리에 걸쳐 라이브커머스 쇼핑을 제공한다. 이후 Tom Ford, Giorgio Armani, Clinique 등과 같은 대형 브랜드를 활용하여 꾸준히 라이브커머스 이벤트를 선보이고 있다.

나) 국내

국내 라이브 커머스 시장 규모는 2023년 약 10조원 규모에 달할 것으로 예상되며 커머스 크리에이터의 역할은 더욱 중요해질 것으로 보인다. 티몬은 최근 아프리카TV와 손을 잡고 라이브커머스를 강화하는 등 행보를 보였다. 이 과정에서 연예인 못지않은 영향력을 자랑하는 인플루언서와 적극적으로 협업하고 있다. 이후 티몬은 다양한 인플루언서와 협업해 차별화된 콘텐츠를 선보이고 있으며, 고기 전문 유투버인 '정육왕'과 함께 한우 등심 상품을 출시애 완판이라는 성과를 내기도 했다. 티몬 외에도 최근 국내의 다양한 업계에서는 소위 인플루언서로 불리는 크리에이터들과의 협업으로 큰 성과를 내고 있는 경우가 빠르게 증가하고 있다.

4) 흥미 및 적성

커머스 크리에이터가 하는 일은 마케터와 비슷하다. 단, 커머스 크리에이터는 마케터 분야에서도 이커머스를 이용한 마케팅에 더욱 특화되었다고 볼 수 있다. 따라서 커머스 크리에이터는 소비자로 하여금 상품을 사게끔 만드는 혁신적이고 창의적인 생각을 할 수 있는 사람에게 어울린다. 이를 위해서는 풍부한 마케팅 전공 지식과 실무 경험이 필요하고, 상품에 대한 시장분석자료를 분석하고 이를 바탕으로 시장의 미래 수요 및 소비자의 행동을 예측할 수 있는 통찰력과 판단력이 요구된다.

5) 교육과정 및 관련 자격

먼저, 커머스 크리에이터가 되기 위해서는 대학교의 경영, 마케팅, 심리 관련 학과를 졸업하는 것이 유리하다. 또한, 커머스 크리에이터는 영상의 기획부터 참여하여 콘텐츠를 개발해야 하므로 영상과 관련된 자격을 보유하고 있는것도 좋다.

6) 관련 학과 소개

커머스 크리에이터과 관련된 학과를 마케팅경영과, 광고기획과, 경영학과, 영상콘텐츠과, 영상제작과, 미디어영상학과, 방송영상과, 디지털콘텐츠학과 등이 있다. 경인여자대학교에는 방송크리에이터과를 개설하여 운영하고 있다.

학과 들여다보기 : 경인여자대학교 방송크리에이터과

우리는 다양한 미디어 환경에서 살고 있습니다. 최근에는 모바일과 인터넷의 기능이 확장되면서 지상파 방송, 케이블 방송을 넘어서 유튜브 등 다양한 플랫폼에서 다양한 영상 콘텐츠가 쏟아져 나오고 있으며 오프라인 쇼핑, 홈쇼핑을 넘어서 온라인 쇼핑인 라이브 커머스의 인기가 상승하고 있습니다. 이에 발맞추어 경인여자대학교 방송크리에이터과에서는 1인 미디어 크리에어이터, 라이브 커머스 크리에이터의 분야를 반영한 커리큘럼으로 실무가 가능한 전문 인력을 양성하고자 합니다. 이 분야에 관심은 있지만 실력이 부족하거나 어렵다고 생각하는 학생이라도 기초부터 고급 과정까지 차근차근 교육하여 전문가가 될 수 있도록 지도하고 있습니다

교과과정

	1학기		2학기	
	교양필수	전공선택	교양필수	전공선택
1학년	영어회화, 예배 1, 의사소통능력	1인미디어의 이해와 활용, 발성실습, 스마트폰을 활용한 영상촬영 I, 영상편집과제작 I , 콘텐츠기획과제작	기독교개론1, 대인관계능력, 예배2	1인미디어방송장비활용, 메이크업실습, 방송CG작업, 스마트폰을 활용한 영상촬영 II , 영상편집과제작 II , 크리에이터세미나 I
2학년		라이브커머스기초, 라이브커머스방송장비활용, 사운드편집, 실전라이브방송실습, 유튜브비즈니스마케팅, 크리에이터세미나 II		MCN 비즈니스 이해, 실전라이브커머스방송실습, 저작권과사이버리터러시, 캡스톤디자인, 현장실습

7) 전망

코로나19 팬데믹으로 인해 이커머스 시장이 급격히 성장하였고, 이러한 기조는 지속될 것으로 전망된다. 특히 최근 많은 기업에서 인플루언서로 불리는 커머스 크리에이터와의 협업을 통해 좋은 성과를 내면서 커머스 크리에이터의 활동 분야가 증가할 것으로 전망되며, 이에 따라 수요도 증가할 것으로 예측된다.

참고 도서

- *1인 미디어 커머스* (황현석/한국경제신문)
- *라이브 커머스* (라이브킹/좋은땅)

10

디자인·언어

10. 디자인·언어

가. 상품/공간스토리텔러

1) 개요

최근 상품 하나를 사더라도 그 안에 미학적 요소를 중시하는 소비자들이 늘어나면서 스토리텔링은 상품이나 공간에도 널리 적용되고 있다. 상품이나 서비스의 역사, 배경, 사용과정 등에 얽힌 다양한 이야기를 쉽고, 재미있게, 설득력 있게 알려주는 게 중요한 시대가 된 것이다.

스토리텔러는 특정 제품 및 서비스, 공간 등과 연관된 이야기를 흥미롭게 펼쳐내면서 고객이 특정상품이나 공간을 소비할 수 있게 한다. 이들이 스토리텔링을 하는 대상이 상품이냐, 공간이냐에 따라서 각각 상품스토리텔러, 공간스토리텔러로 불린다. 제품의 품질은 점점 상향평준화되고, 소비자의 선택지가 계속 늘어만 가는 오늘날에 상품에 감성을 부여하는 스토리텔링은 마케팅에 있어 굉장히 중요한 요소가 되고 있다.

2) 하는 일

상품스토리텔러는 제품 및 서비스와 연관된 스토리를 발굴하여 콘텐츠 기획 및 개발하여 신규 수요를 창출하고, 소비자들이 상품구매에 대한 의사결정을 할 수 있도록 만드는 일을 한다. 상품판매를 촉진하기 위해 기업의 비전과 미션, 이미지를 담아 제품과 브랜드마케팅에 활용하기 위한 스토리를 개발하고, 경우에 따라서는 단순히 제품에 국한된 스토리를 입히는 것이 아니라 기업과 해당 제품브랜드가 추구하는 가치와 기업 이미지에 부합하는 스토리를 입히기도 한다. 그 외에도 제품의 이미지 강화 전략, 차별화 전략 및 가격 전략을 수립하는 직무도 맡는다.

공간스토리텔러는 특정 공간과 관련된 스토리를 만들고 스토리를 통해 공간에 가치를 부여하여 고객들이 공간과 관련한 상품을 소비할 수 있게 한다. 발굴한 스토리를 전략적으로 관리하고 마케팅해서 스토리를 보고 만질 수 있는 것으로 구현시킨다. 테마파크 등의 주요동선 기획 및 퍼레이드 시나리오 개발, 스토리가 있는 마을 기획 등 신규 관광 상품 등을 개발하기도 한다.

3) 현황

가) 해외

미국의 스토리텔링 산업은 작가 조합(WGA)을 중심으로 성장하고 있다. 일본의 경우에는 다른 콘텐츠 산업의 성장을 위한 기초 인프라 산업으로 인식되고 있으며, 미국과 일본 모두 스토리컨설턴트의 직무가 매우 광범위한 것으로 알려져 있다.

영국의 경우 예술위원회의 주도로 여러 관련 정책이 추진되고 있으며, 다양한 스토리텔링 진흥 비영리 협회와 클럽이 활성화되어 있어 스토리텔러들간의 네트워크 구축과 스토리텔링 관련 활동에 이바지하고 있다. 보통 해당 전문 직업, 기업, 산업 등에서 현역으로 활동하는 사람이 대다수이지만 현역에서 은퇴한 전문가들도 점점 증가하는 추세다.

나) 국내

스토리텔러의 주 업무는 마케팅, 기획과 맞닿아 있는 경우가 많기 때문에 우리나라의 경우 기업의 마케팅 부서에서 일을 하는 경우가 많다. 그 외에도 문학, 만화, 애니메이션, 영화, 게임, 광고, 디자인, 홈쇼핑, 테마파크, 스포츠 등 다양한 분야에서 스토리텔러들이 활약하고 있다. 스토리텔러들은 주로 스토리텔링 전문 업체, 광고회사, 제품 스토리텔링 전문 업체, 1인 기업, 게임회사 등에서 일할 수 있는데 우리나라 스토리텔러의 대부분이 특정 업체에 소속되어있기보다는 프리랜서 형태로 직무를 수행하고 있다. 정기적으로 업무가 주어지는 것이 아니기 때문에 타 직업을 가지면서 겸직하는 경우가 많다. 프리랜서로 활동하는 경우 임금수준은 개인의 역량에 따라 다르다.

4) 흥미 및 적성

이야기를 만들어내는 직업인만큼 상품·공간 스토리텔러가 되기 위해서는 충분한 문학적 소양을 갖추는 것이 좋다. 기본적으로 이야기를 다루기 때문에 책을 많이 읽어야 하며 남들은 쉽게 지나칠 수 있는 것이라도 특별한 가치를 매길 수 있는 풍부한 감수성과 남다른 상상력을 갖추는 것도 필요하다. 또한 포착한 것을 자신만의 방식으로 변형하고 구성하는 상상력과 사고능력이 있어야 한다.

5) 교육과정 및 관련 자격

상품·공간 스토리텔러가 되기에 필요한 자격증은 없지만 어문학, 문예창작, 스토리텔링학, 문화콘텐츠학, 문화창작학, 홍보학, 서사창작, 마케팅, 광고 등을 전공하는 것이 좋다. 현재 4년제 대의 경우, 문예창작학과를 중심으로 스토리텔링 관련 교육을 진행하고 있다. 그 외에 한국콘텐츠진흥원의 기획자, 창작자 등 실무자 양성교육이 있으며 문화산업진흥원, 한국방송작가협회 등에서 스토리텔러 교육을 하고 있다.

6) 관련 학과 소개

현재 우리나라에서 스토리텔링학과가 설치된 대학으로는 가톨릭대, 강원대 일반대학원, 글로벌사이버대, 동의대대학원, 목포대대학원, 장안대, 제주대 사회교육대학원 등이 있다. 이 중 강원대, 동의대, 목포대, 제주대는 대학원 과정이며 장안대는 전문학사 과정을 개설 중에 있다.

학과 들여다보기 : 동의대대학원 스토리텔링학과

동의대대학원 스토리텔링학과는 스토리텔링과 콘텐츠, 스토리텔링과 영상, 스토리텔링과 마케팅 등을 근간으로 하여 스토리텔링을 통한 새로운 학문영역을 개발하고 체계화하며 이를 기반으로 교육과 연구를 지향하는 학과이다. 동의대 대학원은 무한한 상상력을 실현하기 위하여 폭넓고 깊이 있는 연구를 수행하여 과학의 발달로 인한 인간성의 상실을 회복하려는 기치로 세워진 대학원으로, 본 학과에서는 스토리텔링을 접합하여 인접학문의 콘텐츠와 영상화 그리고 마케팅 분야까지 총체적 이해와 이를 바탕으로 바람직한 학문의 정립과 체계를 제시하고 궁극적으로 삶의 과정과 이해를 돕는데 그 교육목표를 둔다.

교과과정

- **기초공통과목**

교과목명		
문화연구방법론,	서사스토리텔링과변용,	스토리텔링영상론,
스토리텔링에대한이해,	트랜스미디어스토리텔링,	문화콘텐츠론,
스토리텔링창작론,	문학과스토리텔링,	스토리텔링과매체,
디자인콘텐츠연구	스토리텔링연구방법론	스토리텔링과서사

- **전공과목**

교과목명		
텍스트와스토리텔링,	방송콘텐츠론,	영상스토리텔링기법,
문화콘텐츠스튜디오,	스토리텔링과광고,	영화서사분석,
스토리텔링과문학창작론,	스토리텔링과브랜드전략,	창작과스토리텔링,
뉴미디어와스토리텔링,	스토리텔링과예술경영,	축제기획과스토리텔링,
뉴스와스토리텔링,	스토리텔링미디어기초,	공유경제와스토리텔링,
다큐멘터리론,	스토리텔링산업론,	드라마와스토리텔링세미나,
무노하기획과스토리텔링,	스토리텔링의실제와변용,	문화예술관광스토리,
미디어영상예술론,	영상과색채이야기,	서사스토리텔링연습,
발상과스토리텔링,	영상미학과스토리텔링,	애니메이션스토리텔링전략,
		웹스토리텔링연구

7) 전망

현대 사회로 오면서 여러 가지 미디어의 다양한 형태를 가진 각각의 요소가 시청자, 사용자 혹은 플레이어의 이야기에 대한 이해를 돕도록 하는 스토리텔링을 통해 하나의 스토리가 다양한 채널로 유통되어 시너지를 창출하는 현상이 두드러지고 있다. 또한 스토리텔링은 인간의 무한한 상상력을 기반으로 하기 때문에 축적된 데이터를 바탕으로 움직이는 인공지능이 넘볼 수 없는 영역으로 미래에도 경쟁력을 가질 수 있는 직업이다.

해외에 비하면 우리나라는 아직 초기수준으로 해외사례를 보면 스토리텔링 분야의 직업도 향후 더 세분화, 전문화될 것으로 예상되며, 상품 스토리텔러, 스토리코치, 스토리컨설턴트 등의 직업수요가 증가할 것으로 보인다.

참고 도서

- *글쓰기 동서대전* (한정주/김영사)
- *프로작가의 탐나는 글쓰기* (박경덕/더퀘스트)
- *이야기의 힘* (이창용, 권정민, 박범수/황금물고기)

나. 문신아티스트

1) 개요

최근 몇 년 사이 젊은 층을 중심으로 문신이 하나의 패션 아이콘이 됐다. 여전히 많은 사람에게 부정적이지만, 문신에 대한 부정적 이미지와 편견을 버리고 아름다움과 개성을 표현하는 하나의 패션 트렌드로 생각하는 사람들도 늘어나고 있다. 이에 따라 피부에 문신을 새기는 타투이스트의 역할이 커지고 있다. 물론 아직까진 문신이 합법의 영역에 들어오지 않았다는 점과 위생문제, 부작용 등 여러 문제로 인해 긍정적인 시선만 있는 것은 아니다. 하지만 문신을 하나의 예술로 알리려는 노력들도 활발해지면서 문신아티스트에 대한 관심이 커지고 있다.

2) 하는 일

사람들 피부에 개성 담은 무늬 그려 문신아티스트는 사람들의 피부에 문신을 새겨주는 일을 한다. 단순히' 문신을 해주는 사람'이라는 뜻을 넘어 예술가라는 의미를 포함하고 있다. 이용자의 의뢰를 받으면 충분한 상담을 거쳐 상대의 요구에 맞는 디자인을 함께 고르고, 문신이 위생적으로, 예쁘게 잘 새겨질 수 있게 작업을 진행한다. 문신 새기는 작업을 다 진행한 후에는 회복기간을 비롯해 사후관리 등의 내용을 전달한다.

3) 현황

가) 해외

미주와 유럽 등에서 문신은 서구 패션의 주류 중 하나가 되었다. 미국, 유럽 등 선진국의 경우 문신은 자기표현의 한 수단으로써 문화예술의 한 장르로 자리매김하였으며, 젊은 층을 중심으로 패션의 한 아이콘으로 인정받고 있다. 해외의 경우 대부분 개인 로드샵 방식의 창업이 주를 이루고 있으며, 정부는 문신아티스트가 되기 위한 라이센스 발급, 타투샵 점검, 위생 관련 제반규정 등을 두어 문신을 엄격히 규제하고 있고 특히 철저한 위생관리에 중점을 두고 있다.

나) 국내

현재 한국타투협회 소속 문신아티스트(약 3,000명)를 포함해 업계 관련자 수는 2만여명으로 추산된다. 타투업계 종사 인구가 증가하면서 문신 전문 작업자의 문신작업을 합법화하자는 논의가 진행 중이다. 국내에서 문신이 대중화되면서 젊은 문신아티스트들은 창업 등의 형태로 샵을 운영하고 있는데 이는 대부분 서울에 밀집되어 있다. 이런 샵은 개인 사업체로 운영된다. 문신아티스트 각자의 영업력, 기술적 능력에 따라 이용자에게 다른 대우를 받는 편이다.

4) 흥미 및 적성

예민한 사람의 피부에 문신을 새기는 일을 하는 것이기 때문에 집중력이 필요하며, 상상력이 풍부하고, 그림솜씨가 있으며 창작에 대한 욕구가 높은 사람에게 적합하다.

5) 교육과정 및 관련 자격

국내에는 아직 정식 교육훈련 과정이 없으며, 반드시 취득해야 하는 자격증이 있는 것도 아니다. 보통 타투샵을 통해 도제식으로 배우는 편이다. 미술, 뷰티, 패션 관련 전공자에게 유리하며 평소 색채감각을 키울 만한 공부를 해두면 좋다.

6) 관련 학과 소개

현재 우리나라에서 뷰티 관련 학과가 설치된 대학으로는 건국대(글로컬), 건양대, 경일대, 광주대, 남서울대, 대구가톨릭대, 대구과학대, 대전대, 동덕여자대, 상명대, 서경대, 성신여자대, 세명대, 세종대, 예원예술대, 우송대, 원광대, 제주대, 한성대, 호남대 등이 있다.

학과 들여다보기 : 경일대 뷰티학과

경일대 뷰티학과는 뷰티산업분야를 이끌어 갈 전문인 양성을 목적으로 2005년 신설된 학과이다. 대구•경북권에서 최초로 신설된 4년제 대 뷰티학과이며, 학문적 지식, 감성, 기술 및 비즈니스 마케팅 마인드를 갖춘 창의적이고 마켓지향적인 뷰티전문가를 양성하기 위하여 2급 정교사 자격증 취득을 위한 교직과정과 뷰티전문대학원. 산업체 위탁반을 운영한다. 또한 체계적인 뷰티 교육이 이루어지도록하기 위해 학습튜터링, 학습 커뮤니티, 스터디, 전공 특강, 동아리 등 다양한 학과활동이 운영되고 있다. 경일대 뷰티학과의 교육과정으로는 뷰티트랙과 의료트랙 두 가지가 있는데, 뷰티트랙은 헤어디자인, 메이크업디자인, 피부미용, 네일아트 등 전통적인 뷰티분야 전문가를 양성하는 전공분야이며 의료트랙은 국제적 지식 및 전문 지식을 갖춘 인재양성 및 글로벌 취업처 개발을 위해 의료뷰티 분야의 특성화 및 실현을 목표로 특화된 의료뷰티 전문가를 양성하는 전공분야이다.

교과과정

- **공통교과목**

	1학기	2학기
1학년	의료뷰티학개론, 피부미용, 뷰티와 컬러	헤어미용, 기초스킨케어
2학년	화장품학, 헤어스타일링, 메이크업, 피부과학	위생학, 네일미용, 업스타일디자인, 패션메이크업, 보건의료, 관광마케팅, 미용기기학
3학년	공중보건학, 의료뷰티관광상품, 뷰티스타일디자인, 네일아트, 헤어커트디자인, 보건의료서비스, 지원관리	특수분장, 의학용어 및 질환의 이해, 컬러진단 및 뷰티케어, 생리해부학, 두피모발클리닉, 의료뷰티사
4학년	의료관광코디네이트, 메디컬스킨케어, 캡스톤디자인	뷰티실버케어, 의료관광외국어

- **트랙명 : 의료트랙**

	1학기		2학기	
	기본과정	심화과정	기본과정	심화과정
1학년	의료뷰티학개론, 피부미용		기초스킨케어	
2학년	피부과학		보건의료관광마케팅, 미용기기학	
3학년	의료뷰티관광상품, 보건의료서비스지원관리	스파프로그램 기획 및 실제	의학용어및질환의이해, 의료뷰티사, 두피모발클리닉	비만체형관리
4학년	의료관광코디네이트, 메디컬스킨케어	홀리스틱경락	뷰티실버케어	커뮤니케이션 심리치료

• 트랙명 : 뷰티트랙

	1학기		2학기	
	기본과정	심화과정	기본과정	심화과정
1학년	뷰티와컬러		헤어미용	
2학년	헤어스타일링, 메이크업		네일미용, 업스타일디자인, 패션메이크업	
3학년	네일아트, 뷰티스타일디자인, 헤어커트디자인		컬러진단및뷰티케어, 특수분장	헤어웨이브디자인
4학년		헤어컬러링, 크리에이티브메이크업		미디어메이크업, 특수헤어연출법

7) 전망

아직까지 법적으로 문신은 의사면허가 있는 사람만 시술을 할 수 있다. 이런 현실로 인해 문신아티스트의 작업은 아직까지 불법으로 문신 이용자 또한 위생기준 없는 사각지대에서 피해를 입을 우려가 있다. 아직까지 결론이 나지는 않았지만 문신아티스트에 의한 문신 시술이 차후 합법화가 될 경우에는 문신아티스트들의 활동 범위도 넓어질 것으로 보인다. 다만, 현재는 여전히 불법이므로 위생상의 문제 등 이용자에게 생길 부작용에 대한 안내가 충분히 이뤄져야 한다.

참고 도서

- *타투를 말하다* (novo/하다(늘품플러스)
- *문신유희* (프로파간다 편집부/프로파간다)
- *한국의 문신* (남궁호석/청어)

다. 자동차튜닝엔지니어

1) 개요

자동차튜닝(Modification & Tuning)이란 자동차의 공학적 지식을 바탕으로 소비자가 원하는 방향으로 자동차의 구조 및 장치를 개선 또는 변경하는 것을 말한다. 자동차튜닝엔지니어는 자동차의 기능을 향상시키거나 형태를 변화시키기 위해 합법적 범위 내에서 자동차를 개조하는 업무를 수행한다.

2) 하는 일

자동차튜닝엔지니어는 각종 자동차의 성능 향상을 위한 구조변경과 적재, 승차장치 구조를 변경하는 업무를 맡는다. 엔진출력 향상은 연소실 압축비 변경, 라디에이터, 오일펌프 등 관련 부품 또는 장치를 변경하는 작업을 포함하며, 그 외 제동장치, 현가장치, 냉각장치, 섀시, 차량 중량 등 기본 설계기준을 재설계하여 주행성능, 제동성능, 조정안정성 등을 향상시키거나 고조, 장치 및 부품 소재(티타늄, 카본파이버, 우레탄 등)까지 변경작업을 포함하며, 자동차 전후 축의 중량 및 길이 너비 높이 등을 변경하는 작업도 포함한다.

3) 현황

가) 해외

해외에서는 출고 후 튜닝보다 완성차 형태의 고성능 튜닝 버전 제작이 이루어지는 경우가 많으며, 모터스포츠 참여와 연계하여 기술 연계성을 유지하려는 경향이 많다. BMW, 벤츠, 포르쉐 등 유명 외제차 브랜드에서 자회사로 튜닝회사를 자체 운영하거나 별도 모델 생산하는 등 마케팅 차원에서 고성능 스포츠카를 개발하여 기업 이미지를 향상시키는 경우가 많다.

나) 국내

국내 튜닝관련 업체는 대략 500~2,000개에 달하는 것으로 추정된다. 국내에서는 튜닝산업과 관련한 3개의 협회가 결성돼 있다. 협회를 중심으로 국가직무능력표준을 개발하거나 우수기업 인증제 등을 수행하는 등 튜닝산업 활성화를 위해 노력 중이다.

2017년부터 자동차튜닝이 한국표준산업분류(KSIC) 상 제조업인 '자동차 구조 및 장치변경(튜닝)업'으로 새로이 신설됨에 따라 기존 자동차 정비소에서 행하던 서비스업 범주 내의 협의적 자동차튜닝에서 독자적인 제조업으로서 훨씬 광범위한 자동차튜닝이 가능한 새로운 자동차 산업 분야가 될 것으로 기대된다.

4) 흥미 및 적성

과도하고 법적 범위를 벗어난 자동차 튜닝은 절대 해서는 안 된다. 과도하게 밝은 불빛, 자체 변경 등 불법 튜닝은 사고의 원인이 된다. 자동차 사고는 운전자의 생명을 위험하게 할 뿐 아니라 후속사고로 이어져 대형 인명피해를 일으키기도 한다. 이러한 이유로 자동차 튜닝 엔지니어는 직업윤리와 생명에 대한 존엄성도 반드시 가지고 있어야 한다.

5) 교육과정 및 관련 자격

자동차 튜닝 엔지니어와 관련된 민간 자격증으로는 한국자동차튜닝산업협회에서 실시하는 자동차튜닝사 자격이 있다. 자동차튜닝엔지니어 양성을 목표로 학과가 개설되어 있는 곳은 아주자동차대학 자동차모터스포츠학과 등이 있으며, 주로 전문대를 중심으로 운영된다. 최근에 는 4년제 대인 경기대에서도 자동차튜닝공학과를 개설되었다.

6) 관련 학과 소개

현재 우리나라에서 자동차 관련 학과가 설치된 대학으로는 경기과학기술대, 경남과학기술대, 경북대, 계명대, 국민대, 군산대, 부산과학기술대, 서울과학기술대, 순천향대, 아주자동차대학, 영남대, 우석대, 울산대, 원광대, 인제대, 인하공업전문대학, 전남과학대, 전북대, 전주대, 조선대, 평택대, 한국교통대, 한국폴리텍 대학, 한양대, 홍익대 등이 있다. 학부과정과 전문학사과정이 비슷한 비율로 개설되어있으며, 일부 석·박사 과정이 개설된 곳도 있다.

학과 들여다보기 : 아주자동차대학 자동차튜업제어전공

아주자동차대학은 국내 유일의 자동차 전문대학으로, 고도화된 산업구조를 가질 미래 사회에서 디자인, 설계, 정비 등 다양한 분야의 자동차 관련 고부가가치 기술을 보유한 전문가를 양성하는 것을 목표로 한다. 아주자동차대학 자동차튜업제어전공은 새로운 자동차튜닝과 전장기술 분야에 능동적으로 대처해 나아갈 수 있는 참신하고 성실한 전문기술자를 교육하기 위해 설립된 학과로, 자동차공학을 기초로 차량제어 관련기술교육과 자동차관련 산업계에 필요한 각종 실무기술을 교육한다. 이러한 체계적인 교육을 통해 자동차 성능 향상과 시뮬레이션 및 시험기술 분야의 전문가와 자동차 메카트로닉스 및 자동화 기술을 및 차량 설비 진단기술 전문가를 양성한다.

교과과정

	1학기		2학기	
	교양과목	전공과목	교양과목	전공과목
1학년	영어회화1, 대학수학, 생활스포츠1	전공적성개발1, Labview프로그래밍, 가솔린기관, 기초물리, 도면해독, 자동차기초실습, 자동차섀시, 자동차전기전자	영어회화2, 생활스포츠2,	전공적성개발2 labview응용, 공업수학, 공장실습, 새시전자제어, 엔진전자제어, 유공압제어, 자동차기초실습, 창의적공학설계1
2학년	영어회화3, 일본어1,	진로탐색1, ECU터보튜닝, 2D-CAD, 기초기계공학, 메카트로닉스기초, 인턴실습, 설비진단1, 자동차모바일앱, 자동차전장모듈, 시퀀스제어, 인턴실습, 창의적공학설계2, 컴퓨터활용, 품질관리	기술창업의 이해, 영어회화4, 자원봉사	진로탐색2, 현장실습, HEV개론, PLC, 공업물리, 메커트로닉스응용, 엔진튜업, 열유체역학, 설비진단2, 자동차센서, 재료역학, 전공심화실습, 졸업작품

7) 전망

자동차 튜닝 시장이 자동차 부품 시장에서는 낮은 시장 규모를 가지고 있지만 하지만 성장 가능성이 높은 시장이다.

정부는 자동차튜닝엔지니어를 육성하기 위해 우선 인가한 비영리법인을 통해 민간자격 운영을 추진할 계획이다. 또한 튜닝 전문 기술인력(Engineer)과 기능인력(Technician)을 양성하기 위해 산학 연계 프로그램 등 운영 지원사업도 추진할 예정이다.

고용노동부가 진행한 2014 고용영향평가에 따르면 자동차튜닝 활성화에 따라 2017년부터 2020년까지 적게는 3,997명에서 많게는 1만 2,917명까지 고용효과를 볼 수 있을 것으로 전망된다.

참고 도서

- *HKS 엔진튜닝테크닉* (하세가와 히로유키/골든벨)
- *나도 튜닝 한번 해볼까?* (정영훈,김치현/골든벨)
- *자동차 케미컬 튜닝* (박일랑/골든벨)

라. 과학커뮤니케이터

1) 개요

과학 커뮤니케이터는 과학을 대중들에게 쉽고 재미있게 전달하는 전문가로 '과학 저널리스트', '과학관 해설가', '과학 저술가', '과학 연극인', '과학 큐레이터' 등 우리에게 친숙한 호칭으로 불리기도 한다. 과학 커뮤니케이터는 과학자와 일반인의 간극을 메우는 것을 목표로 과학 분야인 물리, 화학, 생물학, 기술, 보건, 환경과학 등 여러 방면에 걸쳐 과학적 의사소통을 한다.

2) 하는일

과학커뮤니케이터는 과학 관련 콘텐츠를 기획하고 제작한다. 즉, 우리에게 익숙한 과학 도서나 과학 관련 팟캐스트, 유튜브 및 방송을 통해 정보를 전달하고 독자들의 공감의 얻고 소통하는 일을 한다. 또한, 과학관이나 과학전시에서 행사를 준비하고 진행하며 과학 실험 등을 쉽게 설명해주는 일도 한다.

또한, 과학 공연·과학 쇼를 제작하기도 하는데, 이때 과학커뮤니케이터들은 음악과 춤을 섞어 대중들의 이목을 집중시키고, 사람들이 의문을 가질만한 질문을 던지며 재미있게 과학지식을 전달한다.

3) 현황

가) 해외

미국, 일본, 독일 등에서는 과학관과 학교 교육과정이 연계되어 있어서 과학 교육 프로그램을 운영하는 과학 커뮤니케이터들이 활발히 활동하고 있다. 또한, 해외에서도 우수 석학들이 연구자의 길이 아닌 과학커뮤니케이터의 길을 걷기도 한다. 이들은 자신의 유튜브를 이용하여 콘텐츠를 제작하기도 하고 TED와 같은 강연을 통해 사람들이 과학을 쉽게 접할 수 있도록 노력하고 있다.

나) 국내

국내에서도 다양한 과학커뮤니케이터들이 활동하고 있다. 현재 국내에서 활동하는 과학커뮤니케이터들은 1인 기업의 형태로 가장 많이 활동하고 있으며 각각 자신의 유튜브 등을 통해 컨텐츠를 제작하고 있다. 또한 몇몇 과학 커뮤니케이터들은 함께 힘을 모아 과학 서평 전문잡지를 출판하는 등 활발하게 활동하고 있다.

4) 흥미 및 적성

과학커뮤니케이터는 어려운 과학을 쉽게 해석하여 사람들에게 설명해야 하기 때문에 커뮤니케이션 스킬이 많이 요구되는 직업이다.

5) 교육과정 및 관련 자격

과학기술정보통신부와 한국과학창의재단은 과학과 대중의 소통 강화에 기여하는 과학커뮤니케이터 양성을 위한 2022년 '과학문화 전문인력 양성 프로그램'을 본격 추진한다. 과기부와 창의재단은 2019년부터 연 200명 수준의 과학문화 전문인력을 양성해오고 있는데, 2022년에는 과학융합강연자, 과학공연가, 과학크리에이터, 과학저널리스트, 과학일러스트레이터, 과학콘텐츠 디벨로퍼 등 총 6개 직종, 240명의 과학문화 전문인력을 집중 양성한다.

6) 관련 학과 소개

과학커뮤니케이터가 되기 위해서는 과학과 관련된 학과를 졸업해야 한다. 과학과 관련된 학과로는 물리학과, 수학과, 생물학과, 화학과, 미생물학과, 천문기상학과, 지구과학과 등이 있다. 또한 최근에는 IT 기술에 대한 관심이 늘어나고 있기 때문에 컴퓨터공학 등과 같은 공학계열 또한 관련있는 학과로 볼 수 있다.

7) 전망

전 세계적으로 향후 미래 기술을 위해 과학은 기초 학문으로 여겨지고 있다. 이미 해외에서는 과학관과 학교 교육과정을 연계하여 과학 교육 프로그램을 활발하게 운영하고 있다. 이를 바탕으로 본다면 국내에서도 점차 과학관과 연계한 과학교육을 진행할 것으로 전망되고, 이러한 전망을 바탕으로 과학 커뮤니케이터의 수요도 증가할 것으로 전망된다.

참고 도서

- *세상에서 가장 쉬운 우주과학 수업* (리먀오/더숲)
- *세상에서 가장 쉬운 양자역학 수업*(리먀오/더숲)

11

안전·보안

11. 안전·보안

가. 민간조사관

1) 개요

범죄 수사는 국가의 수사기관이 담당하는 것이 이상적이지만 현실적으로 공권력이 그 힘을 미치지 못하는 부분이 생기기 마련이다. 더군다나 범죄의 양상이 점점 다양화, 지능화, 광폭화 되어가고 있기 때문에 각종 사건·사고에서 발생하는 사각(死角)을 메꿀 인력이 필요하다. 이러한 현실에서 제안된 새로운 직업이 민간조사관이다. 민간조사관은 사설탐정의 다른 이름으로 민간조사관의 역할이 확대될 경우 민간조사를 필요로 하는 의뢰인이 국가가 공인하는 민간조사업체를 이용하여 전문적인 민간조사 서비스를 받기 때문에 최소한의 부작용으로 의뢰인의 고통과 어려움을 덜 수 있어 국민복지 건설에 이바지할 수 있을 것으로 기대된다.

2) 하는 일

민간조사원은 법률이 허용하는 범위에서 각종 사건·사고에 관련된 민간조사 업무를 수행하거나, 개인과 기업에 대한 정보, 자료수집, 사실 확인 등 필요한 자료 및 정보를 수집하여 의뢰인에게 제공하는 서비스 활동을 제공하는 전문가를 의미한다. 민간조사원은 해외도피사범, 산업스파이, 지식재산권 침해 조사, 방화로 추정되는 보험사기, 교통사고 조사, 도청기 조사, 몰래카메라 조사, 기업회계 보증 조사, 필적 감정, 기업 부정 조사 등의 업무를 수행한다. 민간조사원의 업무는 크게 다음 4가지 영역으로 분류 할 수 있다.

- 잠적자, 실종자, 미아, 가출인, 수배자 등 사람을 찾는 업무를 수행한다.
- 유실물, 분실물, 도난품, 불법적인 은닉재산 추적 등 물건을 찾는 업무를 수행한다.
- 재판에 필요한 증거자료를 전문적으로 수집하는 등 소송 및 분쟁에 필요한 정보와 단서를 수집하는 업무를 수행한다.
- 공익침해 행위에 대한 첩보 수집과 신고 업무를 수행한다.

3) 현황

가) 해외

대부분의 OECD 회원국들은 현재 사설탐정(민간조사관) 제도를 시행하고 있다. 세계적으로 사설탐정 회사에서 활동 중인 사설탐정은 약 140만 명이며, 미국과 일본에서는 각각 약 6만 명, 영국과 독일은 각각 약 2만 명의 민간조사원이 활동하고 있다.

전 세계적으로 유명한 사설탐정 회사로는 핑거톤(Pinkerton), 크놀(Kroll) 등이 있으며, 미국 사설탐정의 평균연봉은 2010년을 기준으로 4만 2,870달러(시간당 20.61달러)인 것으로 나타났다.

나) 국내

국내에서 민간조사관은 아직까지는 정식으로 인정된 직업군이 아니나 현재 추진 중인 민간 조사 업 법이 입법화되면 민간조사원의 활동이 활성화 될 것으로 전망된다. 관련법이 통과되면 신용정보회사, 민간조사회사, 정부기관, 대형 로펌 회사 등에서 활동할 수 있다.

4) 흥미 및 적성

민간조사원이 되기 위해서는 무엇보다도 인내심이 필요하며, 신중하고 정직한 성품을 가져야 한다. 또한 자신을 보호할 수 있는 최소한의 무술을 체득해야 한며, 강한 체력을 가지고 있으면 좋다. 예리한 추리력과 관찰력, 직감력, 논리력과 풍부한 범죄심리학적 지식이 필요하며, 너무 눈에 띄지 않는 평범하고 무난한 외모가 민간조사관에 적합하다고 볼 수 있다.

5) 교육과정 및 관련 자격

관련 자격으로는 대한민간조사협회에서 시행하는 PIA 민간조사(탐정)자격 시험이 있다. PIA 민간조사관 자격 취득자에게 주어지는 특전으로는 대학 입학 시 우선 선발권 및 특례입학 허용, 장학금 제공 등이 있다. 민간조사관으로 활동하기 위해서 반드시 거쳐야 하는 공식적인 정규교육이 있는 것은 아니다. 그러나 범죄심리학, 범죄수사학 등을 전공하여 현대 범죄수사 기법을 공부하면 직능을 발휘하는 데 도움이 될 수 있다.

6) 관련 학과 소개

현재 우리나라에서 범죄학과, 범죄심리학과 등이 개설된 대로는 경기대, 광운대, 동국대, 신라대, 중앙대, 한남대 등이 있다. 모두 석사·박사 과정이며 학부 과정에서 범죄학과, 범죄심리학과 등이 개설된 예는 없다.

학과 들여다보기 : 경기대 행정·사회복지대학원 사법공안학과 범죄수사·범죄심리 전공

경기대 행정·사회복지대학원 범죄수사·범죄심리전공는 심리학적인 측면에서 범죄를 다루는 국내 유일한 전문학과로서 날로 흉포화, 조직화, 지능화되는 범죄에 효과적으로 대처할 수 있는 범죄심리전문가를 양성한다는 점에서 범죄와 관련된 현장 및 학문분야에서 경쟁적 우위가 있는 유망한 학과이다. 범죄수사학은 범죄에 대한 연구와 과학적인 수사기법을 통해 형사사건의 실체적 진실을 규명하고 범죄를 입증하는 수사과정의 제반사항에 대해 실증적으로 접근하는 사회과학이다. 범죄심리학은 범죄현상과 범죄자의 행동에 대한 실증적 연구를 토대로 여러 가지 원인론을 검증, 범죄성향의 평가, 재범예측과 교정처우 등 다양한 주제를 연구한다.

교과과정

석·박사 공통			
범죄동기와정서, 청소년비행, 여성범죄, 약물범죄, 범죄예방			
석사과정		박사과정	
기초공통	석사전용	기초공통	박사전용
고급사회심리학, 고급법심리학, 고급생리심리학, 범죄심리연구방법론I, 범죄심리학, 수사심리학, 심리평가및위험성평가	고급법정심리학, 고급성격심리학, 고급신경심리학, 고급인지심리학, 고급임상심리학, 고급정신병리학, 범죄와이상심리, 청소년비행, 심리측정, 심리평가실습, 중급통계, 실험설계, 심리상담및치료, 범죄자프로파일링, 범죄자상담및교정, 과학수사실무Ⅰ, 수사면담과 진술분석, 과학수사실무Ⅱ:폴리그래프와거짓말탐지기법, 고급발달심리학, 고급상담심리학, 범죄심리특강, 상담심리실습, 임상심리실습, 범죄학	고급사회심리학세미나, 고급생리심리학세미나, 고급수사심리학, 고급심리평가및위험성평가, 고급법심리학세미나, 고급범죄심리학, 범죄심리세미나, 범죄심리연구방법론	고급법정심리학세미나, 비교문화범죄심리학, 범죄와성격, 범죄와사회인지, 청소년비행세미나, 여성범죄세미나, 약물범죄세미나, 화이트칼라및조직범죄, 고급심리평가실습, 고급통계, 중다변인분석, 고급범죄자프로파일링, 피해자심리학, 고급법과학, 고급심리상담및치료, 범죄예방세미나, 고급범죄자상담및교정, 신경심리세미나, 정신병리세미나, 임상심리세미나, 고급정신병리실습, 고급임상심리실습, 고급상담심리실습, 정신감정, 고급과학수사실무Ⅰ, 고급수사면담과진술분석, 고급과학수사실무Ⅱ:폴리그래프와거짓말탐지기법세미나

7) 전망

현재 민간조사관 자격은 국가에서 공인된 자격이 아니지만, 그러나 최근 민간조사관에 대한 수요가 늘면서 민간조사업을 합법화 하려는 논의가 활발하게 이루어지고 있다. 따라서 법적 체계가 정립된다면 다양한 분야에서 사설탐정이 활동할 수 있을 것으로 기대된다.

참고 도서

- ***올댓탐정*** - 민간조사의 기초부터 실무까지, 탐정에 대한 모든 것 (김성도/생각나눔)
- ***명경찰 명탐정*** - 누가 공인 탐정을 두려워하는가 (정수상/서원각)
- ***P.I. STORY*** - 미국에서 탐정으로 살아가는 한 남자 이야기 PISTORY (안젤라 양/생각나눔(기획실크))

나. 연구실안전전문가

1) 개요

연구 활동 중에 이뤄지는 각종 실험으로 연구실 내 안전사고가 심심치 않게 발생하고 있다. 반응성이 높은 화학물질 사용에 따른 위험, 연구실 설비의 결함으로 인한 기계적 위험, 연구 활동 종사자들의 인적 오류 등 다양한 위험요인이 한정된 공간에서 동시 다발적으로 발생할 수 있기 때문에 연구원들은 화재, 폭발, 부식, 중독 등의 위험에 직접적으로 노출되고 한다. 따라서 일정 공정에서 발생하는 위험요인을 파악하고 관리하는 산업체에 비해 여러 분야의 전문성을 요구하고 있다. 이러한 필요에 따라 연구실 내 안전관리와 사고 예방을 통해 이러한 위험을 차단하고 연구 활동을 돕는 전문가로서 활동하는 것이 바로 연구실안전전문가이다.

2) 하는 일

연구실안전전문가의 직무를 살펴보면, 연구실 안전정책 수립을 위한 실태조사 업무, 연구실 안전 예산의 편성 및 실행, 연구실 안전점검 및 정밀안전진단 계획 수립 및 실시, 연구실 안전교육 계획 수립 및 실시, 연구실 사고 발생 시 원인 조사 및 재발방지를 위한 기술적 지도 및 조언, 연구실 안전 환경 및 안전 관리 현황 통계를 유지·관리, 안전 관련 법률 또는 법률에 의한 명령, 규정을 위반한 연구 활동 종사자의 조치를 기관장에게 건의, 안전 관리 규정 또는 다른 법령에서 정하는 연구시설의 안전성 확보에 관한 사항을 수행 등이 있다.

연구실안전전문가는 대학 및 연구기관, 기업부설 연구소에 설치된 과학기술 분야 연구실의 안전을 확보하기 위해 연구실 특성에 맞게 안전점검과 정밀 안전진단을 수행하거나, 유해인자 위험분석 및 관리대책 수립 등 연구실 안전에 관한 기술적인 사항을 지도하고 조언하는 등 다양한 업무를 수행한다.

3) 현황

가) 해외

선진국의 경우는 보통 연구실 안전보건을 관리하는 전담부서를 두고 있으며, 안전보건 관리자의 권한과 책임이 강력한 편이다. 미국의 경우 상위 30개 연구 중심 대학들에 연구실 안전보건관리를 전담하는 부서가 이미 존재하고 있으며, 기관별 독자적인 안전관리 정책을 수립해 자율적 안전관리의 토대를 마련하고 있다.

독일의 경우 연구실 안전보건 실태에 관한 관리체계는 산업안전보건 관리체계와 동일하다. 따라서 연구실 안전관리 감독은 일반 산업안전과 마찬가지로 정부의 감독과 재해보험 조합의 감독을 동시에 받는다. 일본의 연구실 안전 관련 법령은 근로기준법, 노동안전위생법 및 동법 시행령, 노동안전위생규칙 등 산업체 근로자의 재해예방을 위한 기본적인 법규를 적용하고 있고, 화학물질의 경우는 별도의 법률로 관리하고 있다.

나) 국내

국내에서도 대학과 연구기관 등에서 안전점검과 정밀안전진단 등이 시행되고 있지만, 안전점검 대상 기관 대비 전문 인력이 부족한 상황이다. 또 안전관리 분야의 다양한 자격증이 있어도 연구실 특성에 맞는 안전전문가는 양성되지 못하고 있는 실정이다. 연구실 안전관련 종사자는 주로 대, 연구기관, 안전점검 및 진단 대행기관에서 활동한다. 근로조건은 정규직 및 일부 계약직 형태이며, 임금수준은 타 분야 시설물 안전 관리자 수준과 비슷하다. 연구실안전법에 따라 안전점검 및 정밀 안전점검을 받아야 하는 법 적용 대상기관은 약 4,800여 개지만 점검 및 진단 대행기관 및 전문 인력은 상당히 부족한 상황이며, 향후 직무증가에 따라 연구실 안전 전문 인력의 필요성은 더욱 증가될 전망이다.

4) 흥미 및 적성

연구실 안전을 책임진다는 점에서 직업에 대한 소명감과 책임감이 중요하다. 연구 활동 중에 발생할 수 있는 사고를 예방하고 연구원의 생명을 보전하고 재산 피해를 방지하려면 막중한 책임감과 안전의식이 뒷받침되어야 한다. 기존에 소방, 전기, 가스등 안전 분야 경력이 있으면 도움이 된다.

5) 교육과정 및 관련 자격

연구실안전법에서 제시하는 일정한 기준과 절차에 따라 평가를 거쳐 인정받으면 연구실안전전문가로 활동할 수 있다. 현재 연구실 안전 환경 관리자 자격은 기존 안전 분야 국가자격을 취득하고 실무경험을 갖추면 되고, 기존에 소방, 전기, 가스 등 안전 분야 경력이 있으면 자격 취득에 도움이 된다. 국가기술자격법상 안전 분야 자격종목은 건설안전, 산업안전, 산업위생관리, 소방 설비, 인간공학, 화재감식 평가 등이 있으며, 연구실안전전문가 국가자격의 신설이 검토 중에 있다. 연구실안전전문가로서 활동하기 위해서는 연구실 내 실험 공정에 대한 지식이 필요한 만큼 공학, 자연, 의료 계열을 전공하는 것이 좋다.

6) 관련 학과 소개

현재 우리나라에서 생명공학 관련 학과가 설치된 대학으로는 가톨릭대, 강원대, 건국대, 고려대(세종), 동국대, 명지대, 상명대, 서울대, 성균관대, 성신여자대, 세종대, 연세대, 원광대, 인하대, 전남대, 제주대, 한국과학기술원, 한양대, 홍익대 등이 있다.

학과 들여다보기 : 한양대 생명공학과

한양대 생명공학과는 2005년에 설립 이후 10여 년간 학교의 전폭적인 지원을 바탕으로 최고 수준의 교육 및 연구 시설을 갖추어 왔다. 이러한 노력의 결과로 한양대 생명공학과는 국내외 생명공학 분야에서 두각을 나타내는 학과로 발전하였고, 유능한 생명공학 인재를 배출하여 산업계와 학계의 발전에 기여하고 있다. 생명공학과는 생명현상의 이해와 공학적 기술의 융합을 통하여, 인류의 건강과 환경에 관련된 새로운 기술과 소재를 개발하는 첨단융합 학문을 추구한다. 인간의 생로병사와 관련된 바이오 기술 (BT), 첨단 바이오소재를 개발하는 나노기술 (NT), 생명정보의 종합적 이해를 위한 정보기술(IT)을 융합하여 이를 실용화하는 학문을 교육한다.

교과과정

- **기초 과정**

	1학기	2학기
1학년	일반화학및실험1, 일반물리학및실험1, 컴퓨터프로그래밍, 미분적분학1, 과학기술의철학적이해, 커리어개발1, 휴먼리더십(HELP1)	일반화학및실험2, 말과글, 일반물리학및실험2, 일반생물학및실험2, 미분적분학2

- **전공과정**

	1학기		2학기	
	전공핵심	**전공심화**	**전공핵심**	**전공심화**
1학년	일반생물학및실험1		공학입문설계	
2학년	공업물리화학1, 공업유기화학1, 분석화학, 생화학1, 일반생물학및실험1, 확률통계론		공업경제학, 공업물리화학2, 공업유기화학2, 생화학2, 일반생물학및실험2	
3학년	공업경제학, 공업물리화학2, 공업유기화학2, 생화학2, 일반생물학및실험2	고분자화학, 바이러스공학, 분자생물학, 생리학, 전공현장실습1	고분자물성, 미생물학, 생명공학실험2 (URIP), 생물물리화학, 실용공학연구2	세포및조직공학, 세포생물학, 전공현장실습2
4학년	생물정보학	공학종합설계1(URIP), 기초면역학, 단백질효소공학, 생명의학전달시스템, 실용공학연구3		공학종합설계2 (URIP), 생명공학분석, 생물나노소재, 실용공학연구4, 응용유전학

7) 전망

2015년 7월 연구실 안전 환경 조성에 관한 법률 개정안이 시행됨에 따라 앞으로 대학이나 연구기관 등의 체계적인 안전관리를 위해 관련 업무를 수행할 안전전문가의 육성이 시급한 상황이다. 뿐만 아니라 신 직업 육성 정책의 일환으로 연구실안전전문가 육성에 힘을 쏟겠다는 방침이다. 따라서 연구실 안전전문가 양성을 위한 정책이 검토되고 있으며, 향후 연구실에 특화된 전문 인력 양성 교육이 강화될 전망이다.

참고 도서

- ***연구실험실 안전실무*** (오병섭, 김수태, 장웅범, 윤여송/한진)
- ***실험안전의 길잡이*** (서울대 환경안전원/동화기술교역)
- ***실험실 환경과 안전 관리*** (환경문제연구소/부산대출판부)

다. 화학물질안전관리사

1) 개요

급격한 산업화와 함께 우리나라는 빠른 경제성장을 이룰 수 있었지만 그 과정에서 환경오염, 환경재해 등이 일어나는 등 부작용이 발생하게 되었다. 1991년 발생한 낙동강 페놀 누출사고나 2012년 경북 구미에서 일어난 불산 가스 누출사고는 이러한 부작용의 한 예이다. 이렇듯 몇 번의 진통을 통해 화학물질 사고의 심각성이 알려지면서 환경처가 환경부로 승격되고 강력한 환경정책이 수립되는 등 본격적인 환경관리 시대를 여는 계기가 되었다.

화학물질안전관리사는 화학물질 관리법 개정 등으로 인해 새롭게 육성되고 있는 전문인력으로 화학물질의 등록과 위해성 평가를 대행하고, 유독물 위급시설의 관리계획서 작성과 관리, 화학사고 예방과 대응에 대한 업무를 수행한다. 이를 통해 화학물질의 위험으로부터 국민의 건강과 환경을 보호하는 역할을 한다.

2) 하는 일

화학물질관리사는 화학물질 관리정책의 목표와 이를 달성하기 위한 전략과 화학물질 관리를 위한 주요 추진시책과 추진계획을 수립하는 직무를 맡는다. 또한 화학물질의 관리현황과 향후 전망을 예상하여 화학물질 관리를 위한 각종 사업의 시행에 드는 재원조달 방안을 마련하고, 화학물질 관리와 관련한 기관 및 국제기구 등과 협력하기도 한다. 연구소, 교육기관 등에서 화학 사고에 대비한 훈련과 교육을 시키기고, 이 교육 프로그램에 맞는 컨텐츠를 개발하는 업무를 맡기도 한다. 또한 화학사고 대응 및 사후조치에 관한 기관별 역할 및 공조체계를 수립하고 화학사고 대응 및 사후조치에 필요한 자원 및 인력·장비 등의 동원 방법을 구상하기도 한다. 그 밖에 화학물질 관리 및 화학사고 대응과 관련된 전반적인 업무를 수행한다.

3) 현황

가) 해외

1984년 인도의 보팔 사고 등 세계적인 화학사고의 발생 이후, 세계 각국은 화학물질 안전에 관한 법과 제도를 제정하여 실시하게 되었다. 미국의 경우 화학물질의 종류와 양, 일상적 공정과 화학사고 발생 시에 환경유출영향 등을 주민에게 공개하도록 하였으며, 유해화학물질 산업기술자에 대해 최소 24시간 이상 소정의 교육을 이수하도록 하고 있다. 유럽에서는 유럽 연합의 주도로 중대산업사고예방 EC협약(세베소 지침 I)을 제정하고 지침 II, III 등으로 계속 발전시켜 나가고 있다.

나) 국내

2015년 시행된 「화학물질 관리법」에 따르면 화학물질 관리에 실패한 기업에 벌금을 물리는 등 기업체에 지우는 책임의 강도가 강해진다. 이러한 상황에서 기업은 화학물질을 관리하는 전문 인력을 필요로 하게 되었으며, 전문 인력 양성의 중요성이 커지고 있다. 산업통상자원부에서는 강화되는 환경규제에 대응하고 화학물질 안전관리에 필요한 전문 인력을 양성하기 위해 2018년까지 5년간 총 100억 원의 예산을 투입하고, 산학컨소시엄을 통한 교과과정 개설, 산학프로젝트, 인턴십 등을 실시할 예정이다.

화학물질 관련 환경규제 대상인 모든 사업체(화학물질의 생산, 유통, 사용, 폐기 등)로 진출할 수 있다. 또한 화학물질 관리법에 따라 화학물질의 오염도 측정·분석 기술, 화학물질 취급시설의 안전관리 기술, 화학물질의 영향조사·분석 기술, 화학물질로 인한 피해 최소화·제거 및 복구 기술 관련 사업을 실시하는 곳에서 양성교육을 받거나 근무할 수 있다.

4) 흥미 및 적성

환경과 안전문제를 다룬다는 점에서 환경문제에 대한 관심과 세심함, 신중한 성격이 요구된다.

5) 교육과정 및 관련 자격

화학물안전관리사가 되려면 화학, 안전, 환경 관련 지식과 경험이 필요하다. 때문에 대학 및 대학원에서 관련 전공을 하거나 유사 분야 자격증을 취득하는 것이 도움이 된다. 특히 향후 신설될‘화학물질안전관리기사’자격증 취득을 목표로 하는 것이 좋다. 기존에 존재하던 유사한 관련 자격으로는 위험물 산업기사(기능사, 기능장), 화학공학기사(기술사) 등이 있다.

대학 및 대학원에서는 화학, 안전, 환경 관련 전공을 하거나 양성기관에서 화학물질 취급, 관리, 복구, 제거 등에 대한 지식, 화학사고 대응방법 등을 공부해야 한다. 또한「환경규제 및 안전전문 인력 양성사업」시행기관에서 교육을 받을 수 있다.

6) 관련 학과 소개

현재 우리나라에서 화학공학과가 설치된 대학으로는 건국대, 경북대, 경희대, 단국대, 명지대, 부산대, 상명대, 서울시립대, 성균관대, 숭실대, 아주대, 영남대, 인천대, 인하대, 전남대, 전북대, 제주대, 충남대, 충북대, 포항공과대, 한국과학기술원, 한양대, 홍익대 등이 있다.

학과 들여다보기 : 한양대 화학공학과

화학공학은 일상생활 속의 다양한 물질을 화학적, 물리적 조작을 통해 제조하고 가공하여 고부가가치 제품으로 변형 시키거나, 혼합, 반응, 분리, 정제과정 등을 통하여 인류생활을 윤택하게 하는 학문 분야이다. 1948년에 설립된 한양대 화학공학과는 과학기술의 획기적인 발전에 발맞추어 시대적으로 앞서가는 새로운 교육모델을 추구하기 위해 끊임없이 노력하고 있다. 지난 57년간 한양대 화학공학과는 꾸준히 발전해왔으며 그 결과 1994년에 실시된 대육협의회 평가 등 외부 평가에서 우수한 평가를 받은 바 있다. 교수의 연구업적 부문에서도 BK21과 국가지정연구실 등을 유치하는 등 좋은 성과를 나타내고 있다. 더 나아가 2004년과 2005년 연이어서 특성화 우수대학으로 선정되기도 하였다.

교과과정

	1학기	2학기
1학년	커리어개발 I, 화공생물학	
2학년	화공양론, 공업물리화학, 화공설계입문(URIP), 공업유기화학1	생명과학과공학, 공업유기화학2, 수치해석
3학년	화공열역학1, 반응공학, 고분자화학, 생화학개론, 화공소재분석, 공업수학3, 전기화학, 유체역학	화공열역학2, 물질전달, 화공기초실험, 촉매반응공학, 고분자물성, 고분자재료공학, 커리어개발 II, 유기구조분석
4학년	분리공정, 화공응용실험, 플랜트설계, 센서소재설계, 화학공학종합설계(URIP), 에너지소재, 공정제어	기능성고분자, 무기화학공업, 화공전산설계, 표면및계면화학, 환경공학

7) 전망

현재 화학물질안전관리사 자격 신설에 필요한 직무내용과 범위, 인력 양성 등에 대한 연구가 이뤄지고 있으며, 자격 신설 절차가 추진되고 있다. 중장기적으로는 화학물질 관리법령 개정이 이루어져서 유독물 취급사업장에 화학물질안전관리기사 자격증 소지자를 의무적으로 고용될 것으로 전망된다.

환경부에서는 신설될 자격증 소지자에 대한 수요를 향후 5년간 약 1만 명으로 추정하고 있으며, 이에 따라 환경, 안전, 화학 관련 전공을 하거나 유사한 분야 경력을 가진 인력이 전문가로 활동할 기회가 확대될 전망이다.

참고 도서

- *독성프리* (데브라 린 데드/웰컴퍼니)
- *유해물질 의문100* (사이토 가쓰히로)
- *화학에서 인생을 배우다* (황영애/더숲)

라. 방재전문가

1) 개요

지금 시대에 일어나는 각종 재난은 과거의 그것과는 양상이 많이 다르다. 과거에는 홍수, 가뭄 등 기상 관련 자연재난 위주로 문제가 발생했다면 최근에는 그 종류도 다양하고, 규모가 큰 사회적 재난이 많은 편이다. 이런 일들이 터지면 경제적 손실은 물론이고 대외적인 국가신뢰도도 부정적인 영향을 받을 수밖에 없다. 이렇게 재난의 종류가 다양해지고, 규모와 영향이 커지는 경우가 많은 상황에서 재난에 대해 전문적인 관리를 해줄 방재전문가의 역할이 더욱 중요해지고 있다.

2) 하는 일

지연재해를 비롯해 화재·붕괴·폭발사고 및 전염병 등의 재난은 국가와 국민에게 큰 피해를 준다. 방재전문가는 이런 재해가 일어나지 않도록 사전에 예방하고, 재해가 발생했을 때 피해를 최소화하기 위한 대책을 마련한다. 또 재해가 발생한 이후에 국가 활동, 그리고 사람들의 일상이 신속하게 정상화될 수 있도록 일련의 활동 계획을 수립하기도 한다.

- 각종 재난에 대응하는 대응계획을 수립하고 재난대응 행동 매뉴얼을 작성한다.
- 교육과 훈련의 실시, 재난 발생 양상 분석, 재난 발생원인 규명 등의 활동을 한다.
- 평상시에는 위기관리계획 등을 세워 안전점검 등 예방활동을 하며, 국가 위기 및 재난 상황에 대비한다.
- 재난 발생 시, 피해 현장 대응 및 상황관리활동과 복구지원 업무를 수행한다.

3) 현황

가) 해외

미국과 일본 등 선진국은 높은 안전의식과 체계적인 대응체계로 국가 재난관리를 하고 있다. 국가와 지방 정부를 중심으로 국가 재난관리 관련 전문조직을 운영하고 전문가 양성에도 힘쓰는 중이다.

미국의 방재전문가들은 주로 정부(연방, 주)기관에 소속되어 근무한다. 피해규모에 맞는 현장 대응과 지원, 의사소통 등의 역할을 하고 있으며, 재난관리에 필요한 교육요원으로도 활동한다. 미국에서는 연방차원의 미국연방비상관리국(FEMA)이 방재인력 양성을 담당하고 있으며, 국립소방학교, 재난관리연구소와 보건훈련센터를 두고 있다. 방재와 관련한 비영리기관으로 국가재난관리협회, 국가재난관리사협회, 국제재해복구연구원 등도 있다. 일본의 경우, 2013년 4월을 기준으로 약 6만 4,724명의 방재사가 활동 중에 있다. 지리적 여건과 기후 변화로 자연재해가 많이 발생하는 일본에서는 재난과 관련해 일찍이 정부와 민간단체를 중심으로 조직적이고 체계적인 지침 시스템이 갖추어졌다. 또 재난에 대비한 교육과 훈련 등도 일상적으로 진행되고 있다.

나) 국내

방재전문가들은 대부분 공무원으로서 근무하고 있으며, 국가 방재 관련 컨설팅업체에서 활동하기도 ㅎ나 그 비중은 매우 작은 편이다. 2013년 방재안전직렬 신설 당시 새롭게 임용될 방재안전직렬 공무원의 수요는 1만 1,500명으로 예측되었으며, 2015년도 방재안전직렬로 채용된 인원은 100여 명 가량이다. 이후 시, 도, 지자체에서 토목, 지적, 전기안전, 기계 등의 기존 직렬 종사자를 신설된 방재안전직렬로 발령을 내는 사례가 늘면서 관련 업무 종사자가 증가하고 있다.

근로조건은 소속된 곳에 따라 차이가 있으나 정부 및 지자체 공무원 및 공공기관의 경우는 여타 공무원과 유사한 근로조건에서 일한다. 임금수준은 소속된 기관에 따라 차이가 있으며, 방재안전직렬의 공무원의 경우 공무원의 임금체계를 따른다.

4) 흥미 및 적성

방재 영역은 내 주변의 일상에서부터 지역, 국가 등 매우 광범위한 영역에서 다양한 형태로 존재하기 때문에 안전의식이 기본이다. 작은 것에서부터 위험요소를 발견하고 안전하게 관리하는 것을 습관화하고 새로운 업종이나 영역에 대한 지속적인 학습과 관심을 갖는 것이 필요하다.

5) 교육과정 및 관련 자격

관련 자격으로는 한국비시피협회에서 시행하는 재난관리사와 재난관리지도사, 한국방재안전관리사중앙회에서 시행하는 방재안전관리사, 한국방재협회와 기업재해경감협회에서 시행하는 방재전문인력인증, 기업재난관리사 자격이 있다.

6) 관련 학과 소개

관련 학과로는 방재안전공학과, 소방방재학과 등 정규 대학의 관련 전공이 있다. 대학의 관련 학과로는 인천대 기업재난안전관리공학과, 충북대 안전공학과, 서울과학기술대 안전공학과 등이 있다. 2015년에는 숭실대에 기업재난안전관리공학과가 개설되었다. 대학원 과정으로는 강원대(삼척) 방재전문대학원, 연세대 공학대학원 안에 방재안전관리전공, 서울시립대 도시과학대학원에 방재공학전공, 경기대 건설·산업대학원에 소방도시방재전공, 광운대 특수대학원에 재난안전관리전공이 개설되었다. 성균관대에 일반대학원 학과 간 협동 과정으로 방재안전공학협동 과정이 개설되었다. 그 외에도 강원대, 동국대(경주), 부경대, 서울여자대, 세명대, 우석대, 인제대, 전주대, 충남대 등에 안전 관련 학과가 개설되어 있다.

학과 들여다보기 : 강원대 소방방재학부 방재안전공학전공

방재안전공학전공은 재난 없는 안전사회를 구현하기 위해 과학적이고 체계적인 안전관리와 신속한 상황관리 및 현장대응, 합리적이고 과학적인 복구지원을 할 수 있도록 각종 재해 및 재난의 원인, 과정의 분석, 규명과 이의 방지에 필요한 과학, 기술에 대한 전문지식을 체계적으로 다루는 학문이다. 강원대 소방방재학부는 국내 4년제 국립대학 가운데 유일하게 운영되고 있는 소방방재 관련 학과로 소방공무원의 특채나 방재안전직렬에 대한 과목이 개설되어 있으며, 강원소방학교 체험활동, 국제소방안전박람회 참관, 전공 관련 기업의 현장체험을 통해 관련 산업 현장을 경험할 수 있는 다양한 프로그램도 운영 중에 있다. 또한 전공특성화주간 행사를 통해 재난전문가를 직접 만나고 전공분야의 이해를 넓히는 기회를 갖기도 한다.

교과과정

- **전공과정**

	1학기		2학기	
	전공필수	전공선택	전공필수	전공선택
1학년		소방학개론		방재학개론
2학년	수리학1	학습전략과상담, 건설재료학, 공업수학, 재해통계학, 방재GIS개론	수문학, 상하수도공학, 정역학	건설안전기술, 방재GIS실습, 수리학2
3학년		건설시공학, 토질및기초, 재해심리및교육, 안전관리공학, 기후변화와자연재해		측량및원격탐사, 하천방재공학, 수치해석, 시스템안전공학, 건설안전실무, 방재모델링
4학년		방재법규, 재해영향성평가, 방재시설관리, 재난관리공학, 방재세미나		방재CAD, 풍수해저감계획, 도시방재학, 인간관계론

7) 전망

재난은 언제 어디서나 일어날 수 있다. 특히 과학기술이 발달하고 사회가 더욱 고도화된 미래사회에서 재난은 더욱 복잡하고 다양한 방식으로 일어날 가능성이 높다. 따라서 재난으로 인한 국가적·국제적 피해를 막기 위해 방재전문가의 필요성은 앞으로도 증가할 것으로 보인다. 다만, 방재전문 인력은 대부분 공공 분야에서 채용하는 경우가 많으므로 향후 정부의 정책 변화에 따라서 방재직렬 공무원의 채용 규모가 결정될 것으로 보인다. 현재 정부기관에서 방재전문 인력의 고용을 늘리고 있는 추세이므로 앞으로도 이 분야의 전망은 밝다고 볼 수 있다.

참고 도서

- ***재난을 묻다*** (416세월호참사 작가기록단/서해문집)
- ***재난, 그 이후*** (셰리 핑크/알에이치코리아)
- ***자연재해*** (타챠나 알리쉬/혜원출판사)

마. 기업재난관리자

1) 개요

예고 없이 발생은 재난은 개인의 삶을 무너뜨릴 뿐만 아니라 기업, 사회에 막대한 인명 손실과 재산피해를 입히기도 한다. 특히 기업에 발생하는 재난은 기업에 막대한 경제적 피해를 입히고 기업의 경영을 중단시킬 수도 있을 만큼 막대한 위기상황을 가져올 수 있다. 따라서 기업들은 이러한 재난으로부터 입을 수 있는 피해를 최소화하고 사업이 중단되지 않을 수 있도록 사고대응부터 재해경감 활동계획수립까지 다양한 대책을 마련해야 할 필요가 있다. 이런 배경에서 등장한 직업이 바로 기업재난관리자로, 기업재난관리자는 기업 차원에서 각종 재난 발생 시 기업 활동을 연속적으로 유지하고, 2차 피해 방지를 위한 계획을 수립하는 역할을 한다.

2) 하는 일

기업재난관리자는 기업이 재난을 통해 받는 피해를 최소화하기 위한 다양한 전략과 계획을 수립하고 사고에 대응하는 직무를 맡는다. 수행 직무는 기업재난관리자 안에서도 실무분야, 대행분야, 인증평가분야마다 차이가 있다. 실무분야 담당자는 기업에 채용되어 재난관리 실무를 주로 담당하게 되고, 대행분야 담당자는 재해경감활동계획을 세우고 수행하는 컨설턴트 등으로 활동할 수 있다. 인증평가 담당자는 수립해 둔 재해경감활동계획을 평가하고 인증하는 업무를 수행한다.

- 기업의 핵심 업무를 파악하기 위한 업무영향분석(BIA) 업무를 통해 기업을 분석하여 목표와 목적을 명확히 하고 재난관리 정책과 법적 요구사항을 정립한다.
- 기업의 위험을 식별, 분석하고 위험성평가를 통해 핵심 리스크를 산정한다.
- 기업의 주요위험에 대한 시나리오를 작성하고 이에 대한 대책을 마련한다.
- 기업의 재난 대응 체계와 사업에 연속성 확보계획을 수립하며, 이에 대한 모의훈련을 실시한다.
- 기업의 재해경감활동 및 사업연속성 절차에 관한 모니터링을 실시하고 내부감사를 수행한다.

3) 현황

가) 해외

9·11 테러 이후 기업의 재해경감활동계획에 대해 전 세계적으로 관심이 급증하고 있다. 해외에서 기업재난관리자의 역할을 하는 직업은 주요 수행업무에 따라 DRP컨설턴트, BCP컨설턴트, BCM 컨설턴트로 구분할 수 있다. 이들은 기업 경영 및 기획 관련 부서에서 기업재난관리자로 활동하거나 컨설턴트로 활동한다. 외국의 대기업에는 별도의 기업 재난 대응팀이 있는 경우도 있다.

나) 국내

우리나라의 기업재난관리자는 재해경감활동 서비스를 제공하는 컨설팅 업체에 소속되어 컨설턴트로 활동하거나, 기업 및 기관의 관련 부서에서 재난관리 분야 실무자로 주로 활동한다. 다만, 조직 내에서 해당 업무를 수행하는 인력은 아직 소수에 불과하다. 재난관리를 한다고 해서 다른 근로자들과 근로조건에서 차이가 있는 건 아니며, 각 기업의 임금수준에 준하는 월급을 받는다. 현재 파악되는 종사자 수는 전문기업 종사자 기준으로 봤을 때 약 30명이다. 기업재난관리자 실무 분야 자격 취득자는 400여 명(2015년 말 기준)으로 컨설팅 업무 분야가 활성화되면 종사자 수는 더 늘어날 가능성이 있다.

4) 흥미 및 적성

이 분야에 적합한 대상이 특별히 정해져 있는 것은 아니다. 다만, 실무 분야에서 일할 경우에는 기업 경영관리 측면에 관한 지식이 있어야 한다. 재난관리와 전문 분야라는 두 개 영역을 개척해야 하므로 유관 분야 경력이 중요하며, 위기상황을 예측하고 대처하기 위한 자세도 무엇보다 중요하다.

5) 교육과정 및 관련 자격

관련 자격으로는 국가전문자격인 기업재난관리자(실무분야/대행분야/인증평가 분야)가 있고, 민간자격증도 있다. 재난은 분야를 막론하고 발생할 수 있기 때문에 재난관리 지식을 바탕으로 전자, 전산, 정보통신, 토목, 건축, 기계, 산업안전, 화공, 전기, 도시공학, 지질, 환경 등의 분야를 전공하는 것이 좋다.

6) 관련 학과 소개

현재 우리나라에서 개설된 기업 재난 관련 학과로는 충북대 안전공학과, 서울과학기술대 안전공학과 등이 있다. 일반대학원 과정으로는 우석대 일반대학원 기업재난안전관리학과, 동아대 대학원 기업재난관리학과, 숭실대 대학원 기업재난관리학, 인천대 대학원 기업재난안전관리학과가 있으며 성균관대는 일반대학원 학과 간 협동 과정으로 방재안전공학협동과정이 개설되었다.

학과 들여다보기 : 우석대 일반대학원 기업재난안전관리학과

우석대 일반대학원 기업재난안전관리학과는 2015년 신설된 학과로 건축계획, 구조공학, 인공지능 등 다양한 분야의 교수진들의 아래에서 다양한 관점의 기업재난을 방지하기 위해 계획된 커리큘럼을 운영하고 있다. 규모 및 빈도에서 점가 증가하는 자연재해 및 사회적 재난에 대비하여 재난의 사전예방, 대책수립, 복구 및 평가 등에 있어 이론과 실무능력을 갖춘 재난 전문 관리자를 양성하기 위하여 다양한 프로그램을 운영하고 있으며, 시설 안전 분야, 경영분야 그리고 IT 및 인프라시스템의 정보통신 등의 학제 간 융·복합 전문지식을 습득한 재난관리전문가를 교육, 배출하여 궁극적으로 사회안전망 구축에 기여하는 인재로 양성하는 것을 목표로 한다. 기업재난안전관리전공과 위기관리전공 두 가지 세부전공으로 나누어져 있다.

교과과정

공통필수	전공선택
재해경감활동의 이해 특론, 사업연속성계획 특론	업무영향분석 및 위험평가론2, 업무영향분석연구특론, bcm 세미나2, 기업재난관리인증2, 재난관리특론, 재난관리와 표준화, 컨설팅의 이해와 실무, bcp 방법특론, 기업리스크관리연구특론, 재난관리기술연구특론, bcm 연구, 도시방재관리론2, 사업연속성계획실무2

7) 전망

현대사회로 오면서 기업에 영향을 미치는 다양한 위기와 재난이 빈번하게 발생하고 재난의 종류도 더욱 다양해지면서 기업재난관리자의 중요성은 점차 커질 것으로 보인다. 또한 국가 차원에서 기업의 재난관리 인력 고용 의무화 및 육성 정책을 추진하게 되면서 2015년부터는 정부 차원에서 전문가 양성 및 보급을 위한 노력이 이어지고 있다. 또한 활발히 재해경감활동을 한 기업에 대해 각종 인센티브를 지급하는 등 기업재난관리 활성화를 위한 다양한 제도가 시행되고 있다. 이에 따라 기업재난전문가의 고용 증가와 직무 확대에 대한 전망은 매우 밝다고 할 수 있다.

참고 도서

- *재난과 위기에서 빛나는 지속가능경영* (콘 마사카즈/성안당)
- *위험사회* (조재형/에이지21)
- *기업의 사고와 위기관리 119* (박재훈/커뮤니케이션북스)

바. 스마트 안전관리사

1) 개요

우리 주변에서는 많은 안전사고가 발생하고 있다. 특히 최근 재해로 인한 사망사고의 증가로 인해 안전과 관련된 문제가 사회적 이슈로 대두되었다. 고용노동부의 발표에 따르면 2020년을 기준으로 산업현장에서 업무상 사고로 인한 전체 사망자수는 882명이었다. 그 중 건설업의 사망자수는 전체의 51.9%인 458명이며 사망사고유형으로는 떨어짐, 물체에 맞음, 부딪힘, 화재 등이었다. 대형 건설사는 이미 IoT 센서, 지능형 CCTV 등과 같은 ICT 기반 안전관리 플랫폼을 도입하여 적용하고 있다. 따라서 이러한 안전관리 플랫폼의 실체 운용을 위해서는 전문가의 역할이 필수적이다.

2) 하는일

스마트 안전관리사는 건설현장, 산업현장에서 ICT기반 스마트안전장비를 기획, 설계, 설치와 구축을 실행, 관리하는 업무를 수행하고 공사 완공후에는 시설내의 스마트안전관리 시스템을 운용하다. 또한 이상 징후를 발견하는 경우 사전 안전 조치를 취하는 업무를 하게 되며, 사업 수행, 이후 전반적인 컨설팅 등 또한 스마트 안전관리사의 업무다.

3) 현황

가) 해외

글로벌 스마트 건설기계 시장은 2023년까지 연평균 성장률 18.5%를 기록할 것으로 예상되며, 시장 규모는 141억달러 수준에 이를 전망이다. 독일에서는 추락사고를 방지하기 위해 능동형 추락방지시스템을 사용하는데, 능동형 추락방지시스템에는 안전대 및 안전대 부착설비를 활용해 근로자의 활동 반경을 제한하는 활동 제한 시스템(Travel Restrain Systems)과 추락의 높이를 제한해 근로자를 보호하는 추락 정지 시스템(Fall Arrest Systems)이 있다.

나) 국내

국내 삼성물산은 VR(가상현실)을 활용한 장비안전 가상훈련 프로그램 ‘스마티(SMAR'T, Samsung C&T Smart Training)’를 새로 도입해 현장 안전문화 수준을 높였다고 평가받고 있다. 삼성물산의 스마티는 실제 사고 상황과 유사한 환경을 직접 체험해 볼 수 있도록 시나리오를 구성했으며, 기존 사고 기록, 현장별 장비현황 및 교육결과 데이터를 수치화하고 현장별 특성과 공정에 따라 고위험 작업을 별도로 예측 및 관리 할 수 있는 플랫폼이다. 현대건설 기술연구원은 현장의 안전성 제고를 위해 2019년도에 건설사 최초로 안전관리시스템(HIoS : Hyundai IoT Safety System)을 자체 개발하였으며, IoT기술에 기반하여 총 7개의 서비스를 제공한다. 만약, 개별 센서에서 이상 수치 수집 시 현장 자체에서 알람이 발생하고, 미리 입력된 현장 안전관리자, 본사관리자에게 문자로 상황정보를 제공한다.

4) 흥미 및 적성

스마트 안전관리사는 원청사와 감리사사이에서 자문을 수행해야 하고, 현장 인력을 대상으로 스마트 안전장비 등의 사용에 대한 교육을 진행해야 하므로 커뮤니케이션 능력이 요구되며, 민감한 데이터 공유의 중간 역할을 하기 때문에 데이터의 보안을 위한 꼼꼼함이 요구된다.

5) 교육과정 및 관련 자격

현재 스마트 안전관리사를 위한 교육과정은 따로 없으며, 관련된 양성과정으로는 건설산업교육원에서 진행하는 스마트 건설기술 전문인력 양성과정이 있다. 스마트 안전관리사를 위한 자격 또한 따로 마련되지 않았으며, 관련된 자격으로는 건설안전기술사가 있다.

6) 관련 학과 소개

스마트 안전관리사는 스마트 안전장비에 대한 자문을 수행해야 하므로 건설에 대한 지식이 있어야 한다. 따라서 산업안전과, 토목과, 건설정보과 등과 관련이 있다. 또한, 스마트 안전관리를 위한 안전장비의 경우 IoT, 센서 등을 사용하는 경우가 많으므로 이에 대한 이해를 돕기 위해 컴퓨터공학 또한 관련된 학과라고 할 수 있다. 동양대학교는 스마트안전시스템학부를 동국대학교는 스마트 안전공학부를 개설하고 운영하고 있다.

학과 들여다보기 : 동양대학교 스마트안전시스템학부

스마트안전시스템학부는 산업안전 전공과 공공안전 전공을 둔다. 산업안전 전공은 다양한 산업현장에서 재해 가능성이 있는 건설물, 장치, 기계 등의 손상 및 잠재 위험성을 분석하고 이를 저감 또는 배제할 수 있는 공학적 접근 방법 및 기술을 교육한다. 공공안전 전공은 각종 생활환경에서의 위험 조건 또는 가능성을 파악하고 그 원인과 대처 방안에 대한 종합적인 학습을 통해 공공 안전 관리의 전문가를 양성한다. 스마트안전시스템학부 졸업생은 다양한 산업현장 및 공공시설의 안전을 책임지는 전문가로 성장한다. 다양한 산업체의 생산, 제조, 유통 시설의 안전관리자로 진출하거나 안전방재직 공무원, 안전관리공단이나 교통안전공단 등과 같은 공공유관기관, 다양한 안전관련 연구기관 등으로 진출하여 사회 전반의 안전성 확보를 위한 핵심인력으로 자리매김한다.

교과과정

교과목	
안전공학의 이해, 기초화학, 공학수학, 창의공학설계, 고체역학, 열역학, CAD, 수치해석, 안전통계실습, 안전보건학, 도시방재, 교통안전공학, 건설안전, 환경안전, 안전성평가, 안전실무	안전관리론, 재료과학, 유체역학, 기초전기공학, 열전달 및 연소, 인간공학, 건설시공학, 도시계획론, 안전공학실험, 기계설비안전, 전기설비안전, 재난관리론, 화학설비안전, 소방설비론, 시스템안전공학, 안전방재법규, 캡스톤디자인

7) 전망

새로운 정부는 공약에서 IoT를 활용한 스마트 건설안전 기술을 적극적으로 도입하겠다고 공언했다. 따라서 앞으로 스마트 안전 관리 기술에 대한 도입은 빠르게 이루어질 것이며, 이를 관리하고 적용할 스마트 안전관리사의 수요 또한 증가할 것으로 전망된다.

참고 도서

- *스마트 건설과 안전* (최명기/지우북스)
- *건설현장의 안전을 말하다* (고성옥/보민출판사)

12

환경·반려동물

12. 환경·반려동물

가. 산림치유지도사

1) 개요

산림치유란 나무향기, 아름다운 경관, 음이온, 소리 및 햇빛 등 산림의 다양한 요소를 활용하여 인체의 면역력을 높이고 심신의 건강을 증진시키는 활동을 말한다. 산림치유지도사는 치유의 숲, 자연휴양림 등 산림을 활용한 대상별 맞춤형 산림치유 프로그램을 기획·개발하여 산림치유 활동을 효율적으로 할 수 있도록 지원하는 국가자격의 전문가로, 현재 산림청 및 지방자치단체는 산림치유 활동을 위해 전국에 '치유의 숲'을 조성하고 과학적이며 의학적으로 검증된 다양한 산림치유 프로그램을 개발, 보급해 지도하도록 산림치유지도사 제도를 운영하고 있다.

2) 하는 일

산림치유지도사의 업무 중 가장 핵심이 되는 것은 치유의 숲으로 오는 사람들을 대상으로 치유 프로그램을 기획·운영하는 것으로, 세부 프로그램을 개발하여 참가자들이 자연과 교감하며 스트레스를 해소하고, 자신의 숨겨진 가치를 찾을 수 있도록 돕는 일을 한다. 뿐만 아니라 프로그램의 운영과 관리를 위한 제반 업무들을 수행하고, 또한 이용자 대상의 설문조사 등 프로그램 모니터링을 실시해 향후 프로그램의 개발에 적용하기도 한다. 이외에 치유의 숲 기반시설(숲길, 연못, 야생화 단지 등)을 관리하는 업무도 수행한다. 산림치유지도사는 숲 해설가(산림교육전문가), 숲 치유사, 등산안내인, 유아 숲 지도사 등과 유사하지만 '치유'를 목적으로 보다 전문적인 산림치유 프로그램을 개발하고 기획한다는 점에서 차이가 있다.

3) 현황

가) 해외

독일이나 일본의 경우, 오래 전부터 숲 치유 마을 및 산림치유센터를 조성하여 건강증진과 심신치유에 각종 프로그램을 활발히 운영하고 있다. 독일에서는 이미 100여 년 전부터 숲과 물을 통한 총체적 치유시스템인 크나이프 요법이 인기를 끌면서 64개 요양지에서 치유전문가들이 활동하고 있다. 일본의 산림치유는 국가가 아닌 지방자치단체와 민간중심으로 운영되고 있다. 산림치유 활동은 삼림테라피 기지에서만 이뤄지며, 과학적으로 검증을 거친 프로그램을 운영함으로써 치유효과에 대한 객관성과 신뢰도를 높이고 있다.

나) 국내

2011년 산림치유지도사 국가자격이 신설되었으며, 2014년 <산림문화·휴양에 관한 법률>이 개정됨에 앞으로는 자연휴양림과 산림욕장, 숲길 등 에서도 산림치유지도사를 만날 수 있게 되었다. 또한 산림치유 효과를 규명하고 의학, 임학, 보건학 등을 융합한 연구를 통해 의학적인 치료프로그램을 연계할 계획이어서 이 분야의 일자리 창출이 활발해질 전망이다. 2014년 기준, 국내에 산림치유지도사 자격증을 취득한 사람은 165명이며, 치유의 숲에서 활동하는 인원은 40명 안팎이다.

4) 흥미 및 적성

산림치유지도사가 되려면 무엇보다 숲을 이루고 있는 자연환경에 대한 애정과 이해가 필요하다. 숲과 식물 등 자연을 사랑하고 정적인 일보다는 직접 몸으로 느끼고 경험하는 일이 적성에 맞아야 하며, 또한, 신체의 건강 뿐 아니라 마음의 건강까지 돌보는 일을 하므로 심신의 건강에 대한 관심, 타인에 대한 배려와 이해심, 원만한 대인관계 능력이 필요하다. 그 외에 숲과 식물, 그리고 건강 관련 지식과 정보를 바탕으로 끊임없이 관찰하고 연구하는 자세가 필요하다.

5) 교육과정 및 관련 자격

산림치유지도사로 활동하려면 산림치유지도사 국가자격이 필요하다. 자격증은 지정된 기관에서 양성과정을 이수하고 자격시험에 합격한 사람에게 발급되며 1급과 2급이 있다. 대학·대학원에서 의료와 보건, 간호 또는 산림자원학과 계열을 비롯해서, 원예학과, 조경학과 등 산림관련학과를 전공하면 자격을 따는데 유리하다.

6) 관련 학과 소개

현재 우리나라에서 산림 관련 학과가 개설된 대학으로는 공주대, 대구대, 서울대, 순천대, 영남대, 전남대, 전북대, 충남대, 충북대, 한국농수산대학 등이 있으며, 모두 학부과정을 운영하고 있다. 평생교육원 등에서 산림치유지도사를 양성하는 기관으로는 가톨릭대, 한림성심대, 광주보건대, 순천대, 전남대, 충북대, 동양대, 전북대, 대구한의대 등이 있다.

학과 들여다보기 : 서울대 산림과학부

산림환경학은 산림과 관련된 환경 분야를 다루는 학문으로, 기존의 산림자원을 조성하고 유지하기 위한 생물학 분야와 산림자원의 효율적 이용 관리를 위한 공학 분야를 모두 포함하고 있다. 100년이 넘는 역사와 전통을 자랑하는 서울대 산림과학부는 초기 임학과 시기부터 우리나라의 산림환경과 정책에 크게 기여한 우리나라 최고의 산림관련 학과로 강의와 실습, 학생들의 자치활동 등이 이루어지고 있다. 또한 학부 2학년에는 일본 홋카이도에서, 3,4학년 때에는 필리핀의 열대림에서 정례적으로 실습이 이루어지는 등 직접 다양한 숲의 환경을 관찰할 수 있는 여러 프로그램도 개설되어 있다. 최근에는 여러 가지 환경문제가 발생하면서 산림환경관리라는 새로운 분야에 대해 연구 및 교육을 하고 있다.

교과과정

	1학기	2학기
1학년	산림과학개론	
2학년	식물분류학 및 실험, 산림생물학 및 실험, 생태관광 및 실습, 야생동물학 및 실습, 산림곤충학 및 실험	수목학 2, 산림자원평가학 및 실습, 국제자연환경관리실습, 산림토양학 및 실험, 산림지리정보학 및 실습
3학년	지구환경현안과자연보전, 산림유전육종학 및 실험, 도시수목보호관리학 및 실험, 생태경제학 및 실습, 산림환경학연구	산림보호학 및 실험, 숲가꾸기와 생태관리학 및 실험(전공필수), 학술림 현장실습(전공필수), 수목생리학, 보전생물학 및 실험, 산림생명공학 및 실험
4학년	산림공학 및 실습, 산림자원경영학 및 실습(전공필수), 자연환경위기관리론, 국제임업론	야생동물보전관리학 및 실습, 산림환경관리실습, 보호지역과 사회, 산림정책학 및 실습

7) 전망

최근 삶의 질과 건강에 대한 관심이 급증하고 산림이 휴양과 치유의 공간으로 각광을 받으며 치유의 숲을 포함한 자연휴양림과 삼림욕장도 지속적으로 확대되고 있는 추세이다. 또한 산림청에서 산림치유활성화 5개년 계획 을 수립하여 2017년까지 34개의 국·공유 치유의 숲을 조성하고, 산림치유지도사 500명을 양성하는 등 산림치유서비스의 접근성을 높이기 위한 정책을 추진하는 만큼 산림치유지도사의 활동영역이 늘고 일자리 기회도 늘어날 전망이다.

참고 도서

- ***산림테라피*** (히라도 히데키/전나무숲)
- ***내 몸을 치유하는 숲*** (우에하라 이와오/넥서스BOOK)
- ***치유의 숲*** (신원섭/지성사)

나. 온실가스관리컨설턴트

1) 개요

1997년 교토의정서 이후 전 세계는 온실가스 배출을 줄이기 위하여 다양한 노력을 기울여 오고 있다. 유럽을 비롯한 온실가스 감축의무 국가들은 여러 온실가스를 배출하는 기업에 할당량을 부여하는 등 규제를 실시하고 있고, 기후변화협약에 가입하지 않은 국가들도 자발적으로 온실가스 감축에 노력을 기울이고 있다.

이렇게 세계적으로 온실가스 감축에 대한 공감대가 형성된 만큼 기업에서 온실가스를 관리하는 일은 비용 절감뿐만 아니라, 환경 규제 대응과 부가적인 수익 창출, 사회적 책무 이행에 따른 기업 이미지 재고 면에서 중요하다고 볼 수 있다. 따라서 온실가스 배출 감소와 규제에 따른 기업의 경영전략을 수립하는 온실가스관리컨설턴트의 역할은 매우 중요하다고 볼 수 있다.

2) 하는 일

온실가스관리컨설턴트는 정부 또는 민간기업 등을 대상으로 온실가스와 에너지 관리 방법 등을 컨설팅하는 직무를 수행하는 사람을 말한다. 온실가스 배출량, 배출원, 배출활동, 관리 조직, 재무현황 등을 조사하여 온실가스 관리 현황을 파악하는 것이 주 업무이다. 고객마다 니즈가 다르기 때문에 그에 맞춰 컨설팅을 제공해야 하는데 고객이 정부기관일 경우에는 온실가스 관련 정책의 세부사항을 연구하는 등 정책 자문역을 맡는다.

고객이 공공 또는 민간 기업일 경우에는 환경정책에 대응하기 위한 방안 및 준비사항, 관리체계 등을 마련하고 온실가스 규제에 따른 경영자문도 한다. 또 에너지 효율을 향상시키기 위해 공정을 개선하는 등 기술적 요소에 관련된 업무와 설비 투자 계획 및 배출권거래 등의 경제적 요소에 관련된 업무 등 매우 광범위한 직무를 수행한다. 그 외에 관리 조직을 대상으로 온실가스 관리 방안, 국내외 온실가스 관련 제도, 동향 등을 교육한다.

3) 현황

가) 해외

외국에서는 환경·정책·공학을 전공하고 학부이상의 교육 수준을 가진 인력이 온실가스관리컨설턴트로 종사하고 있으며 주로 민간업체나 정부에 소속돼 활동하고 있다. 관련 교육 및 훈련은 사설 연구기관이나 온실가스 규제 및 표준의 인증 및 검증기관에서 이뤄지고 있으며, 대학에서도 지속가능 및 기후변화라는 키워드를 기반으로 석사과정 및 박사과정 커리큘럼을 운영하는 대학이 많이 있다. 미국의 경우 온실가스관리컨설턴트는 약 10만9,000달러 수준의 연봉을 받는다.

나) 국내

우리나라에서 온실가스관리컨설턴트는 2005년을 기점으로 등장하기 시작했다. 현재는 2020년까지 온실가스 배출 전망치 대비 30% 감축이라는 국가 온실가스 감축목표와 이를 달성하기 위한 국내 규제가 점차 강화됨에 따라 인력의 수요가 발생하고 컨설턴트의 전문성이 강조되는 시기라고 할 수 있다. 또한 우리나라에서도 향후 온실가스 배출권거래제도가 활성화 되면 유사한 규제와 관리 정책 등이 수립되는 과정에서 컨설턴트의 수요가 증가할 것으로 보인다. 국가적으로 온실가스 저감이라는 정책적 목표를 이행하고 제도를 운영, 관리 및 대응하는 역할을 수행해야하기 때문에 진출 분야는 정부, 산하기관, 기업, 지자체 등으로 다양해질 전망이다.

4) 흥미 및 적성

기본적으로 관찰력과 분석력이 뛰어나야 하며, 수학적, 과학적 소양과 전문지식이 필요하다. 그 밖에 지리학, 경제학, 법학, 사회학, 경영·경제, 회계학 등 응용분야에 대한 다양한 지식을 갖추면 더욱 좋다. 무엇보다도 중요한 건 환경문제에 많은 관심과 애정을 가지는 것이다. 전략 및 의사 결정, 조직의 구성까지 다뤄야하기 때문에 다학제적인 지식이 필요하다.

온실가스관리컨설턴트는 대학 졸업이나 현장 1~2년 정도의 경험을 가지고 시작하기에는 배워야 할 점들이 많고, 고객에게 정확한 정보를 제공해야만하기 때문에 끊임없이 공부하고 노력해야만 하는 직업이다. 때문에 업무에 대한 열정과 새로운 정보 습득에 대한 근면한 자세와 미래지향적 사고가 필요하다고 볼 수 있겠다.

5) 교육과정 및 관련 자격

관련 자격으로는 2014년 9월 처음으로 '온실가스관리 기사 및 산업기사자격증이 시행되어 온실가스 분야 전문가가 본격적으로 배출되고 있다. 온실가스관리컨설턴트가 되기 위한 교육과정으로는 한국환경공단에서 시행하는 온실가스 전반에 관한 교육과 국립환경인력개발원에서 운영하고 있는 검증심사원 양성과정, (사)환경컨설팅협회에서 실시하는 기후변화 대응 전략 수립 교육과 국가인적자원컨소시엄-배출권거래제 실무자양성과정 등이 있다. 또한 정부기구인 산업통상자원부에서도 한국생산성본부, 대한상공회의소 등을 통해 온실가스 에너지 목표관리제 및 배출권거래제 대응 교육과정을 실시하고 있다. 관련 전공으로는 환경공학과, 경제학과 등이 있다.

6) 관련 학과 소개

현재 우리나라에서 환경공학 관련 학과가 개설된 대학으로는 경북대, 경희대, 광주과학기술원, 명지대, 부경대, 부산대, 서울과학기술대, 서울시립대, 서울여자대, 연세대(원주), 영남대, 인제대, 인하대, 전북대, 제주대, 조선대, 충남대, 충북대, 한양대 등이 있다.

학과 들여다보기 : 부경대 환경대기과학과

환경대기과학과는 지구를 둘러싸고 있는 대기 중에서 일어나고 있는 여러 가지 물리·화학적 현상에 관한 이론 및 과학적 기술을 습득하며, 전 지구적 기후 환경 변화 및 예측 분야와 대기 오염 및 제어 분야 등을 연구하는 전공이다. 부경대 환경대기과학과에서는 대기과학과 환경을 유기적으로 연결하여 배울 수 있으며, 해양관측실습선, 다이옥신, 슈퍼컴퓨터 등 다양한 장비를 갖춘 연구센터를 운영하고 있어 대기 상태를 파악하고 종관 기상과 수치 모델을 바탕으로 미래의 지구 대기 환경 변화와 그 예측을 심도 있게 공부할 수 있다. 뿐만 아니라 기상청 체험 프로그램 등 각종 기후. 기상. 환경과 관련된 프로그램을 운영하여 학생들이 학생들이 이론보다는 실습으로 체험 할 수 있도록 돕는다.

교과과정

	1학기		2학기	
	전공필수	전공선택	전공필수	전공선택
1학년	지구환경과학	프로그래밍 및 연습	대기수학 및 연습, 대기과학 및 실습	
2학년	기상측기 및 관측	대기오염학, 기후학, 수리물리 및 연습, 대기환경개론	대기역학1	대기정보전산학 및 실습, 대기열역학, 미분방정식 및 연습, 기상통계 및 연습
3학년	미기상학 및 실습	대기역학2, 기상분석학 및 실습, 대기오염분석 및 실험, 기상자료가시화	연구연습, 오염확산론 및 실험, 중규모기상학, 대기순환론및실습	대기오염기상학, 기기분석학 및 실습, 해양기상학 및 실습, 대기화학
4학년		수치해석 및 실습, 기상분석학 및 실습, 구름물리학 및 실습, 산업환경과학		레이더기상학 및 실습, 항공기상학, 대기오염제어, 기상수치예보 및 실습, 대기복사 및 실습

7) 전망

정부의 정책이나 세계 동향을 보더라도 화석연료에 대한 의존을 줄여 가야하기 때문에 온실가스관리컨설턴트라는 직종은 앞으로 꾸준한 수요가 있을 것으로 예상된다. 또한 기술적 요소뿐만 아니라 경영적 요소를 포함하고 있기 때문에 적용 분야가 상당히 넓은 직종이다. 2013년 말 기준, 환경부에서 검증기관을 24개소 지정하여 운영 중이며, 환경컨설팅기관과 검증기관에서 유사 작업을 수행하고 있지만 직업적으로는 아직까지 전문 인력 육성이 더욱 필요한 상황이다. 우리나라뿐만 아니라 전 세계적으로도 온실가스 배출량을 줄이기 위한 움직임이 활발한 만큼 이에 따라 온실가스관리컨설턴트 수요는 더욱 늘어날 전망이다.

참고 도서

- ***탄소 전쟁*** (박호정/미지북스)
- ***탄소, 사고팔 준비가 되었나요?*** (박천규, 정도현, 김병훈/도요새)
- ***녹색 경영*** (김현진/민음사)

다. 가정에코컨설턴트

1) 개요

전 세계 70억 인구가 살고 있는 지구. 우리가 살고 있는 지구는 지금 아프다. 지구온난화는 예상보다 빠르게 진행되고 있고, 인간의 각종 활동으로 인해 발생하는 온실 가스는 기후변화를 재촉한다. 사실 에너지 사용량만 줄어도 지구의 기후변화 폭을 상당량 줄일 수 있다. 또 생활 속에서 에너지 절약을 쉽게 할 수 있는 방법들이 많지만, 구체적인 방법을 몰라 실천하지 못하는 사람들도 많다.

환경을 보존하고 에너지를 줄이는 것은 반드시 대형건물과 사업장에서만 이루어져야 하는 것이 아니다. 가정에서도 환경을 보존하고 에너지를 절약하는 것은 경제적, 환경적으로 매우 중요하다. '가정에코컨설턴트'가 등장한 이유도 이 때문이다. 이들은 가정을 방문해 물과 에너지를 절약하는 방법을 소개하며 사람들을 에너지 지킴이로 이끄는 멘토 역할을 한다.

2) 하는 일

에너지 절감이 필요한 시대. 가정에코컨설턴트는 에너지를 절약하고 건강한 삶을 살 수 있도록 조언하는 맞춤형 가정에너지 진단처방사의 역할을 한다. 가정에코컨설턴트가 하는 일을 자세히 나열하면 다음과 같다.

- 가정을 방문해 전기, 가스, 수도 등 에너지 사용 실태를 진단하고 절감할 수 있는 방법을 제공한다.
- 전등을 교체해서 할 수 있는 사소한 에너지 절약 방법부터 수돗물을 절약하는 방법을 안내하기도 한다.
- 가정에서 사용 가능한 재생에너지를 추천하고, 에너지 효율성이 높은 가전제품을 안내하거나 재활용 방법, 폐기물을 줄이는 방법 등 효율적인 에너지 사용 방법을 제안한다.
- 이외에도 안전에 교육과 긴급한 상황이 발생했을 때 유의점을 알려주고, 환경과 안전에 관한 사항이나 세금 감면 등 가정에서 이루어지는 에너지 절감방법을 컨설팅한다.
- 가정에코컨설턴트가 실제 가정을 방문할 때는 업무분담, 일정과 준비물을 확인하고 거주자를 대상으로 인터뷰를 실시한다.
- 본격적인 인터뷰 앞서 방문목적과 서비스 개요, 에너지 진단과 처방을 할때 어느 정도 시간이 소요되는지 등을 안내한다.
- 에너지 진단을 통한 라이프 스타일의 변화를 유도한다.
- 전기요금 체계를 변화시키고 시민의식을 향상시킨다.
- 모니터링을 통한 사회적 의미를 환기시킨다.

3) 현황

가) 해외

미국에는 가정을 대상으로 물과 에너지의 낭비요소를 파악해 절감 방법을 알려주고, 해로운 화학제품 요소를 파악해 실내 공기 정화 방법을 제시하는 등 물과 에너지를 절약하고, 건강한 삶을 살 수 있도록 조언해 주는 이들이 있다. 이들을 두고 에코컨설턴트(Eco-Consultant)라고 부른다.

이들은 전등 교체, 실내 공기 정화에 대한 제안, 재활용을 통한 폐기물 감소, 해로운 화학제품 사용 절감 방법 등 같은 환경과 안전에 관한 정보부터 세금 감면 등과 같은 재무 제안까지 가정에서 이루어지는 모든 영역에 대한 컨설팅을 담당한다.

또, 외국에서는 가정을 대상으로 물과 에너지를 절약하고 건강한 삶을 살 수 있도록 조언하는 맞춤형 가정에너지 진단처방사도 있다. 가령 LED와 같은 효율적인 조명 시스템 개선을 제안한다거나, 수돗물 절약, 가정에서 사용가능한 재생에너지, 플라스틱 깡통과 같은 재활용 가능한 쓰리기 처리방법 및 폐기물 처리 등 에너지와 환경에 관한 전 분야의 컨설팅을 수행하는 것을 말한다. 미국에서 가정에코컨설턴트는 각 가정을 방문해 에너지 사용에 따른 문제점을 파악하고 해결책을 제시하면서 컨설팅 자문 수임료를 60~90분당 100달러 정도 받는다. 가정에코컨설턴트는 에너지 절약 컨설팅 회사 혹은 환경관리 전문업체 등에 소속되어 활동하기도 하고 직접 창업도 가능한 분야이다.

나) 국내

우리나라에도 에너지클리닉서비스에 신청한 가정을 직접 방문해 전기, 수도, 가스 고지서 분석 등을 통해 가정 에너지 사용실태를 측정하고, 사용하지 않고 버려지는 에너지를 절약하는 방법과 절약의 필요성에 대해 알려주는 일을 하는 이들이 있다.

국내에서 가정에코컨설턴트와 가장 유사한 직업은 홈에너지컨설턴트이다. 현재 서울과 부산 등 일부 지자체가 에코마일리지 제도를 이용함에 따라 에너지 진단을 신청한 가정을 방문해 에너지 사용실태를 절감하고 에너지 절감 방안을 제시해주는 일을 하고 있다. 지자체 및 민간단체 별로 에너지컨설턴트, 그린홈컨설턴트, 그린코디, 그린홈닥터, CO2홈닥터 등으로 다양하게 불리고 있다.

4) 흥미 및 적성

가정에코컨설턴트는 환경문제에 대한 남다른 인식을 가지고, 절약이 습관에 밴 사람이어야 한다. 가정을 방문해야 하는 직업이어서 서비스마인드도 중요하다. 대인관계가 원만하고 외향적인 성격이 적성에 맞는다.

실생활에서도 환경보존, 에너지 절감을 위한 노력들을 실천할 수 있어야 한다. 평소 환경관련 뉴스 등을 꼼꼼히 봐두면 좋다.

5) 교육과정 및 관련 자격

관련 교육은 한국에너지진단협회에서 주관하는 프로그램, 서울시 여성능력개발원의 프로그램, 서울에너지드림센터와 녹색교육센터 주관으로 운영되고 있는 홈에너지컨설턴트 양성과정을 진행하고 있다.

홈에너지컨설턴트 양성과정에서 교육을 받으려면 환경 분야 자원활동가로 2년 이상 활동해야 한다. 교육과정은 이론교육 6시간, 현장실습 2시간, 기타 오리엔테이션 및 수료식 2시간으로 구성되며, 수료 시 수료증이 발급된다. 교육내용은 서울시 에너지 사업(주택 BRP, 미니태양광 등), 단열 창호 효과, 도시가스 절감 방법, 전기 절감 방법, 컨설팅 시 체크리스트 작성 및 대기전력 측정기기 사용법, 전기세(누진세) 적용 사례, 고객 응대 및 화법 등으로 실제 컨설팅 시 필요한 내용을 공부할 수 있다. 현재 활동하고 있는 컨설턴트도 매년 심화과정을 통한 재교육을 받고 있다

6) 관련 학과 소개

현재 우리나라에서 환경 관련 학과가 설치된 대학으로는 강원대, 건국대, 경주대, 경희대, 계명대, 고려대, 대구대, 동국대, 부경대, 부산대, 상명대, 상명대, 서울대, 서울여자대, 순천향대, 안동대, 용인대, 전남대, 전북대, 전주대, 충북대, 평택대, 한림대 등이 있다.

학과 들여다보기 : 강원대 에코환경과학전공

강원대 에코환경과학전공은 대기, 물, 토양, 생물, 인간 등을 대상으로 현 환경 문제의 원인, 현황과 해결 방안을 탐색하는 전공이다. 지금까지 인류는 자연을 정복하고 개발하는 방향으로 과학과 산업을 발전시켜 왔다. 그러나 이에 따른 환경 변화로 인류의 지속적인 생존은 위협을 받게 되어, 환경 보전을 위한 노력이 절실히 요구되고 있다. 본 학과는 이와 같은 사회적인 요구에 의해 1980년에 설립되었고, 인간 활동에 의한 환경 변화의 원인, 현황 및 해결방안을 연구하고 교육하는 것을 목표로 하고 있다. 환경과학은 대상 범위가 넓어 기초과학 여러 분야 간의 연계성이 요구되는 융합 학문으로 교육과정은 자연과학의 기초과목과 각 환경 문제에 적용할 수 있는 과목들로 구성된다. 특히 이론적인 과목에서 습득한 지식을 주변 환경을 대상으로 활용할 수 있도록 야외 조사와 실험, 실습을 중시하고 있다. 이러한 교육과정을 통하여 환경 문제를 종합적으로 파악하고 해결할 수 있는 능력을 배양하는 것을 목표로 한다.

교과과정

- **교양과정**

	1학기	2학기
1학년	일반생물학 및 실험1, 일반화학및실험1, 환경과학개론1, 일반 물리학	일반생물학 및 실험2, 일반화학및실험2, 환경과학개론2

• **전공과정**

	1학기		2학기	
	전공필수	전공선택	전공필수	전공선택
2학년		분석화학및실험, 유기화학, 대기환경개론, 환경미생물학및실험, 환경물리학, 환경데이터분석및실습		생태학, 물환경개론, 식물자원학, 생화학, 기상학및실습, GIS개론 및 실습, 대기화학
3학년	야외실습	생화환경과학, 환경독성학, 환경복원학, 수질분석및실험, 대기환경관리및실습, 기후변화와대책	환경과학시습	토양환경학및실험, 작물재배학, 환경통계학, 다매체물질순환, 공기질분석및실험, 담수생태학, 응용환경학1
4학년	환경과학실습2	환경과학특강1, 응용환경학2, 대기오염제어, 환경원격탐사, 환경모델및실습, 취업특강		환경과학특강2, 환경영향평가, 환경보건학

7) 전망

2013년 에너지 클리닉 서비스 실적은 총 20,255세대를 기록해 목표 대비 101%를 달성했다. 또 에코마일리지 가입률은 8,215세대로 52%가 늘었고, 전력 절감률 또한 전년 같은 달 대비 5~9월간 평균 5.92%를 기록하는 등 눈에 띄는 성과를 볼 수 있었다. 이처럼 가정의 에너지 절감관련 사업이 널리 활용되면서‘ 가정에코컨설턴트’란 직업도 친숙한 직업이 될 전망이다. 2014년 에너지 클리닉 서비스의 목표는 2만 세대(구별 800세대)였으며, 세대별 7% 이상의 에너지 절감효과를 볼 수 있도록 하였다. 한 두 번의 에너지 진단서비스로 모든 가정의 에너지 절감이 이루어질 수는 없겠지만, 가정에코컨설턴트가 에너지절약 문화와 습관을 만들어내는 역할을 하면서 서비스가 점차 늘어날 전망이다.

대부분 사업별로 일정 시기에만 일을 하게 되어 아직 직업으로 정착했다고 보기는 어렵지만, 앞으로 안정적인 직업으로 자리매김할 가능성이 크다. 에너지제도 시행과 관련한 지자체, 유관사업 기관 및 환경단체, 환경보호기관 등에서도 활동할 수 있어 지속적인 일자리 창출이 가능할 것으로 예상된다.

참고 도서

- ***녹색 시민 구보 씨의 하루*** (앨런 테인 더닝/그물코)
- ***침묵의 봄*** (레이첼 카슨/에코리브르)
- ***모두를 위한 환경 개념 사전*** (장미정, 김희경, 신지혜/한울림)

라. 그린장례지도사

1) 개요

사람은 누구나 죽음을 맞이하며 유족들은 고인의 마지막 길을 배웅하기 위한 '장례'를 치르게 된다. 죽은 자를 잊지 않으려는 장례문화는 오랜 역사를 거쳐 현대에도 중요한 문화로 이어지고 있다. 장례의 문화는 나라마다 다르지만 우리나라를 비롯해 많은 곳에서는 전통적으로 시신을 관에 넣어 묘지를 만드는 문화가 일반적이다. 그러나 시대가 변하면서 문화의 형태도 변하듯, 국내외 장례문화도 많은 변화가 있었다. 전통적인 매장이든, 새로운 문화인 화장이든 간소한 장례 절차를 원하는 경향은 유사하다. 이런 추세에 따라 주목할 직업이 바로 그린장례지도사이다.

2) 하는 일

그린장례지도사는 유가족들에게 친환경 장례방식을 설명하고 장례식과 매장을 친환경적으로 진행한다. 그린장례는 방부처리를 할 필요가 없고 석관, 묘비 사용을 하지 않아 기존 장례보다 비용이 저렴하기 때문에, 토지에 비해 증가하고 있는 묘지 면적으로 문제점을 맞이하고 있는 국내에서 각광받고 있다. 그린장례지도사가 하는 일을 정리하면 다음과 같다.

- 친환경 그린장례 방식과 과정을 설명한다.
- 고객의 요청에 따라 그린장례 방식에 맞게 장례절차를 진행한다.
- 그린장례 절차와 매장에 대한 컨설팅을 수행한다.
- 그린장례 방식에 대한 홍보와 교육활동을 한다.

3) 현황

가) 해외

영국의 경우 그린 묘지공원이 200여개에 이를 정도로 친환경 장례문화가 확산돼 있다. 미국의 경우 그린장례가 친환경장례위원회 등을 통해 점차 확산되고 있는 성장분야로 꼽힌다. 친환경장례위원회는 환경운동가, 과학자, 변호사, 장례서비스 산업의 대표자로 구성된 협회로 세계 최초로 묘지, 장례식장, 장례용품 등 3가지 영역에 대한 표준과 친환경장례 인증프로그램을 마련했다. 미국에 아직 그린장례지도사라는 별도의 직업군은 형성돼 있지 않으며 기존 장례지도사가 위원회의 교육프로그램을 이수한 후에 영업을 수행하고 있다. 그린장례지도사는 일반적으로 준학사 학위 이상의 교육수준이 요구되며 연간 수입은 3만~9만9,000달러 수준이다.

나) 국내

한국보건사회연구원의 '우리나라 장사문화 현황'에 따르면 자연장 실시율이 2011년 5%에서 2012년 14%로 증가한 것으로 나타났다. 수목장, 잔디장과 같은 새로운 장례문화가 주목을 받으면서 각 지역에 친환경 묘지가 조성돼 있는 상황이다.

현재 국내에는 그린장례지도사라는 특화된 직업은 존재하지 않으나 장례지도사가 국가전문자격으로 지정돼 있다. 장례지도사가 되려면 관련 교육기관에서 교육과정을 마쳐야 하며 자격증은 시·도지사가 발급한다.

4) 흥미 및 적성

장례 관련 전공을 하거나 유사 분야 경험이 있는 자로 그린장례에 관심과 애정이 있는 사람에게 적합하다.

5) 교육과정 및 관련 자격

직접적인 자격증은 없으나 장례지도사 국가자격이 있으면 업무 수행에 도움이 된다. 장례지도사가 되려면 관련 교육기관에서 교육과정을 마쳐야 하며 자격증은 시·도지사가 발급한다. 장례지도사 자격증은 무시험으로 취득할 수 있으며 장례지도사에 대한 의무고용 규정은 없다. 그러나 상조회사가 활성화되면서 장례지도사 자격증 소지자가 취업에서 우대를 받고 있다.

그린장례 관련 교육과정은 아직 개설된 곳이 없다. 대학의 장례지도 관련 학과에서 특정 교과목을 통해 접할 수 있다.

6) 관련 학과 소개

현재 우리나라에서 장례 관련 학과가 개설된 대로는 대전보건대, 동부산대, 서라벌대, 을지대, 을지대일반대학원, 창원문성대 등이 있다. 대부분 전문학사 과정이나, 을지대에서는 학사·석사 과정을 개설 중에 있다.

학과 들여다보기 : 을지대 장례지도학과

을지대 장례지도학과는 국내최초로 장례전반에 대한 전문적인 교육을 위해 1999년 개설된 학과로 우리나라의 장묘문화 전반에 대한 역사적 배경을 이해하고, 기본교양 및 이론, 장례 및 장묘시설에 대한 종합행정서비스, 장례 산업 전반의 공중위생 및 시신위생처리에 관한 교육을 통한 전문인 양성을 목표로 하고 있다. 그동안 낙후되었던 우리나라 장례문화를 시대변화에 맞게 개선·발전시켜 나가고, 보다 양질의 다양한 장례서비스를 제공하며, 21세기 건전한 장례문화를 선도해나갈 뿐만 아니라, 장례의 과학화로 국민보건 향상 및 고인의 존엄성을 높이는 보다 위생적이고 바람직한 선진장례문화 정착에 기여하는 것을 목표로 한다.

교과과정

교양 및 공통과목	전공기초	전공필수	전공선택
대학영어 I, 대학영어 Ⅱ, 영어회화 I, 영어회화 Ⅱ, 핵심교양 Ⅰ(역사와 철학), 핵심교양 Ⅱ(언어와 문학), 핵심교양 Ⅲ(생명과 과학, 사회와 경제, 예술과 체육, 진로지도와 글쓰기, 인성과 진로설계, 사회봉사, 심폐소생술, MOS, 프리젠테이션 1급, TOEIC Ⅰ, 졸업논문	의학용어, 일반생물학, 장례학개론, 장례역사	생사학, 공중보건학, 장례경영학, 상장례학, 염습실습, 장사법규 해부생리학이론 및 실습, 병리학, 장례상담학, 분장학이론 및 실습 병원미생물학, 장사시설관리론, 시신위생처리학, 회복기술학이론 및 실습, 장사시설운영 및 실습, 법의학, 장례서비스현장실습	인간행동과 사회환경, 의학개론, 장례와종교의례학, 장사행정학 식품위생학, 사회복지개론, 장례심리학, 대화방법론 장례기획론, 서예, 장사제도론, 제의례학, 시신위생처리학 실습, 법의학실습, 사체화학, 노인복지론, 가족복지, 자원봉사론, 지역사회복지론

7) 전망

현재 국내 장례문화에서 화장율이 증가하는 추세로 시장성은 부족한 실정이다. 그러나 여전히 전통적인 무덤문화를 선호하는 사람들이 존재하며 그럴수록 장례비용은 줄이면서 자연을 훼손하지 않는 그린장례방식을 원하는 수요가 생기고 있다. 아직 국내에 존재하는 직업은 아니지만 일본의 사례처럼 친환경 장례용품을 사용하거나 그린장례업을 표방하는 업체를 창업하는 방식으로 그린장례지도사가 나타날 수 있다.

참고 도서
● ***수목장, 에코-다잉의 세계*** (변우혁/도솔)
● ***수목장·자연장 숲이 되는 묘지*** (우재욱/어드북스)

마. 애완동물행동상담원

1) 개요

저출산, 고령화, 1인 가구의 지속적인 증가로 반려동물에 대한 수요가 점점 더 늘어나고 있는 추세다. 애완동물은 인간이 주로 즐거움을 위해 사육하는 동물을 말하지만, 최근에는 애완동물을 단순히 인간의 장난감이 아니라 반려자(친구)로서 대우하고 있다. 이렇게 반려동물을 바라보는 시선이 바뀌고, 반려나 동반자로서 관계가 형성되자 이로 인한 부작용도 발생하게 되었다.

반려동물과 좋은 관계를 유지하려면 애완동물의 본능과 욕구, 행동 패턴, 사회성 등에 대한 충분한 이해가 필수적이다. 동물에 대한 이해가 부족하거나 동물의 문제 행동이 지속되면 동물유기나 학대 등과 같은 극단적 부작용이 초래될 수 있다. 그 중 하나가 반려동물에 대한 이해부족으로 발생하는 소통문제이다. 반려동물의 본능, 욕구, 행동패턴 등을 잘못 이해하면 불만이 생기는 것은 순식간이다. 비단 사람만 그런 것이 아니다. 동물도 싫은 행동을 자꾸 반복하는 주인 때문에 스트레스 받는다. 이러한 부작용으로 인해 발생한 직업이 바로 애완동물행동상담원이다.

2) 하는 일

애완동물상담원은 애완동물의 주인에게 애완동물을 어떻게 다뤄야 하며 다양한 문제 행동을 어떻게 교정해야 하는지 조언해주는 전문가이다. 애완동물의 집에 방문하거나 교정실 등을 통해서 애완동물의 문제 행동에 대해서 주인과 상담을 한다. 주로 개와 고양이의 과도한 짖음, 공격적이고 파괴적인 행동 ,화장실 문제등과 같은 행동 등을 분석하고 교정 프로그램을 설계해주는 일을 한다.

주인과의 대화, 동물의 행동 관찰 등을 통해 문제의 원인을 파악하면 일차적으로 행동교정 프로그램을 설계해주고, 진전이 있는지 살펴본 후 필요한 경우 일부 과정을 수정한다. 습관적 행동을 고친다는 것은 사람이나 동물이나 쉽지 않다. 특히 동물은 행동이 고착돼 있거나 의학적 원인으로 인해 교정에 어려움을 겪을 수 있다. 이에 따른 스트레스나 충돌을 줄여주는 것도 애완동물행동상담원의 일이다.

- 주인에게 애완동물을 어떻게 다뤄야 하고 다양한 문제행동을 어떻게 교정해야 하는지에 대해 조언한다.
- 주인의 집을 방문하거나 자영업 장소에서 동물의 행동에 대해 애완동물 소유주와 상담한다.
- 개와 고양이의 과도한 짖음, 공격적이고 파괴적인 행동, 화장실 문제 등과 같은 문제적 행동의 본질과 원인을 분석하고 교정 프로그램을 설계한다.

3) 현황

가) 해외

애완동물행동상담원이 되기 위해서 영국에서는 종사하려면 대학 등의 고등교육기관에서 동물 행동 관련 학위를 받거나, 동물을 돌보는 산업에 종사하며 실무경험을 쌓아야 한다. 케임브리지 애완동물 행동·훈련 연구소(CIDBT) 등과 같은 관련 기관에서 전문가 과정을 이수하는 것도 방법이다. 어떤 경우든 동물을 다루는 기술과 경험, 의사소통 및 상담의 기술, 주인이 공감하고 행동교정에 참여하도록 동기화시키는 능력 등을 갖춰야 한다. 영국 내 종사자의 대부분은 자영업자로, 시간당 ￡85~￡250(한화 14만원~42만원) 정도를 받는다.

나) 국내

국내에는 동물의 문제 행동에 대한 교정 및 상담을 위한 공식 자격증이 없다. 다만 유관한 것으로는 사단법인 한국애견연맹·한국애견협회 등의 민간단체에서 발급하는 애견훈련사 자격증이 있다. 반려동물을 기르는 인구가 점점 많아지면서 문제행동을 교정하려는 수요는 늘고 있지만, 선진국 수준의 훈련 프로그램이나 교육과정이 없어 이를 충족하지 못하고 있다. 앞으로 고령화, 핵가족의 심화 등으로 독신가정이 증가하면 반려동물에 대한 수요도 더욱 늘 것이다. 따라서 애완동물행동상담원의 공인 양성과정 설립과 활동을 보다 활성화할 필요가 있다.

4) 흥미 및 적성

동물을 친구로 대하고 동물의 마음을 파악하는 과정에 관심이 있는 사람이 적합하다. 동물을 다루는 기술과 경험, 의사소통 기술, 행동교정의 필요성을 동물 주인이 느끼도록 설득하는 능력 등이 필요하다.

5) 교육과정 및 관련 자격

우리나라에 동물의 문제행동에 대한 교정 및 상담 능력을 인증하는 자격증은 존재하지 않는다. 동물행동상담과 관련 있는 자격증으로 한국애견연맹과 한국애견협회에서 애견훈련사 자격증을 2012년까지 약 6천명에게 발급했다. 동물관련학과가 2012년 현재 4년제 대학에 9개, 전문대학에 약 20개 존재하지만 트리머, 핸들러, 동물간호, 동물미용 등을 다양하게 배우기 때문에 정작 행동교정 및 심리에 대한 심도 있는 교육은 이뤄지지 못하고 있는 상황이다.

6) 관련 학과 소개

현재 우리나라에서 애완동물 관련 학과가 개설된 대로는 디지털서울문화예술대, 동아보건대, 서정대, 수성대, 신구대, 우송정보대학, 혜전대 등이 있다. 일부 학부 과정이 개설된 학교도 있으나 대부분 전문학사 과정이다.

학과 들여다보기 : 서정대 애완동물과

서정대 애완동물과는 애완동물 및 야생동물분야와 생명과학 분야의 전문가를 양성하기 위하여 국내최고의 교수진과 연구 및 교육프로그램, 시설을 갖추고 산업 현장에 부합하는 전문적인 교육을 실시하고 있으며 15년 학교기업인 서정애완동물센터를 개설하여 펫샵 및 애완동물 미용실, 애완동물호텔 등에서 실무 감각을 익힌 현장 밀착형 인재양성 및 취•창업 경쟁력을 갖춘 인재를 양성하고 있다. 또한 학생들의 현장 실습터로 새로이 자리 잡은 서정동물메디컬센터와 2015년에 MOU를 맺어 긴밀한 협조관계를 통하여 동물간호사로서 실무능력을 갖춘 인재양성을 꾀하고 있다. 국제애견미용대회, 관세청 주최 탐지견훈련경진대회, 코리아어질리티 챔피언쉽 도그쇼 등 수많은 대회에서 최고상을 수상하였으며, 이외에도 대와 연구소의 핵심인력인 생명공학 기초연구 인력을 양성하기 위하여 노력하고 있으며 한국실험동물학회와 협약을 맺어 전문인 양성에 더욱 박차를 가하고 있다.

교과과정

- **공통과정**

	교양	전공
1학년 1학기	영어기초, 동물복지학, 인성과대인관계 및 자기개발, 일본어기초	동물해부생리학, 반려동물사양실습, 실험동물기초, 반려견훈련기초및실습. 해경미용기초및실습

- **애견 미용 및 훈련 과정**

	1학기	2학기
1학년		반려견훈련학 및 실습, 쇼핸들링, 공중보건학 및 법규, 동물사료영양학, 그루밍 및 트리밍1, 견종학
2학년	동물병원실무, 펫산업유통관리학, 독스포츠훈련, 야생동물관리학, 고급미용기술1, 그루밍 및 트리밍2	펫산업 마켓팅과 창업(N), 현장실습, 동물매개활동(N), 특수목적견훈련(N), 펫미용(N), 고급미용기술2(N), 애완동물센터실무

- 의생명과정

	1학기	2학기
1학년		반려동물심리행동학 및 실습, 동물간호기초 및 실습, 공중보건학 및 법규, 견종학, 동물사료영양학, 실험동물학 및 실습
2학년	의학실험기법, 동물외과간호학 및 실습, 실험동물학 및 실습 2, 펫산업 유통관리학, 동물행동교정학 및 실습, 동물임상병리기초, 동물병원실무	동물행동 교정학 및 실습 2, 수의진단간호, 전임상실험기법, 응급수의간호 및 실습, 생물안전관리 및 실습, 반려동물생명과학, 현장실습

7) 전망

우리나라 애완동물의 상담수를 차지하는 애견 수는 500만 마리가 넘는다. 앞으로 애완동물을 애견 훈련소에 맡겨서 행동을 교정하고 훈련시키기보다는 애완동물행동상담사가 직접 집으로 방문하기를 희망하는 사례가 많아지고 있어 관련 전문가에 대한 수요가 증가할 것으로 예상된다.

참고 도서

- ***참 쉽다 우리 강아지 명견 만들기*** (콜린 테넌트/황금부엉이)
- ***반려견 행동 분석학*** (정광일/아이컨택)
- ***멍멍, 내 마음을 알아줘!*** (박미정/그린홈)

바. 수의사보조원(동물간호사)

1) 개요

반려동물에게 고품질 케어를 제공하기를 원하는 주인들이 늘면서 동물 진료 분야에서 양질의 서비스가 요구되고 있다. 이러한 필요성에 따라 아픈 동물의 건강과 간호를 담당할 전문영역의 인력 수요가 주목을 받고 있다. 동물간호사는 세계적으로 사용되는 용어로 동물병원이나 수의 임상과 관련된 기관에서 수의사 등을 보조하는 직업을 말한다. 이를 영국에서는 수의간호사로, 일본에서는 동물간호사로 부른다.

2) 하는 일

동물병원에서 접수, 보호자 안내, 수납, 차트 관리 등의 원무 관리 업무를 수행한다. 방문하거나 전화를 걸어온 고객에 대한 응대 업무를 수행한다. 아픈 동물이 안전하게 진료를 받을 수 있도록 보정하는 업무를 수행한다. 아픈 동물에 대한 간호 업무를 수행한다. 수의사의 진료 활동을 보조한다. 진료실의 장비 및 기구를 관리한다. 수의사의 지시를 받아 임상 병리 검사 업무(샘플 채취 및 관리, 분 변검사, 혈액도 말, 요 검사 등), 영상진단 검사업무(X-ray 기기의 이해, 노출량 계산, 체위와 보정, 촬영 및 현상, 관리), 처치실의 업무(처치 준비 및 처치 보조, 처치 수기), 처치실의 기구와 물품 관리 업무(처치실 청소 및 소독), 수술실의 업무(수술 준비 및 수술 후 처치 보조), 수술실의 기구와 물품관리 업무(수술실의 무균 관리, 수술실 청소 및 소독)를 보조한다.

- 동물 진료·수술에 필요한 장비와 도구를 준비한다.
- 혈압과 체온 등의 기초적인 생체검사를 수행한다.
- 혈액, 소변, 분변, X-Ray 촬영의 각종 검사 업무를 수행한다.
- 입원 동물들의 상태를 파악한다.
- 동물과 보호자에게 편안한 진료환경을 제공한다.
- 동물병원의 진료내용과 관련하여 보호자에게 전문적인 조언을 한다.
- 수의사와 보호자 사이에서 의사소통을 돕는다.

3) 현황

가) 해외

수의사보조원(동물간호사)의 역사는 1960년대 영국에서 유래했다. 이 직업에 대한 명칭은 국가별로 차이가 있으며, 미국에서는 수의테크니션(VT; Veterinary Technician), 영국에서는 수의간호사(Veterinary Nurse), 일본에서는 동물간호사(動物看護師)로 불린다. 현재는 영국, 미국, 호주, 뉴질랜드, 일본, 홍콩 등 반려동물 선진국에서 전문직으로 확고히 자리 잡은 직업군에 속한다.

나) 국내

2003년 시작됐으며 현재 제도화가 진행되고 있다. 국내에서는 동물간호복지사라는 명칭을 더 많이 사용한다. 과거에도 동물간호사 업무를 수행하는 인력은 존재했지만 그동안 직업 명칭을 부여하는 데 한계가 있었다. 법적으로 간호사라는 명칭은 특별 자격조건을 만족하는 경우에만 쓸 수 있기 때문이다. 2013년 초 한국동물병원협회에서 동물병원 간호인력 위탁교육을 추진하다 회원들의 반발을 사 무산된 바 있으며 수의테크니션 공인 자격증 신설에 대해서도 찬반양론이 팽팽한 상황이다.

최근 농림축산식품부에서는 이 직업군과 관련하여 동물병원 진료보조 인력에 대한 법적 근거 마련을 추진하였다. 동물병원 수의보조인력 명칭을 '동물간호복지사'로 확정하고, 자격 기준을 발표한 것이다.

4) 흥미 및 적성

동물을 좋아하고 성실성과 책임감이 있는 사람에게 적합하다.

5) 교육과정 및 관련 자격

한국동물복지학회의 동물간호복지사자격위원회에서는 매년 1회 동물간호복지사 자격시험을 시행하고 있다. 한국동물병원협회에서는 1개월 과정으로 동물간호 기초실무과정을 운영하고 있다.

애완동물 관련 학과(전국 2년제 및 4년제 20여 개 대학) 또는 동물자원학과(산업동물 분야, 30여 개 대학)에서 관련 분야를 공부할 수 있다. 동물생리학, 동물해부학, 동물행동학, 동물질병학, 동물내과간호 실습, 동물수술간호 실습, 동물약학, 현장실습 등을 공부해야 한다.

6) 관련 학과 소개

현재 우리나라에서 애완동물 관련 학과가 개설된 대로는 디지털서울문화예술대, 동아보건대, 서정대학 수성대, 신구대, 우송정보대학, 혜전대 등이 있다. 일부 학부 과정이 개설된 학교도 있으나 대부분 전문학사 과정이다. 또한 수의학을 제외한 동물 관련 학과가 개설된 학교로는 강원대, 강원대 일반대학원, 건국대, 건국대 일반대학원, 경상대대학원, 공주대, 공주대대학원, 부산대, 부산대 일반대학원, 상지대, 상지대대학원, 순천대, 순천대일반대학원, 원광대 보건·보완의학대학원, 전남대, 전남대대학원, 제주대, 제주대대학원, 중앙대, 중앙대 대학원, 한경대, 한경대 일반대학원 등이 있다. 동물 관련 학과의 경우 학부과정과 대학원과정 모두 많이 개설되어 있는 편이다.

학과 들여다보기 : 부산대 동물생명자원과학과

부산대 동물생명자원학과(Animal Science)는 경제동물을 중심으로 하는 전통적 동물자원과학과 첨단 생명과학 기술과의 융합을 통하여 고부가가치 동물성 식품의 생산은 물론 인간에게 유용한 경제동물 생산 및 소재개발, 동물과 인간과의 공존의 방법을 폭넓게 탐구하는 등 경제동물에 대한 부가가치를 극대화시킴은 물론 동물 친화적 인간 삶의 질 향상을 끊임없이 추구하는 분야이다. 부산대 동물생명자원학과(Animal Science)에서는 첨단 생명공학과의 접목을 통하여 경제동물의 개량•육종, 효율적 번식, 형질개선과 경제적 영양 관리 체계를 연구할 뿐 아니라 동물성식품에 대한 기능성 강화 및 생산물의 가공을 위한 이론과 기술을 개발 발전시키기 위한 노력을 경주하고 있다. 이를 위하여 동물생명자원 전공 학생은 유기화학, 생화학, 통계학, 유전학, 생리학, 분자 생물학, 세포배양학과 같은 기초학문과, 영양학, 사료학, 번식학, 육종학, 가공학, 유생산학, 생명기능 해석과 같은 생명공학((bio-technology)학문 교육이 활발하게 이루어지고 있다.

교과과정

- **교양 및 기초과정**

	1학기		2학기	
	교양필수	전공기초	교양필수	전공기초
1학년	창의적사고와글쓰기, 글로벌영어1, 고전읽기와토론	유기화학, 동물생명자원과학개론	열린생각과말하기, 정보기술활용, 글로벌영어2,	실험통계학, 동물생리학, 기초시험분석
2학년		분자생물학, 생화학		

- **전공과정**

	1학기		2학기	
	전공필수	전공선택	전공필수	전공선택
2학년		동물식품학개론, 꿀벌의과학, 동물단백제학, 동물해부학	동물유전체학, 동물내분비학, 동물전식생리학, 식육과학	현장기본실습, 실험동물학, 경주마생상정보학, 동물행동심리학
3학년	동물영양학, 동물세포공학, 응용동물번식학	동물위생질병학, 동물자원교육론, 유가공학, 동물생명자원 및 실험1,	동물육종학, 동물사료가공학	동물생명자원 및 실험2, 승마실습. 동물식품위생학, 동물자원논술, 동물생명정보학
4학년	유가공학	동물유전공학, 동물환경관리학, 경제동물생산학, 동물자원연구 및 지도법, 가축심사학, 양돈학		조류자원학, 축산정책 및 법규, 동물발생공학, 약용동물학, 축산경영유통학, 동물복지학, 동물소재종합설계

7) 전망

미래 직업으로서의 동물간호복지사의 전망은 밝다. 급격히 늘어나고 있는 애완산업에 부응하여 직업으로서 자격을 갖춘 동물간호복지사가 절대적으로 부족하며 동물간호복지사에 대한 요구는 급격하게 증가하고 있다. 가족의 일원으로 동물들을 대하는 애완동물 주인들의 증가는 수의사와 동물병원의 증가뿐만 아니라 동물간호복지사의 전문적인 관리 또한 요구한다. 아직 동물간호복지사 직업이 제도화 과정에 있어 급여수준이 높지 않으나 전문직업으로 정착되면서 점차 높아질 것으로 예상된다.

수의사보조원은 동물병원에 90%, 기타(애완동물관련 회사, 연구소, 학원 등)에 10% 정도 진출하고 있다. 또한 생물학 검사 기관, 제약회사, 사육장(사육시설), 동물원, 야생동물 관련 기관, 동물보호 관련 기관, 유기동물 보관소 등에도 진출할 수도 있다.

참고 도서

- ***정 동물병원의 하루*** (정동욱/한비CO)
- ***동물과 이야기하는 여자*** (fleldk glql/corrhdwkdejqnfdj)
- ***유쾌한 수의사의 동물병원 24시*** (박대곤/부키)

사. 냉매회수사

1) 개요

냉매회수사는 냉매 회수·재생 장비, 저울, 냉매 저장 용기 등을 사용해 현장에서 냉매 회수 또는 재생 작업을 수행한다. 냉매회수사는 작업 매뉴얼에 따라 회수·재생 장비를 조작해 회수·재생 작업을 하며 냉매 사용 기기 수리 후 재생 냉매를 충전하거나 작업장에서 회수한 냉매 저장 용기를 옮긴다. 또한 냉매 누출 등을 정기적으로 점검해 예방하고 냉매 관련 각종 장비를 유지·관리·보수한다. 회수 결과에 대해 감독자에게 보고서를 작성해 제출한다.

2) 하는일

회수한 냉매의 처리 방법은 크게 회수, 재생, 재처리로 나뉜다. 회수는 냉매를 시스템으로부터 제거해 다른 공정 작업 없이 외부의 용기에 담는 작업으로 액체 냉매 회수 후 잔가스인 기체 냉매를 대기압 이하로 진공까지 회수하는 데 작업 시간이 많이 소모된다. 회수 후 재사용하기 위한 재생을 하려면 이미 사용된 냉매에 포함된 불순물인 오일, 수분, 불응축 가스, 산, 고형물 등을 제거한다. 작업 현장에서 회수 후 바로 조치가 가능한 재생 장비 기술로는 냉매의 순도 보증이 어렵지만 운반 비용을 절감하고 다른 맹매와 섞이는 것을 방지할 수 있다. 하지만 재사용 장비 구입 비용이 매우 비싸다. 재처리는 냉매를 새롭게 만드는 기술로 분별증류, 멤브레인 필터, 촉매 방식, 하이드레이드 방식 등이 있다. 재처리된 냉매 품질이 기준을 충족하지 못할 경우 설비에 문제를 유발할 수 있기 때문에 재처리 기술이나 분석 같은 인프라를 갖춰야 한다.

3) 현황

가) 해외

미국에서 냉매회수사로 활동하기 위해서는 고등학교 졸업 정도 학력에 냉동 공조 같은 분야에서 2년 정도의 경력을 요구하고 있다. 냉매 회수를 위해서는 관련 자격을 갖추고 작업하는 동안에는 환경청과 회사의 규정을 준수해야 한다. 미국의 환경청에는 각종 법령에서 사용된 냉매의 운반 용기, 처리 방법, 회수 방안 기준을 제시하고 있다. 환경청에서 승인한 기관에서 출제한 시험에 통과한 경우 냉동기 유지보수를 위한 자격자로 인정하고 있다. 자격은 소형, 고압, 저압, 모든 장비의 유지 보수 폐기 등 총 4개로 나뉜다.

일본은 일본냉매순환보전기구 냉매회수추진기술센터에서 냉매회수기술자 민간자격제도를 운영하고 있다. 자격 취득자는 약 5만 명으로 알려져 있으며 자격의 유효기간은 3년이다. 1일 코스의 강습을 받고 시험에 합격해 센터에 등록하면 냉매회수기술자 등록증이 발급된다. 일본냉동공조설비연합회에서는 2013년 냉매관리 법령 개정과 함께 2014년 냉매 프레온류 취급 기술자 민간 자격을 개설했다.

나) 국내

국내에서 냉매 회수와 관련된 전문 업체는 370여개로 한국환경공단의 냉매 회수 업체로 등록되어있다. 언론 보도와 현장 전문가의 의견을 종합하면 냉매 회수를 겸하고 있는 업체는 4,000~5,000곳으로 추정된다. 국내에서는 대기환경보전법 개정에 따라 냉매회수업 시장은 전문화·체계화가 될 것으로 보인다. 냉매 사용 기기 관리 대상으로는 건축물의 냉난방용, 식품의 냉동·냉장용, 산업용의 20RT 이상 기기이다. 이들 사업체는 냉매의 대기 배출 금지, 회수, 재사용, 운반 같은 경우 누출 저감을 해야 하며 냉매 회수 시 기준을 준수하고 냉매 폐기 시에는 위탁 처리를 해야 한다. 회수한 냉매를 동일 기기 또는 사업장의 다른 기기에 주입은 가능하나 외부 유출은 금지된다.

4) 흥미 및 적성

때때로 냉매회수사는 높은 곳에 올라가서 일하며 작업장에서 회수한 냉매 저장 용기를 옮기는 데 육체적 힘이 필요하다. 또한 업무처리를 위해서는 위탁한 고객과 원활한 의사소통 능력도 요구된다.

5) 교육과정 및 관련 자격

국내에서 냉매회수업을 하기 위해서는 반드시 등록을 해야 한다. 환경공단에 신청하면 현장 확인 후 등록증이 발급된다. 등록된 냉매회수업자는 반기마다 냉매 회수 결과를 환경공단 냉매정보관리 정보 전산망에 제출해야 한다. 냉매회수사는 채용 후 4개월 이내 신규교육을, 3년마다 보수교육을 받아야 한다. 국내에서는 환경부가 지정한 냉매 회수 전문 교육기관인 (사)한국냉매관리기술협회에서 냉매회수사 교육을 실시하고 있다.

6) 관련 학과 소개

냉매회수사를 위해서는 냉매회수사 교육을 이수해야 하기 때문에 이를 위한 관련 학과는 없다고 할 수 있다.

7) 전망

국내에서는 냉매 관리 강화를 골자로 하는 ‘대기환경보전법’ 하위 법령이 2018년 11월 29일부터 시행되었다. 이 법령은 냉매의 안정적인 회수를 위해 냉매 회수 기준에 안전 유지와 보관 기준을 추가하고, 냉매회수업 등록제를 규정하고 등록 기준과 절차를 담고 있다. 따라서 국내의 경우에도 ‘대기환경보전법’하위 법령 시행으로 냉매 회수 시장의 체계화가 이루어지고 있으므로 냉매 회수에 따른 수익이 발생하고 이에 따라 냉매회수사의 일자리 창출이 가능하다.

13

기타

13. 기타

가. 주변환경정리전문가

1) 개요

삶의 질을 중요하게 생각하는 사회로 이동하면서 주변 환경에 신경 쓰는 사람들이 늘어난다. 하지만 바쁜 일상 속에서 정리정돈을 어떻게 할 것인가를 고민하고 노하우를 익히는 게 쉬운 일은 아니다. 20세기 후반에 들어서며 사회의 변화속도가 빨라졌고, 소비문화 또한 고도화되었다. 그리고 수많은 디지털 정보와 소비재 속에서 주변정리가 제대로 되지 않아 스트레스를 받는 사람들이 늘어갔다. 이처럼 바쁜 현대사회에서 쾌적하고 효율적인 생활 및 사무 공간 구성을 위해 물건과 공간 등을 정리정돈 하는 주변환경정리전문가가 필요하게 되었다.

주변환경정리전문가는 '정리정돈을 통해 고객의 인생에 변화를 불어넣어 주는 직업'이다. 고객의 의뢰에 따라 효율적인 생활 및 사무 공간 구성을 위해 물건과 공간을 정리하는 서비스를 제공한다. 집안 곳곳에 널려있는 물건들을 정리할 뿐 아니라 바쁜 일상을 점검하고 생활의 질서를 잡아주는 컨설턴트 역할도 겸하는 것이 특징이다.

이 같은 새로운 직업이 나타나게 된 것은 사회의 변화와도 밀접한 관련이 있다. 20세기 후반에 들어서며 사회의 변화속도가 빨라졌고, 소비문화 또한 고도화되었다. 그리고 수많은 디지털 정보와 소비재 속에서 주변정리가 제대로 되지 않아 스트레스를 받는 사람들이 늘어갔다. 이에 사람들은 자신의 주변 환경을 잘 정돈할 필요성을 느꼈고, 이러한 배경을 바탕으로 주변환경정리전문가라는 직업이 탄생하게 되었다.

2) 하는 일

주변환경정리전문가는 고객의 의뢰에 따라 쾌적하고 효율적인 생활 및 사무 공간 구성을 위해 물건 및 공간을 정리하는 서비스를 제공한다. 가정이나 기업 같은 특정 공간의 간단한 정리정돈을 비롯해 디자인, 설치, 가구배치 등을 통해 주변 환경을 정리 정돈하는 일을 한다. 고객은 크게 개인, 가정, 소상공인, 기업 등으로 구분되며 수행업무는 고객이 누구냐에 따라 차이가 있다. 일반적으로 볼 때 업무는 정리정돈을 의뢰한 고객과 함께 정리계획을 세워 정리방법을 알려주고, 수납방법 등을 제안하는 식으로 이루어진다. 담당하는 주요 업무에 따라 정리컨설턴트, 수납컨설턴트, 정리수납전문강사 등으로 다양하게 불린다.

이들의 업무는 의뢰인과 함께 정리에 대한 계획을 세우는 것에서부터 출발한다. 정리가 안 되는 원인을 분석하고, 가구 배치나 유용한 수납도구를 알려주는 등 다양한 정리방법(물건의 분류, 수납위치 결정, 동선을 고려한 배치, 수납질서 구축, 수납용품의 활용, 수납총량 원칙에 의한 수납량 조절 및 물건 버리기, 청결하고 효율적인 수납시스템 구성 등)을 제안한다. 또 숨어있는 수납공간의 활용법이나 정리방법을 알려주기도 한다.

- 가정, 기업, 공장, 학교 등을 대상으로 정리와 수납에 필요한 사항을 상담한다.
- 견적서를 작성하고 계약을 체결한다.
- 작업 공간, 작업인원, 일정, 준비사항, 레이아웃 등을 고려해 작업계획서를 작성한다.
- 정리수납 작업원을 섭외·구성하고 작업영역별로 배치한다.
- 다양한 정리수납 기법을 현장에 적용하여 정리 수납 작업을 한다.
- 현장에서 문제점이 발생되면 작업원과 상의하여 조치한다.
- 작업영역 별로 작업결과를 확인·점검한다.
- 작업이 완료되면 고객에게 정리수납 시스템을 유지할 수 있도록 설명한다.
- 고객의 추가적인 요구사항을 확인·조치하고, 작업 평가서 및 작업완료 확인서를 작성한다.
- 기업, 단체, 학교, 직업교육 기관에서 주변 환경 정리에 필요한 교육을 한다.
- 학생 및 주부, 직장인을 대상으로 주변 환경 정리에 대한 세미나 또는 워크숍을 개최한다.
- 주변 환경 정리에 필요한 정리수납 기술과 도구, 교재 등을 연구하고 개발하기도 한다.
- 정리정돈을 의뢰한 고객과 함께 정리가 안 되는 원인을 분석하고, 정리계획을 세운다.
- 특정한 규칙에 따라 물건을 정리하고, 정리방법을 제안한다.
- 물건을 잘 버리는 법, 가구배치 기술, 숨은 수납공간 활용방법, 수납용품 위치 및 정리방법, 효율적인 수납용품 사용법 등을 제안한다.

3) 현황

가) 해외

정리 컨설팅(Professional Organizing)이라는 개념은 1985년 미국에서 처음 등장했다. 우리나라에서는 아직 생소한 직업이지만 이미 해외에서는 이 직업이 전문영역을 구축한 직업으로 인정받고, 정리컨설팅에 대한 시장 형성과 직업적 인식이 어느 정도 확립된 상태다.

나) 국내

과거에는 프리랜서로 활동하는 경우가 대부분이었다. 최근에는 정리정돈을 필요로 하는 사람들이 많아지면서 정리수납 전문업체가 생겨났다. 2014년 상반기 기준, 국내관련 종사자 수는 약 2만 명으로 추정되며, 대다수가 주부이다. 이외에도 인테리어업체, 하우스클리닝업체 등에서도 정리수납을 특화하여 사업을 진행하고 있어 이들 업체에 취업하여 관련 업무를 할 수도 있다. 무점포 소자본 창업도 가능하다. 가구업체, 주방가구업체, 어린이집 등에서 의뢰를 받아 활동하기도 한다.

대부분 고객이 주부들이었으나 아내가 임신을 하거나 맞벌이여서 집안일이 어려워지자 주변 환경을 정리하고자 하는 남편들의 컨설팅 의뢰건수도 늘어나고 있다. 특히 이사할 때 공간 활용 등을 잘 하고 싶어 수납이사 서비스를 의뢰하는 경우도 늘고 있다. 정리정돈 서비스를 원하는 수요가 점차 늘어나면서 전문 업체의 창업이 증가하고 있다.

4) 흥미 및 적성

주변환경정리전문가는 다양한 물건을 구분하고, 공간에 따라 나눠 배치할 수 있는 정리정돈에 대한 감각이 있어야 한다. 꼼꼼한 성격과 공간 지각능력이 뒷받침되면 업무에 많은 도움이 된다. 또 고객의 요청에 따라 컨설팅을 해야 하기 때문에 고객의 요구에 귀 기울일 수 있어야 하며, 고객의 생활패턴 및 습관 등을 분석하고 파악하는 관찰력도 요구된다. 수납, 정리, 청소 등 정리정돈 업무를 완수하기 위해 수납용품을 열고 닫는 일부터 가구를 옮기는 일까지 몸을 쓰는 일이 많다. 따라서 건강한 체력과 책임감, 끈기가 필요하다. 또 여럿이 팀 단위로 작업하는 일이 많기 때문에 협동심도 필요하다. 무엇보다도 정리정돈, 청소 등의 일 자체를 좋아해야 하며 평소 인테리어나 홈스타일링에 관심이 있다면 유사한 지식과 노하우를 업무에 활용할 수 있다. 한번 정리수납을 의회한 사람들이 다시 서비스를 찾는 경우가 많아 고객관리 능력도 중요하다.

5) 교육과정 및 관련 자격

주변환경정리전문가로 일하기 위해 필요한 특정한 학력이 있는 것은 아니다. 나이 제한도 없다. 정리정돈과 관련한 소정의 교육을 받아 진출 할 수 있는데, 보통 정리정돈 전문업체에서 운영하는 20시간가량의 관련 교육을 받고, 자격증을 취득하여 활동한다.

한국정리수납협회, 한국공간정리협회 등의 관련협회를 통해 교육을 받을 수도 있다. 여성인력개발센터에서 운영하는 정리수납전문가 교육과정을 통해서도 교육받을 수 있다. 2015년에는 영등포새일센터, 용산새일센터, 원주새일센터 등에서 20시간 내외의 교육과정을 운영한 적이 있다. 이렇게 관련 교육을 받아 이 분야로 진출할 수 있으며, 일부 정리정돈 전문 업체에서는 취업 후 일정시간 동안 선임자에게 일을 배우면서 활동할 수 있도록 하고 있다.

6) 전망

정리 컨설팅 분야는 특정한 학력이나 나이에 제한 없이 소정의 교육을 받고 진출 할 수 있는 분야이다. 현재 포장이사 서비스가 보편화된 것처럼 수납이사가 일반화되면 현장에서 활동할 인력의 수요도 늘어날 전망이다. 아직까지 대중적인 직업은 아니지만 한번 정리수납을 의뢰한 사람들이 다시 서비스를 받고자 하는 수요가 있고, 주변에 입소문을 통해 알려지고 있다. 넘치는 물건과 정보 탓으로 이를 말끔히 해결해주는 주변환경정리전문가의 전망은 밝은 편이며, 자연스럽게 일자리 수 역시 늘어날 것으로 보인다.

참고 도서

- ***정리정돈 대사전*** (요시카와 에리코/초록물고기)
- ***비우는 연습*** (미스노 슌묘/담앤북스)
- ***정리 습관의 힘*** (정경자/경향미디어)

나. 영유아안전장치설치원

1) 개요

아이를 키우는 엄마라면 한 순간, 아주 짧은 찰나의 시간도 방심할 수 없다. 아이는 자칫 엄마가 방심하는 사이 안전사고에 노출될 수 있기 때문이다. 생활공간 주변을 둘러보면 영유아들에게는 위험한 요소들이 즐비하다. 가정 내 영유아 사고는 매년 증가하고 있으며 그 양태도 다양하게 나타나고 있다. 이에 따라 위험요인을 사전에 제거해 안전을 도모할 수 있는 직업에 대한 수요가 높아지고 있다. 이러한 배경아래 미국에서 탄생한 직업이 영유아안전장치설치원이다. 이 직업은 영유아가 집안에서 다치지 않도록 여러 물리적 환경을 지적해주고 필요한 물품을 설치해 주는 역할을 수행한다.

2) 하는 일

영유아 시설(어린이집, 놀이방, 학원, 학교 등) 관리자의 의뢰에 따라 현장을 방문하여 위험요소를 파악한다. 견적서를 작성하고 시공 일정, 금액 등을 협의한다. 견적서(시방서)에 따라 출입문의 손낌 방지, 도어 손 보호대, 모서리 보호대, 계단 미끄럼 방지 파니, 미끄럼 방지매트, 바닥·벽 매트, 문 닫힘 방지, 전기 콘센트 커버, 안전문 등 다양한 안전 물품· 자재를 현장에서 시공한다. 자가 설치하는 고객에게 안전용품을 판매하거나 시공방법을 설명하기도 한다.

- 가정을 방문하여 집 안팎의 위험요소를 찾아내 컨설팅해주고 집의 가구나 구조를 훼손시키지 않는 범위 내에서 필요한 물품과 안전장치를 설치해 준다.
- 생후 6개월에서 2세까지의 영유아가 있는 가정을 방문해 의뢰인과 함께 안전조사를 실시해 잠재적인 위험요소를 파악한다.
- 안전하게 아이들을 보호할 방법을 제시한다.
- 안전장치설치를 포함한 견적을 제시하고 집의 가구나 구조를 고려해 필요한 물품과 안전장치를 설치해준다.

3) 현황

가) 해외

영국의 영유아안전장치설치원은 잠재적인 위험으로부터 영유아를 보호하기 위해 원인들을 검사하고 대안을 제시하는 대가로 약 150파운드의 보수를 받고 있다. 미국에는 관련 업체가 100~150군데 존재한다. 의뢰인은 영유아안전장치설치원에게 안전장치 물품구입비를 포함해 약 1000달러를 지불한다. 직업인이 되기 위한 전문 교육기관이나 과정은 별도로 없지만 대부분의 업체에서 영유아 안전사고, 안전진단, 장치설치에 대해 3개월 정도 의 교육을 실시하고 있으며 6개월의 숙련기간을 두고 있다. 직접 눈으로 위험요소를 진단해야 하기 때문에 자녀를 낳고 키워 본 경험이 있는 인력을 선호한다.

나) 국내

우리나라에는 아기안전띠, 보호망토, 안전시트 등을 판매하는 업체가 있으나 주로 판매점이나 인터넷쇼핑몰을 통해 구입하는 형태일 뿐 가정을 방문한 맞춤 서비스가 활성화되어 있지 않다. 간혹 영유아안전장치나 관련 용품 판매업체에 소속된 인력이 제품설치를 위해 가정이나 유치원, 어린이집을 방문해 조언하는 경우도 하지만 이는 부가서비스에 지나지 않는다. 최근 일부 NGO단체에서 부모들을 대상으로 안전교육을 실시하고 있지만 이 또한 안전에 대한 인식제고 차원에서 이뤄지고 있을 뿐이다.

4) 흥미 및 적성

가정을 직접 방문해 현장조사를 하고 고객과 상담을 해야 하므로 자녀를 양육해 본 경험이 있는 30~40대 여성에게 유리하다. 영유아의 특성과 발달과정을 잘 이해해야 하며 영유아관련 안전사고, 안전진단, 안전장치 설치에 대한 지식 및 실무를 익혀야 한다.

5) 교육과정 및 관련 자격

정해진 자격증은 별도로 없으나, 어린이놀이시설안전관리자, 어린이놀이시설설치원 등 놀이시설의 안전에 대한 민간자격을 취득할 수 있다. 현재 별도의 정해진 교육기관은 없으며, 한국생활안전연합에서 부모들을 대상으로 아동안전사고 예방교육을 실시하고 아동 안전 키트를 배포하고 있다.

6) 전망

우리나라 어린이 사망원인 1순위는 안전사고에 의한 것으로, 특히 가정에서 많이 발생하고 있다. 가정 내 영유아 사고는 매년 증가하고 그 양태도 갈수록 다양해지고 있다. 그에 따라 가정 내 안전에 대한 관심도 더욱 높아져 중산층 이상의 가정, 특히 맞벌이 가정을 중심으로 영유아 안전장치에 대한 수요는 늘어날 전망이다. 가정 뿐 아니라 어린이집, 키즈카페, 기업의 보육시설 등으로의 수요 확장도 기대할 수 있다.

참고 도서

- *꺼꾸리의 어린이 안전 백과* (정주일, 길선영, 김민지, 김수정, 김정희, 박민선, 박찬희, 석수점, 엄진숙, 이지선/책고래)
- *어린이 안전 365* (미래출판기획 편집부/미래출판기획)

14

마무리하며

14. 마무리하며

과거에는 개인의 전문 지식을 바탕으로 직업의 구분이 엄격하였으며, 직업이 세분화되었었다. 그러나 4차 산업혁명 시대에는 직업의 구분이 무의미해질 만큼 다양한 분야를 아우르는 개방성을 갖춘 직무를 수행해야 할 것으로 예측된다. 따라서 앞으로는 자신의 전문 분야 외에도 다양한 영역을 이해하는 넓은 포용력과 창조적인 사고와 문제해결 능력을 갖춘 인재가 필요해질 것이다.

또한 미래에 유망한 직업의 특징은 빠른 기술개발 속도에 맞춰 첨단 연구개발(R&D) 능력을 필요로 하거나 풍부한 인간적 감성을 요구한다는 점이다. 사회와 기술이 발전할수록 미래 기술 관련 분야, 인간성에 관한 분야, 감성과 관련된 일자리는 늘어날 가능성이 높다. 따라서 새로운 기술에 대한 지식과 인간에 대한 따뜻한 마음을 갖춘 인재를 양성하기 위해 기존 시스템과 교육에 대한 패러다임의 전환이 우리 모두에게 필요한 때이다.

4차 산업혁명의 변화는 이미 사회, 경제, 문화, 생활 전반에 영향을 미치고 있으며, 미래를 살아가야 할 청소년 역시 진로 설정에 있어서 이러한 4차 산업혁명의 영향을 무시할 수 없을 것이다. 사회가 급격하게 변화하고, 산업의 발달과 쇠퇴 역시 빨라지고 있는 만큼 현재 각광받는 직업이라 할지라도 청소년들이 산업 현장에 뛰어들 10~20년 뒤의 사회에서는 그 직업의 전망이 더 이상 장밋빛이 아니거나 최악의 경우에는 사라져 있을 수도 있기 때문이다.

"준비된 자에게 기회가 온다."라는 말처럼 기회는 미리 준비한 자만이 잡을 수 있는 것이다. 따라서 미래 사회의 주역이 되기 위해서는 미래에 대한 공부와 고찰, 그리고 변화에 대한 대비가 필요하다. 지식 기반의 산업이 중심이 될 미래 사회에서 필요한 창조적인 인재가 되는 것은 개인으로서는 행복을 달성할 수 있는 지름길이며, 아울러 국가 경쟁력 향상에 이바지할 수 있는 애국의 길이기도 하다. 부디 이 책이 미래 사회의 주인공이 되기를 바라는 청소년들에게 좋은 길잡이가 되기를 기원한다.[11][12][13]

---

11) [4차 산업혁명, 초연결의 시작 코딩] <1>4차 산업혁명과 일자리 미래 (브릿지경제 김지희 기자, 2017. 8. 24.)

12) 4차산업혁명 시대 듣도 보도 못한 직업 '듣보잡' 뜬다 (매일경제 고재만 기자, 2017. 7. 30.)

13) 4차 산업혁명 시대, 우리의 자세 (강원도민일보 임창덕, 2017. 8. 21.)

저자 송 승 룡

성균관대학교 법학과
전북대학교 대학원 법학석사수료
비티 청소년 리더십연구소 소장
비티 진로진학 연구소 소장
교통방송 진로 상담 출연

초판 1쇄 인쇄 2017년 8월 27일
초판 1쇄 발행 2017년 9월 11일
개정판 발행 2018년 7월 9일
개정2판 발행 2022년 8월 29일

편저 송승룡
펴낸곳 비티타임즈
발행자번호 959406
주소 전북 전주시 서신동 780-2번지 3층
대표전화 063 277 3557
팩스 063 277 3558
이메일 bpj3558@naver.com
ISBN 979-11-6345-375-8(13190)
가격 35,000원

이 도서의 국립중앙도서관 출판예정도서목록(CIP)은 서지정보유통지원시스템 홈페이지(http://seoji.nl.go.kr)와국가자료공동목록시스템(http://www.nl.go.kr/kolisnet)에서 이용하실 수 있습니다.